丝路文化研究

启功题

第二辑

主　　编：赖永海
严圣军
执行主编：王月清
李尚全

商务印书馆
创于1897 The Commercial Press

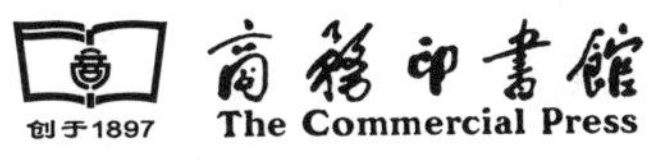

2017年　北京

图书在版编目(CIP)数据

丝路文化研究.第2辑/赖永海主编.--北京:商务印书馆,2017
ISBN 978-7-100-15645-5

Ⅰ.①丝… Ⅱ.①赖… Ⅲ.①丝绸之路—文化史—研究 Ⅳ.①K203

中国版本图书馆CIP数据核字(2017)第302744号

丝路文化研究
第二辑

商 务 印 书 馆 出 版
(北京王府井大街36号 邮政编码100710)
商 务 印 书 馆 发 行
江苏凤凰新华印务有限公司印刷
ISBN 978-7-100-15645-5

2017年12月第1版　　开本 787×1092 1/16
2017年12月第1次印刷　　印张 15
定价：68.00元

《丝路文化研究》编委会

目　录

丝路书鉴

丝路访谈

卷首语

《丝路文化研究·第二辑》共遴选了一篇特稿、十篇学术论文、一篇学术访谈和一篇书评论文。

孙江教授的特稿，以其独特的视角，从“时间之痕”“空间之维”和“人间之力”切入，讨论丝路文化在时间变迁、空间伸展以及人力驱动下的“修辞”意义，为读者描绘了一幅涵括古今、容纳中西的作为“钮结”意涵的丝路样貌，也在丝路文化研究的方法和视野上给我们诸多提示。

丝路文化的研究有其丰富的历史内涵，亦有其现实的当下意义。在“当代丝路”栏目中，我们选取了陈光军、陈梓瀚两位学者的论文，分别从“丝绸之路经济带”的理论解读和韩国对“一带一路”倡议的认知及决策角度，讨论了丝路战略构想在当前社会的具体落实及其影响。而在对丝路历史的探索中，刘迎胜教授从汤显祖剧本中的外来音译词汇来探究明代社会大众的西域知识和对丝路的理解，可谓别出心裁。徐黎丽和周运中教授的两篇论文则分别就汉唐之际陆上和海上丝绸之路的路线及影响作了详实的考辨。“丝路书鉴”栏目中于磊教授通过对日本学者桃木至朗论著的介绍和评议，深入讨论了古代中国对南海信息的认知问题。过去和当下交融之中的丝路文化，方显出其底蕴深厚的内涵和经世致用的特性。

丝绸之路上蕴含着丰富的文化讯息。在“丝路文脉”栏目中，尚永琪教授的大作，对作为丝路各部族文化代表性符号的羊文化作了立意新颖和考辨详实的研究，为我们描绘出丝绸之路上文明交汇所造就的多元文化图卷。石云涛和王志鹏教授的论文向我们展示了丝绸之路和玉门关这些西域意象在唐人诗歌中的地位及其反映的历史和文学意义。在“丝路宗教”栏目，我们通过周雷杰、刘永明和姜捷、李发良等学者的文章，可以看到从唐代到明清以来的佛、道等宗教元素在一带一路地区的发展流播，了解宗教在文化沟通和交融中所起到的独特作用。

当然，丝路文化留给我们并不限于文学的想象和宗教的追求，更有现实的物质留存。于文杰教授主持的“丝路访谈”栏目，即着眼于作为物质文化的传统工艺美术，在当代“一带一路”建设的机遇下，如何做好传承和创新这篇文章。

本辑所收文章皆为一时之选，各从历史与现实、理论与实践、思想与物质等层面向读者展示了丝路所具有的包容、多元、延续、务实的文化特性，希望能为丝路和其他相关领域的研究提供更具理论深度和视野广度的学术参考。

特稿

作为修辞的丝路文化

孙 江

（南京大学）

丝绸之路业已成为点缀在当下的亮点。很多人喜欢游览丝路上的名胜古迹，去敦煌，游天池，拍个照，留个影，呼啸而来，呼啸而去，像一阵风。不畏路遥而来的外国人大抵也是如此。在英文里，这叫 tour，译为观光。同样是游览，还有一种是细细地咀嚼，穿越时空，倾听古人的声音，人在景中，景在心里，必要的话，还须风餐露宿，劳其筋骨。英文叫 travel，译作旅行。无疑，研究丝路文化的学者，恰如历史——逝去时空中的旅行者，不仅记录所见所闻，还要运用专门的技艺，阅读背后的故事，给出一定的解释。

对于丝绸之路，我算是一个旅行者。还在襁褓中，我母亲怀着建设边疆的理想，将我带到了新疆伊犁，火车，卡车，大雪，寒风，行路难，据说用了整整一个月时间。在新疆，一住就是 16 年。在我个人的履历上，籍贯栏填写的是淮安，但我心中的籍贯永远在伊犁。“新疆是个好地方”，是那个时代人们耳熟能详的话语，大概在抗日战争时期就有了。1940 年代初，历史学家黎东方到新疆访古，从天池到喀什，赞叹新疆之美，认为应改名为古疆，或者径直叫天山省。新疆之好，内含严酷的自然景观：“北风卷地白草折，胡天八月即飞雪。”“冬天来了，春天还会远吗”？小时候，听到雪莱《西风颂》，很纳闷：远呀，要半年多呢！但是，“忽如一夜春风来，千树万树梨花开”。生活虽苦，心态必须乐观。

历史（Historia）一词，在希罗多德（Herodotus）那里，意思是调查研究及其结果。作为历史学者，凭着兴趣，以前涉猎过文明西方起源说、中欧亚历史、西来宗教等，虽然具有上述旅行者的身份，但在各位专家面前，顶多是一个观光者，请允许我以一个历史观光客的眼光，夹杂些个人的体验，谈谈我对丝路文化中的时间、空间、人间的认知。

“间”是两段时间的接点，不同事物的中介，人与人的纽结，在我的文化研究中是非常重要的概念。

一

大家知道，“丝绸之路”是德国地理学家李希霍芬（Ferdinand von Richthofen）的发明，德语称 die Seidenstrasse。李希霍芬在《中国——亲身旅行和据此所作研究的成果》第 1 卷中认为，从公元前 2 世纪至 2 世纪，从长安向西到塔里木盆地的绿洲城市，再越过帕米尔高原往西存在漫长的交通线，中国的丝绸通过交通线被运到了波斯、罗马等地。

李希霍芬所说的丝绸之路隐没于遥远的过去。所谓丝路文化，首先是指时间轴上发生的事件。时间是困扰人类的怪物。在古希腊神话里，有个名为柯罗诺斯（Chronos）的原始神，是超越一切的第一因，代表时间。据说，柯罗诺斯的父亲乌拉诺斯（Ouranos）担心被篡位，将刚出生的孩子一个个杀死，深埋于地下，其中一个儿子柯罗诺斯心有不甘，决定弑父。乌拉诺斯死前，诅咒柯罗诺斯道：瞧着，将来你也会被自己的孩子杀死的。为了避免同样的命运，柯罗诺斯将自己刚出生的孩子一个个吞噬。柯罗诺斯神话隐喻时间在不断摧毁自身及其派生物。丝路文化不也如此吗？构成丝路文化的各种事件将自身摧毁的同时又衍生出其他东西，最后留下的是时间之痕：戈壁流沙、残垣断壁、残章断简、干尸骷髅。

过去在加速度消失，据说现代人的时间感觉比汉代人快了 20 多倍。在这样一种速度中，捕捉时间之痕是一桩极难的事情。我在进行概念史（Begriffsgeschichte）研究，概念史研究的一个重要原则是，不要用现在人的想法揣摩过去，用自我来想象他者。南京有句土话：你家住在水西门，我认得你是哪门子亲。区隔是重要的。要把捉流逝的过去，只能从事件的遗迹——外在于当下的时间之痕中去寻找。

还有一种时间之痕，是融入当下的时间之痕。伟大的鸠摩罗什是在长安圆寂的，传说肉身火化后，舌如生前。鸠摩罗什生前曾发誓，自己翻译的佛经如有一字虚言，甘下拔舌地狱。汉文“净土”是鸠摩罗什翻译的概念，藏传佛教里没有，是否就是现在理解的 pure land，有学者提出了疑问，认为庄严净土是形而上学的，不是实在的。对不对？我不知道。“翻译即背叛”（tradurre è tradire）。在方法论上，即使主观上有

“如是我闻”的虔诚和谨慎，客观上不同语言、文化的互译必然衍生歧义。对这种歧义——叠加和减损的意义进行知识考古，就是要发现时间之痕的所在。

丝路文化是一种修辞，丝绸之路不仅是连接不同文明的点和线，还是文明生产再生产之地。19 世纪，随着考古学、地理学、比较语言学的发展，欧洲人热衷于追寻人类文明起源于何处，李希霍芬主张起源于中亚，但占主流的意见是起源于两河流域。在西学东渐的大潮下，法裔英国人拉克伯里（Terrien de Lacouperie）的假说经由日本传入中国。拉克伯里建构了一个中国文明起源于西方的故事：公元前 2282 年，两河流域的一位国王 Nakhunte 率领巴克族（Bak tribes）从迦勒底亚出发，翻越昆仑山，一路向东，抵达黄河上游。巴克族骁勇善战，传播文明，最后奠定了中国历史的基础。他认为，Nakhunte 又作 NaiHwangti，即中国史书上的黄帝，巴克族系“百姓”（Bak Sings）转音。被中国史书奉为文明始祖和帝王谱系之源的黄帝原来裔出巴比伦，中国人的祖先竟是巴比伦人。

20 世纪初，拉克伯里的假说一度在中国知识人中掀起了波澜。刘师培、章炳麟等大师级学者竞相附和，《国粹学报》主编黄节依据《山海经》《穆天子传》等文献则认为，所谓“西方”不在巴比伦，是帕米尔高原的昆仑山，这变相地呼应了李希霍芬文明中亚起源说。1910 年，章炳麟推翻前言，强调中国的学术不应跟着他人学步，要“从自国自心发出来”。撇开文明起源的是是非非不论，这则插曲提醒我们注意，远古中国人在丝绸之路西端的文明生产活动，这是我要讲的第二个丝路文化的“空间之维”的问题。

二

李希霍芬的丝绸之路范围狭窄，现在人们普遍认为存在三条丝绸之路。我们谈丝绸之路，侧重于南方的绿洲丝路（Oasis Route），即从西汉至唐，从长安出发，经敦煌到楼兰，在此分为天山北麓和南麓，南北两路在塔里木盆地会合，翻越塔里木盆地西部的帕米尔高原，经波斯和叙利亚往西抵地中海东岸，南下至印度。

还有两条丝绸之路。一条是北方的草原丝路（Steppe Route）。希罗多德在《历史》中提到斯基泰人如何从黑海到乌拉尔山南麓，再经哈萨克斯坦平原到阿尔泰山脉附近。这是草原北路。草原南路则是准噶尔盆地和天山北麓。斯基泰人之后，有匈奴、鲜卑、柔然、突厥等。第三条是海上丝路（Marine Route）。罗马帝国的东来者越过红海抵达阿拉伯半岛，利用季风横断印度洋到印度。印度的安得拉王朝势力东渐到今天的越南和柬埔寨一带。166 年，大秦国王安敦使节辗转来到越南中部日南郡，最后和中国联系上了。

陆路丝绸之路位于中欧亚（Central Eurasia）大陆。有人说，历史上的中欧亚像“黑洞”，将其周边的来自丝绸之路的东西文明尽皆吸纳进去。1963年，匈牙利裔学者丹尼斯·塞诺（Denis Sinor）在《中欧亚研究导论》提出了“中欧亚”概念。他认为虽然不能确定中欧亚文明的起源，但可以借用文明（civilization）的概念，在“文明”和“野蛮”的二元关系中解释其历史（他申明：在没有更好的概念下，不得不选择带有欧洲中心论的这一表述）。与“文明人”相对的“野蛮人”（Barbarian）的活动主要以抢劫、掠夺定居文明展开的。在“野蛮人”的空间内，生活着两种不同形态的文化：狩猎文化和游牧文化。狩猎文化是个人主义的文化，因而很弱；游牧文化是一种成功的、逐水草而居的群体文化，部落之间的力学关系在一定时期内总会整合出一个帝国或强有力的领袖，这个领袖或帝国出现得快，解体往往更快。丝绸之路就这样被包围在中欧亚的历史之中，用拉铁摩尔（Owen Lattimore）的“内亚模式”理论，丝路文化乃是农耕和游牧二元对立和交融的产物。

时间之痕存在于空间之维中。伴随人的移动，自然空间和心性空间也在伸展，举两个例子，一个是西王母。西王母是人名还是国名，或者兼而有之，有各种说法。西王母到底在哪儿？19世纪欧洲人认为就是公元前10世纪的萨巴（Saba）女王，还有说位在波斯，不谈。翻阅中国史书《山海经》《淮南子》《汉书》等，西王母生活在甘肃一带，《史记》则远溯到两河流域，《后汉书》说在阿州大漠边陲，《魏略》可能更西。可见，丝绸之路上的西王母不断西迁。另一个例子是西洋。唐宋时代，随着海路交易的扩大，东洋和西洋概念逐渐形成了。关于东西洋的位置和区分线，言人人殊，综合诸说，日本学者宫崎市定认为，南宋是以泉州—东帝汶之间的子午线划分东洋与西洋的，明代则以广州—东帝汶子午线划分东西洋。随着郑和“下西洋”，西洋的位置不断西移，最后远及“大西洋”，这和西王母的西迁有相似之处。

郑和大航海缺乏“世界史”意义，随后而来的欧洲人的大航海开启了全球化时代的序幕。16世纪末，不远万里来到中国的耶稣会士利玛窦（Matteo Ricci）自称“大西洋和尚”，大西洋、和尚，这两个中国人创造的词汇传达的已经不再是过去的声音，背后隐喻的是“人间之力”爆炸性的散发。这是我要讲的第三个问题。

三

目下，全球史成为历史学研究的新趋向。顾名思义，全球史关注的是全球范围人的移动和物的移动，在自然条件和社会条件的限制下，是什么力量驱动勾连东西的丝路文化在兴盛与衰败交替中生生不息的呢？物质的力量和信仰的力量。物质的力量是Gold，信仰的力量权作God，二者可简称GG。

马可·波罗（Marco Polo）及其《东方闻见录》疑点重重，向为史家诟病。但是，他的事迹透露了东西丝路文化脉脉不断的秘密：第一个G。汉字“日本”读音有两个，一个叫Nihon或Nippon，另一个是Japan，前者是日本固有的，后者是欧洲人的发明。马可·波罗一路东来，要寻找的是“日本”，在他的世界里叫Jipangu，传说Japan是由此转音来的。马可·波罗心中的Jipangu，可不是唐代留学僧“日边瞻日本”——地理上的故乡，是被赋予了金光闪闪意义的黄金之国。东来如此，西去亦然。早于马可·波罗一千多年的西汉张骞揭榜闯西域，建立伟大的功业，物质的驱动力可谓大矣。

16世纪大航海后，人的移动逐渐成为有组织的大规模的国家行为。1788年，法国国王路易十六组织了一个远航船队，招募有志冒险的青年。厌烦陆军学校日子的一个16岁的科西嘉青年应声响应，初选顺利通过，但最后被淘汰。6月，这支远航船队行至太平洋圣克鲁斯群岛遭遇海难，船员尽皆身亡，那个不幸落选的青年就是后来震撼欧洲的大名鼎鼎的拿破仑。

人之区别于动物者，在于物欲之外还有精神上的需求，即第二个G。汉代的“白马驮经”——佛教传入，唐代的“景风东来”——阿罗本的东来，近世耶稣会士叩开天朝大门，都不是物质动机所能解释的。同样，玄奘大师西行印度，如果没有“揭谛揭谛、波罗揭谛、波罗僧揭谛”（走吧，走吧，到智慧的彼岸去）信念，很难想象能够坚持下去。

人的东来西去，族群间的冲突与融合，给中华文明注入了强大的生命力，使之成为古代文明唯一存留于今的奇迹。中国的伊斯兰——回族，是在中国大地由多族群融合而形成的族群，是丝路文化的活的缩影。回族有一则富有文化意涵的故事，话说汉人的女儿嫁到回族人家，过了些时间，女儿回娘家省亲，母亲关切地问女儿在夫家过得咋样。女儿答曰：回回的饭好吃，就是话难懂。母亲于是放心地说：吃回回的饭，不要听回回的话。人类学家用这则故事诠释多族群融合之问题。文化研究的理论和丝路文化的经验告诉我们，要学会倾听他者的声音。当然，不包括我，一个丝路文化观光客的絮絮叨叨。

（本文根据在南京大学“2017丝路文化研究前沿与展望研讨会”上的发言整理而成，经作者审定。）

当代丝路

“丝绸之路经济带” 战略构想及相关问题研究

陈光军

（四川民族学院　康巴发展研究中心）

【摘　要】　丝绸之路经济带的建设是一项重大战略举措，有助于中国的对外开放和区域协调发展，在新的时代背景下，本文从其含义、特点等方面分析了丝绸之路经济带的战略意义和现实条件。在这个前提下，提出了相应的合作理念、发展目标和战略重点。研究表明：建设丝绸之路经济带应分为起步、扩展、完善三个阶段循序建构。在起步阶段，重点构建多重互联、互通、互动环境，发展外向型优势产业，落实重点区域向西开放的功能定位与战略布局，建设多层次、宽领域合作平台，注重区域内外合作的体制机制创新与政策配套，分层次、找突破、有重点地展开战略的实施。

【关键词】　丝绸之路经济带；战略构想；区域合作

实行对外开放是社会化大生产和经济生活国际化的客观要求。我国改革开放将近40年的历史充分证明了对外开放是推动我国经济增长的重要力量，是创造举世瞩目的“中国奇迹”的宝贵经验，是推进我国社会主义现代化事业取得成功的动力之基、活力之本和希望之源。在改革开放的重要实践中，我国走的是以主动国际化为主导，同时兼顾我国自身特色的以非均衡的循序渐进式为特征的开放新路径，从而使经济发展相对滞后的中西部地区难以单纯依靠区域自身发展来寻找比较优势，破解区域发展不平衡的困境。因此，国家不断通过政策导向和市场力量扭转非均衡的区域发展态势，改革开放以来，中西部地区虽然取得了显著发展实绩[①]，但市场经济发育滞后，承接产业转移经济基础薄弱，配套不足，投资软环境欠佳等导致对外开放水平与东部沿海地区仍相距甚远，我国对外开放水平总体上看是西部的开放水平落后于东部，沿边的开放水平落后于沿海，呈现出“东强西弱、海强边弱”的格局。

随着全球性经济危机与社会危机叠加发生，国际政治经济秩序面临深刻调整，我国的区域发展战略也随之不断深化，实施“向西开放”战略，将新疆等西部省区推向对外开放的前沿，既可为其经济发展提供直接外部依托，又可将其打造成为具有强大辐射能力的亚欧大陆金融、物流中心，还可实现“向西开放”与“沿海开放”的联动配合[②]，这已经逐渐成为我国进一步融入全球分工网络，缓解美国实施“亚太再平衡”对我国沿海开放造成的干扰，提升国际经济合作水平的战略选择。继2013年9月习近平主席访问中亚，倡议“为了使我们欧亚各国经济联系更加紧密、相互合作更加深入、发展空间更加广阔，我们可以用创新的合作模式，共同建设‘丝绸之路经济带’”之后，党的十八届三中全会、中央经济工作会议、中央政府工作报告中均明确强调推进海陆丝绸之路建设，标志着“丝绸之路经济带”进入全新发展阶段，中国正在形成全方位对外开放新格局[③]。

因此，建设丝绸之路经济带是新时期我国向西开放和区域协调发展的重大战略举措，不仅有利于深化我国与沿线新兴市场国家与发展中国家的互利合作，而且有助于全面提升中西部地区对内对外开放力度和提高开放型经济社会发展水平。在今后很长一段时间内，加快推进丝绸之路经济带建设将成为我国实现区域均衡发展、建设社会主义现代化国家的战略路向。本文尝试对这一重大课题进行战略思考与现实论证，以期为丝绸之路经济带的规划和建设提供决策参考。

一、丝绸之路经济带的含义、特征与战略意义

（一）丝绸之路经济带的含义、特征

丝绸之路经济带是一个承古开新的战略构想。2013年9月，习近平总书记首次提

① 马莉莉、张彤、张亚斌：《丝绸之路经济带城市群协同转型的现实基础与路径选择》，《西安财经学院学报》2016年第3期，第18—25页。

② 王海运：《中国“向西开放”的战略价值》，《东方早报》2013年1月16日。

③ 张亚斌、马莉莉：《丝绸之路经济带相关问题的述评及思考》，《未来与发展》2014年第9期，第101—105页。

出共同建设“丝绸之路经济带”①，它是世界上最长、最具有发展潜力的经济大走廊。公元前139年，张骞拜别汉武帝，出使西域，辗转十多年才回到长安。公元前119年，汉武帝派张骞第二次出使西域。张骞率领使团，带着上万头牛羊和大量丝绸，访问西域的许多国家。西域各国也派使节回访长安。从此，汉朝和西域的交往日趋频繁。开辟了由亚洲的汉朝和欧洲的罗马帝国两大经济中心驱使②，彼此商贸往来、文化互通带动诸如阿拉木图、撒马尔罕城等沿线欧亚非各居民点、驿站、集市、城市共同兴起和发展的国际交往与合作模式③，并于1877年被德国地理学家费迪南·冯·李希霍芬首次命名为“丝绸之路”④。对人类的贸易互通和思想文化交流影响深远。近些年来，随着丝绸之路沿线国家经贸合作不断加强，我国向西开放战略进入到实质性筹建阶段⑤，古老的丝绸之路焕发新的蓬勃生机，亚欧国家复兴丝绸之路步入战略机遇期⑥。然而，当今时代已经进入了一个崭新时代，这一时代最能引起人们关注的，首先是信息传播形态上的变化，这些变化包括信息化、数字化、全球化这样三大基本动向。丝绸之路经济带的含义更具丰富性与创新性，即以古丝绸之路多元文化交流为象征，以综合立体运输通道和现代化信息网络为纽带，以沿线城市群产业分工与集聚为支撑，以经济、政治、社会、文化、生态等全方位合作为内容，以生产要素自由流动与优化配置为动力，以跨国贸易投资便利化与货币自由兑换为重点，以政治高度互信和人民友好往来为保障，以实现区域经济一体化和各国共同繁荣为目标的带状经济合作区域⑦。

丝绸之路经济带这一概念具有国际性、历史性、综合性三大特征。从国际上看，丝绸之路经济带横跨亚洲和欧洲两大洲，有多个国家和地区参与，辐射带动作用显著；从历史的角度看，古代丝绸之路为亚洲和欧洲国家开展全面合作提供了历史纽带和文化象征，这使丝绸之路经济带继承了历史遗产、关注到现在、开启了未来，有着丰富的历史内涵；从综合性特征来看，丝绸之路经济带以经济合作为基础，同时在基

---

① 白永秀、王颂吉：《丝绸之路经济带：中国走向世界的战略走廊》，《西北大学学报（哲学社会科学版）》2014年第4期，第32—38页。

② 〔法〕布尔努瓦：《丝绸之路》，耿升译，新疆人民出版社1982年版，第54—57页。

③ 〔意〕马可·波罗：《马可波罗行纪》，冯承钧译，中华书局2004版，第243—247页。

④ 李明伟：《丝绸之路研究百年历史回顾》，《西北民族研究》2005年第2期，第91—106页。

⑤ 王睿、陈德敏：《西部地区向西开放总体战略构想研究》，《中国软科学》2013年第4期，第69—72页。

⑥ 白永秀、王颂吉：《丝绸之路经济带的纵深背景与地缘战略》，《改革》2014年第3期，第64—73页。

⑦ 赵景峰：《2014丝绸之路经济带发展研究报告》，梁昊光编：《区域蓝皮书中国区域经济发展报告（2014—2015）》，社会科学文献出版社2015年版，第225页。

础设施建设、政治互信、军事交流、文化往来、环境保护等领域开展合作，具有广泛的包容性。因此，丝绸之路经济带作为一个长远的整体战略构想，为亚洲和欧洲各国提供了一种新的合作模式。

丝绸之路经济带贯穿整个欧洲大陆，对促进亚洲和欧洲各个国家的经济和社会发展具有重要意义。从广义上看，丝绸之路经济带的东部从繁荣的东亚经济圈开始，而西方则直接与欧洲经济圈内发达的欧盟经济圈相连，中间是以中亚为中心的泛中亚经济圈，在这样一个幅员辽阔的地理区域，交通网络承载着丝绸之路沿线国家与丝绸之路经济带之间的联系。在丝绸之路经济带中，既要建设以航空、高压电网、信息传输为重点的“空中丝绸之路”，又要建设“地面丝绸之路”，重点发展客运专线、铁路专用线、货运列车、专用铁路线和高等级公路，还要建设“地下丝绸之路”，重点是建设原油管道、天然气管道和成品油管道。通过立体综合交通运输网络，丝绸之路经济带把沿线城市群及中心城市连为一体，亚欧国家共同制定战略规划，加强贸易投资合作，促进货币自由兑换和人民友好往来，可以构成世界上距离最长、面积最大、人口最多、市场规模和发展潜力最广的经济一体化大走廊。

（二）丝绸之路经济带的空间范围

丝绸之路经济带横穿整个亚欧大陆，本文从空间范围与地缘战略角度出发，将丝绸之路经济带分为内核区、核心区、辐射区三个层次；但从经济意义及战略步骤角度，又将其分为启动区、发展区、目标区三个层次，二者在空间范围上一致，如图一和表1所示。按照由近及远、由易到难的原则逐步开展建设工作。

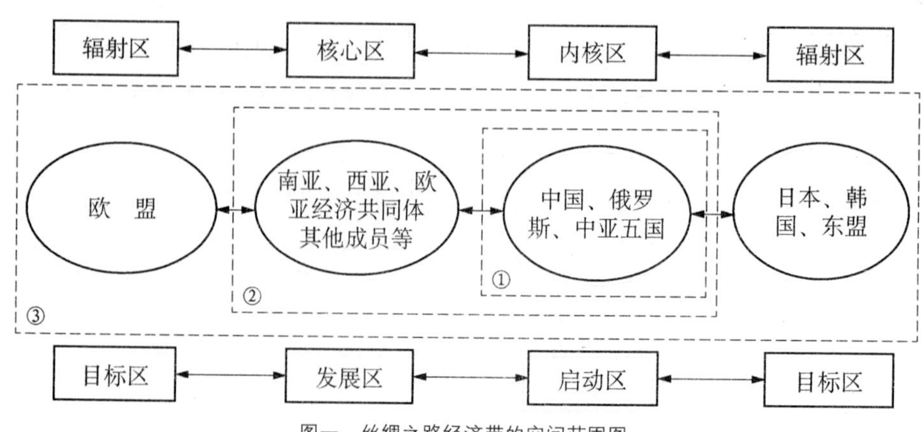

图一　丝绸之路经济带的空间范围图

备注：图中区域①、②、③分别代表狭义、中义、广义的丝绸之路经济带。

表 1　丝绸之路经济带的经济地理特征分析（2012 年）

<table>
<tr><th>层次</th><th>主要国家或地区</th><th>人口规模（亿）</th><th>GDP（万亿美元）</th><th>人均 GDP（千美元）</th><th>进出口贸易总额（亿美元）</th><th>与中国贸易额（亿美元）</th><th>占中国比重（%）</th></tr>
<tr><td rowspan="4">内核区（启动区）</td><td>中国</td><td>13.51</td><td>8.23</td><td>6.08</td><td>38 671</td><td>—</td><td>—</td></tr>
<tr><td>中亚 5 国</td><td>0.65</td><td>0.30</td><td>4.62</td><td>1 978</td><td>459</td><td>1.19</td></tr>
<tr><td>俄罗斯</td><td>1.44</td><td>2.02</td><td>14.03</td><td>8 640</td><td>882</td><td>2.28</td></tr>
<tr><td>合计</td><td>15.60</td><td>10.55</td><td>6.76 *</td><td>49 289</td><td>1 341</td><td>3.47</td></tr>
<tr><td rowspan="8">核心区（发展区）</td><td>印度</td><td>12.37</td><td>1.84</td><td>1.49</td><td>7 840</td><td>665</td><td>1.72</td></tr>
<tr><td>巴基斯坦</td><td>1.79</td><td>0.23</td><td>1.28</td><td>687</td><td>124</td><td>0.32</td></tr>
<tr><td>伊朗</td><td>0.76</td><td>0.51</td><td>6.71</td><td>1 611</td><td>365</td><td>0.94</td></tr>
<tr><td>阿富汗</td><td>0.30</td><td>0.02</td><td>0.67</td><td>59</td><td>5</td><td>0.01</td></tr>
<tr><td>蒙古</td><td>0.03</td><td>0.01</td><td>3.33</td><td>111</td><td>66</td><td>0.17</td></tr>
<tr><td>欧亚经济共同体其他国家</td><td>0.62</td><td>0.26</td><td>4.19</td><td>2 586</td><td>122</td><td>0.32</td></tr>
<tr><td>西亚国家</td><td>2.38</td><td>3.04</td><td>12.77</td><td>23 798</td><td>1 992</td><td>5.15</td></tr>
<tr><td>合计</td><td>18.25</td><td>5.91</td><td>3.24 *</td><td>36 692</td><td>3 339</td><td>8.63</td></tr>
<tr><td rowspan="4">辐射区（目标区）</td><td>欧盟</td><td>5.09</td><td>16.69</td><td>32.79</td><td>117 400</td><td>5 640</td><td>14.58</td></tr>
<tr><td>日韩</td><td>1.77</td><td>7.09</td><td>40.06</td><td>27 530</td><td>5 859</td><td>15.15</td></tr>
<tr><td>东盟</td><td>6.08</td><td>2.32</td><td>3.82</td><td>24 700</td><td>4 001</td><td>10.35</td></tr>
<tr><td>合计</td><td>12.94</td><td>26.10</td><td>20.17 *</td><td>169 630</td><td>15 500</td><td>40.08</td></tr>
<tr><td colspan="2">狭义丝绸之路经济带合计</td><td>15.60</td><td>10.55</td><td>6.76 *</td><td>49 289</td><td>1 341</td><td>3.47</td></tr>
<tr><td colspan="2">中义丝绸之路经济带合计</td><td>33.85</td><td>16.46</td><td>4.86 *</td><td>85 981</td><td>4 680</td><td>12.10</td></tr>
<tr><td colspan="2">广义丝绸之路经济带总计</td><td>46.79</td><td>42.56</td><td>9.10 *</td><td>255 611</td><td>20 180</td><td>52.18</td></tr>
</table>

备注：中亚 5 国分别为哈萨克斯坦、吉尔吉斯斯坦、乌兹别克斯坦、塔吉克斯坦、土库曼斯坦；欧亚经济共同体其他国家分别为乌克兰、白俄罗斯、摩尔多瓦、亚美尼亚；欧盟包括欧洲 27 国；东盟包括 10 个成员国；西亚包括沙特阿拉伯、土耳其、以色列、巴勒斯坦、伊拉克、叙利亚、阿联酋、卡塔尔、巴林、科威特、也门、阿曼、黎巴嫩、约旦、塞浦路斯、格鲁吉亚、阿塞拜疆等国家；带 * 数据为该区域 GDP 与人口比值，即该区域人均 GDP。

数据来源：人口和 GDP 数据来源于世界银行数据库；进出口贸易总额数据来自世界贸易组织数据库；与中国贸易额数据来自中国统计年鉴 2013，“占中国比重”为各国或地区与中国贸易额占中国进出口贸易总额的比重，经作者计算得到。

具体而言，丝绸之路经济带的内核区是上海合作组织和欧亚经济共同体的主要成员国，包括中国、俄罗斯和中亚五国，2012 年人口规模为 15.60 亿人，GDP 总量与人均 GDP 分别为 10.55 万亿美元和 6 760 美元。但考虑到该区域与我国贸易额为1 341 亿美元，仅占我国对外贸易总额的 3.47%，并且近年来该区域社会政治趋于稳定，与我国在上海合作组织及双边框架下的能源合作、经贸往来、通道建设、打击“三股势力”等方面合作基础日渐夯实，因此可作为丝绸之路经济带建设的突破口和启动区；丝绸之路经济带的核心区主要为上海合作组织观察员国、欧亚经济共同体的其他成员国以及西亚国家，2012 年人口规模为 18.25 亿，GDP 总量和人均 GDP 分别为 5.91 万亿美元和 3 240 美元，与我国贸易额为 3 339 亿美元，占我国对外贸易总额的 8.63%，其人口规模与发展潜力较大，因而成为丝绸之路经济带的发展区；丝绸之路经济带的辐射区主要包括欧盟、日本、韩国及东盟地区，2012 年人口规模为 12.94 亿，GDP 总量和人均 GDP 分别为 26.1 万亿美元和 20 170 美元，与我国贸易额为 15 500 亿美元，占我国对外贸易总额的 40.08%，因其所在的欧洲经济圈和亚太经济圈具有巨大的市场规模与合作潜力，因而又构成丝绸之路经济带最终的目标区域。

这里我认为，基于丝绸之路经济带的纵深意涵与合作基础和地缘政治等因素，本文将其分为狭义、中义、广义的丝绸之路经济带。其中，狭义丝绸之路经济带仅包括中国、俄罗斯和中亚五国，狭义丝绸之路经济带所涉及的国家均为上海合作组织和欧亚经济共同体成员国，在相关国家的共同努力下，通过这两个组织加强合作，可以较为顺利地推进丝绸之路经济带建设，它们是建设的起点；中义丝绸之路经济带包括内核区与核心区，2012 年与我国的贸易额为 4 680 亿美元，占我国对外贸易总额的 12.1%，各国之间经济互补性强，并且大都属于发展中国家，有着巨大的市场规模和发展潜力，是顺利推进丝绸之路经济带建设的核心区域与关键所在；广义丝绸之路经济带涵盖内核区、核心区和辐射区，2012 年人口规模为 46.79 亿，占全世界的 66.30%；GDP 总量为 42.56 万亿美元，占全世界的 59.35%；对外贸易总额为 25.56 万亿美元，占全世界的 69.07%①，与我国贸易总额为 20 180 亿美元，占我国对外贸易总额的 52.18%。由此可见，广义丝绸之路经济带具有无与伦比的市场规模和发展空间。如果广义丝绸之路经济带可以建成，将最终成为亚欧各国实现共同繁荣的战略目标，实现亚欧大陆经济一体化，促进整个世界繁荣发展。这是丝绸之路经济带的发展目标和理想状态。

（三）丝绸之路经济带的特征

丝绸之路经济带具有国际性、开放性、包容性、长期性与协同性五个方面的特

① 数据来源：根据世界银行数据库计算所得。

征。从国际性来看，丝绸之路经济带横跨亚欧大陆，既包括中国、印度、俄罗斯等以金砖国家代表的新兴市场国家，以及东盟、韩国、中亚、西亚等转型发展国家，又包括欧盟、日本等发达国家，辐射范围涵盖亚太经济圈和欧洲经济圈；从开放性来看，丝绸之路经济带是网络化的开放系统，沿线国家或地区具有对内与对外开放，以及面向发展中国家与发达国家的多重开放特征，特别是我国中西部地区更具有区际开放与国际开放的双重特征；从包容性来看，丝绸之路经济带是多元文化包容互鉴、经济合作互利共赢、政治交往求同存异、发展成果各国共享的繁荣之路；从长期性来看，丝绸之路经济带作为全局性战略构想，从起步到扩展，再到初步建成，不可能一蹴而就，应是各方长期坚持的发展战略；从协同性来看，各方成员的产业结构演进程度呈现出明显的差异性，需要更多依赖于国内外公共服务供给和更大的生产、消费系统，通过构筑本地化、差异化的转型机制来形成自生发展能力，从而实现自身产业结构与经济带的协同转型。

（四）建设丝绸之路经济带的战略意义

丝绸之路经济带是欧亚各国合作日益深入、中国经济整体转型升级、对外开放与对内改革协调背景下提出的亚欧大陆带状经济合作战略，对于推动形成区域经济合作共赢发展新格局、摆脱世界经济衰退、确保国家战略安全、促进经济重心向西转移、优化我国城市人口布局及构建全方位开放新格局具有重大的战略意义。

1. 有助于推动形成区域经济合作共赢发展新格局

随着生产社会化和国际分工的不断细化，国家之间经济联系的加强，各国经济依存度日趋深化，以全球产业链和价值链分工为基础的新兴生产组织方式逐渐兴起，推动经济全球化向纵深发展①，区域经济一体化发展及区域经济合作方兴未艾。特别是以东亚为主的亚太新兴市场国家，在加快推进自身经济转型发展的同时，以更为积极主动的开放战略融入区域分工网络，并凭借后发优势，提高了由国际分工带来的“全球化红利”。在区域经济合作过程中，相关国家通过消除贸易壁垒，有助于扩大进出口规模，优化区域资源配置，并且可以增强区域大国的国际竞争力。基于此，世界大国均积极参与区域经济合作，目前已在世界范围内形成欧盟、北美自由贸易区、东盟等区域经济合作组织，这些区域经济合作组织对内推进经济一体化，对外开展经济竞

① 马莉莉、张亚斌：《网络化时代的公共服务模块化供给机制》，《中国工业经济》2013 年第 9 期，第 95—107 页。

争与合作，成为推动经济全球化和参与国际活动的重要力量。近年来，尽管中国积极参与区域和双边经贸合作，与周边国家建立双边和多边合作机制，如上海合作组织，中国-东盟自由贸易区，大湄公河次区域合作等，我国通过并积极推进“中日韩自由贸易区”和“区域全面经济伙伴关系”（RCEP）谈判，不断强化与周边国家和地区合作力度。但东盟与中国（10＋1）合作机制仍不够紧密，中日韩自由贸易区进展缓慢，并且美国及其盟友通过积极构建把中国排除在外的“跨太平洋伙伴关系协议”（TPP）和亚太安全新格局，在分享亚洲经济增长红利的同时，试图影响东亚经济一体化进程。在此背景下，中国除了巩固东盟与中国（10＋1）合作机制外，还应加快向西强化区域经济合作。在中亚及其周边区域，上海合作组织和欧亚经济共同体的成员国、观察员国、对话伙伴国已经建立全方位联系，以这两个组织为基础推进区域经济合作，能够进一步提升相关国家的发展空间。通过表 2 可以看出，丝绸之路经济带将成为世界范围内面积最大、覆盖人口最多、经济总量位居第三的区域经济合作组织，并且其经济总量有很大的增长空间。更为重要的是，丝绸之路经济带这一区域经济合作组织建成之后，可以与欧盟、北美自由贸易区形成“三足鼎立”的态势，有助于加快形成国际经济新格局。此外，通过丝绸之路经济带、欧盟、北美自由贸易区、东盟等区域经济组织之间加强合作，将对亚欧经济一体化和经济全球化产生深远影响。

表 2　丝绸之路经济带与主要区域经济合作组织比较（2012 年）

组织名称	成员国数量	面积万（km^2）	人口（亿人）	CDP（万亿美元）
北美自由贸易区	3	215 811	4.7	19.24
欧盟	28	432.48	5.09	16.69
丝绸之路经济带	16	3 962.16	31.47	13.42
东盟	10	477.76	6.06	2.32

数据来源：人口和 GDP 数据来源于世界银行数据库；国土面积数据来源于世界银行 2009 年世界发展报告《重塑世界经济地理》附表（清华大学出版社 2009 年版，332—334 页）。

总之，通过与亚欧国家共建丝绸之路经济带，一方面可以加强我国与中亚、西亚、南亚、东盟以及欧盟国家的经贸往来、科技合作与人文交流，形成区域互动、优势互补和协同发展的全球新兴经济增长区域，推进亚欧经济一体化进程；另一方面，可以使我国产业与人口逐步向中西部地区集聚，平衡经济发展重心与生产力布局，同时在地域广袤的亚欧大陆构筑美国“亚太再平衡”战略的地缘对冲带，极大地拓展我国发展的战略空间，破解我国社会经济发展面临的深层次矛盾与困境。

2. 有助于建设世界新兴经济增长区，摆脱世界经济衰退

近年来，受美国金融危机和欧洲债务危机等因素的影响，世界经济复苏乏力，中国经济增长也存在下行压力，急需通过建设新兴增长区域带动世界经济走出困境。通过图二可以看出，丝绸之路经济带东侧是经济繁荣的东亚经济圈，日本和韩国 2012 年人均 GDP 高达 40 056. 50 美元；西侧是经济发达的欧盟经济圈，2012 年人均 GDP 为 32 789. 78 美元；中间是中国和泛中亚经济圈，2012 年中国人均 GDP 为 6 091. 78 美元，中亚五国为 4 615. 38 美元。由此可见，丝绸之路经济带在中间形成了一个经济凹陷区域。全面推进“一带一路”建设。在世界经济增长低迷的大背景下，习近平主席为促进世界经济振兴提出的“一带一路”倡议，不仅表达了我国的全球战略愿景，而且契合了沿线及相关国家与地区的发展需求。我们将进一步弘扬共商共建共享理念，推动“一带一路”建设向深耕细作、持久发展阶段迈进，积极发展与沿线国家的经济合作伙伴关系，吸引各方搭乘中国发展的快车、便车，更好地造福我国和沿线各国人民。一是聚焦重点地区、重点国家、重点项目，支持并实施好基础设施互联互通、能源资源开发利用、经贸产业合作区建设、产业核心技术研发支撑等一批战略性优先项目和示范性项目。二是创新国际化融资模式，深化金融领域合作，打造多层次金融平台，建立服务“一带一路”建设的长期、稳定、可持续、风险可控的金融保障体系。三是弘扬丝路精神，推进文明交流互鉴，重视人文合作，推进民心相通。通过中国与中亚及其周边国家加强经贸合作，有望形成世界新兴经济增长区域，带动丝绸之路经济带联动发展，助推世界经济摆脱低迷发展状态。

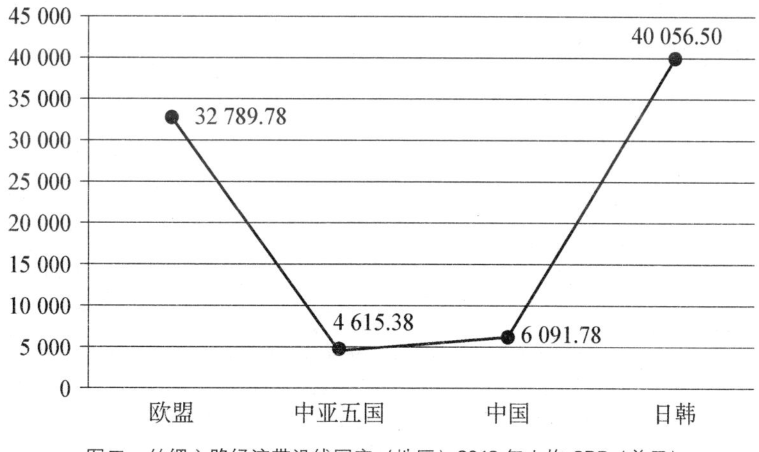

图二　丝绸之路经济带沿线国家（地区）2012 年人均 GDP（美元）

3. 有助于确保国家的战略安全和扩大中国的战略空间

我国西部地区位于亚欧大陆腹心地带，与 14 个国家领土接壤，自古以来是关系中国战略安全与稳定的重要区域，构建丝绸之路经济带不仅有利于保障我国能源安全，有效化解国际恐怖主义和民族宗教矛盾，而且有利于促进我国边疆地区经济发展和社会稳定，加快西部地区发展，为我国现代化建设创造良好的发展环境①。对于维护国防安全、拓展中国战略纵深、稳定能源供应、保障经济安全具有重大意义。从维护国防安全来看，西部是中国国防力量布局的重心，中国在西部地区与 10 多个国家接壤，存在边界争端等不稳定因素，通过与中亚及周边国家共建丝绸之路经济带，可以加强政治互信、经贸往来和文化交流，保障国防安全和边疆稳定。另外，以“三股势力”为代表的国际恐怖主义在中亚各国、俄罗斯及我国边疆，特别是新疆地区的活动日益猖獗，我国边疆及周边地区的安全环境日趋复杂。西部边疆地区历来是我国少数民族聚集区，也是社会经济发展落后的“老少边穷”地区，各族的宗教信仰和语言文化差异较大，很容易成为境内反动势力与境外“三股势力”相互勾结与渗透的主要区域。因此，丝绸之路经济带的建设将强化我国与周边国家的经济与安全合作，通过夯筑“利益、命运、责任”共同体来实现共赢发展，改变西部边疆地区贫困面貌，有力地维护民族团结与社会稳定，为我国现代化建设创造和谐环境。从拓展中国战略纵深来看，建设丝绸之路经济带可以使中国形成沿海、内陆、沿边全方位开放新格局，提升中国向西发展和开放水平，扩展中国的战略空间。从稳定能源供应来看，近年来，我国的能源安全形势因供求关系严重失衡与运输通道单一而变得日趋严峻②，2013 年我国石油的对外依存度已经达到 58.1％③，严重依赖于政局动荡的中东海湾地区石油供给和印度洋-马六甲海峡等海洋运输通道。能源安全已成为影响中国经济健康发展的重要问题，通过丝绸之路经济带建设，中国可以加强与油气资源丰富的中亚、西亚、俄罗斯的联系，形成以油气管道运输为主的地下“丝绸之路”，提高中国能源安全水平。丝绸之路经济带形成的国际陆路安全通道，可以将我国周边相邻国家，特别是中亚、西亚和环里海地区的资源纳入我国能源资源的总体发展战略，在经

① 刘炳炳、李豫新：《环新疆经济圈内各经济体经济发展水平差异研究》，《中国软科学》2012 年第 2 期，第 108—114 页。

② 夏文斌、刘志尧：《中国现代化视角下的向西开放》，《北京大学学报（哲学社会科学版）》2013 年第 5 期，第 15—18 页。

③ 胡鞍钢、马伟、鄢一龙：《丝绸之路经济带：战略内涵、定位和实现路径》，《新疆师范大学学报（哲学社会科学版）》2014 年第 2 期，第 1—9 页。

营周边国家关系的同时，有效分散和规避我国能源安全潜在风险。从保障经济安全来看，中国经济主要集聚在东部沿海一带，对海上交通的依赖性过大，近年来海上货运风险不断升高，在此背景下建设丝绸之路经济带，可以提升西部内陆地区的经济总量和经济份额，扩展陆上运输通道，保障中国经济安全。

4. 有助于培育中国经济新的增长极，促进经济重心向西转移

作为古丝绸之路的中国部分的主体，西北五省区是中国与中亚国家经贸合作的桥头堡，也是丝绸之路经济带的中国段构建的关键地方。自 1999 年西部大开发战略实施以来，国家不断加大对西北地区的支持和投入，在基础设施建设和经济社会发展方面取得了显著进展。通过图三可以看出，2000—2012 年，西北五省区年均经济增长率高于全国平均水平，有望成为中国经济新的增长极，促进中国的经济重心西移。但与此同时，与东部地区的整体发展水平仍存在较大差距，受偏居内陆等因素制约，西北各省区经济发展水平较低，阻碍区域经济协调发展，也影响中国整体经济增长。欧亚大陆共建丝绸之路经济带，形成横贯东中西、联结南北方对外经济走廊，全面提升西部开放型经济发展水平。助推西北地区成为中国经济新的增长极。将资源优势转化为经济优势，缩小其与东部发达地区的差距，利用本区域特殊的资源优势和区位优势，加快自身的经济发展，促进中国区域经济协调发展；另一方面可以在区域规划和产业加速梯度转移的作用下，让西部持续的高速增长来弥补东部地区经济增长乏力所造成的缺口，确保经济持续快速发展，促进中国经济重心转移。

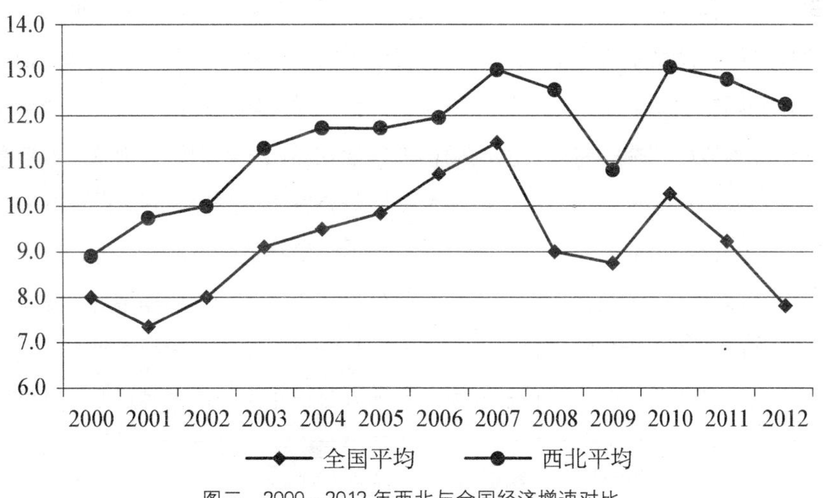

图三　2000—2012 年西北与全国经济增速对比

数据来源：相关数据来源于全国和西北五省区历年国民经济和社会发展统计公报。

5. 有利于提高西部城市化水平，优化我国城市人口布局

改革开放以来，随着沿海地区经济的快速发展，西部人口转移到了东部，东部地区城市化水平稳步提高，在这种背景下，东西部地区城市人口分布不平衡加剧。目前，在中国东部城市化水平较高，人口密集，大城市和城市群发育较为完善，在2012年，珠江三角洲、长江三角洲和北京、天津和河北三大城市群以2.8%的国土面积集聚了18%的人口；但西部大城市较少，城市化水平和城市群发展水平相对较低，57%的土地面积仅占人口的23%。该地区的城市和人口之间的失衡不仅会影响区域经济的协调发展，也不利于中国的战略安全。大城市和城市群作为经济区的重要支点，通过丝绸之路经济带的建设，促进大城市和城市群的发展（表3），特别是提高西部城市化水平，这对区域空间布局优化中国城市和人口具有重要意义。

表3 丝绸之路经济带西部十大城市群比较（2012年）

城市群	主要城市	人口	2012年经济总量	定位
成渝	以重庆、成都两市为中心	6 700万	24 337.13亿元	国家城乡统筹综合配套改革试验区
南北钦防	广西南宁、北海、钦州、防城港4市	1 200万	约为4 000亿元	中国—东盟自由贸易区的海湾型城市群（北部湾）
关中—天水	关中平原及甘肃省天水地区，共六市一区	2 940万	6 600亿元	中国新亚欧大陆桥中段重要的节点城市群
天山北坡	包括乌鲁木齐市、昌吉市、石河子市等	458万	约为3 500亿元	中国面向中亚五国合作的陆桥型城市群
兰白西	兰州、白银、西宁	约1 200万	约3 000亿元	黄河上游多民族地区的核心城市群
滇中	昆明、曲靖、玉溪、楚雄	约2 400万	近6 000亿元	中国面向东南亚区域合作的重要城市群
黔中	贵阳、遵义、安顺、都匀、凯里等	约1 400万	约3 500亿元	中国西南地区重要的节点城市群
呼包鄂	包头市、呼和浩特市、鄂尔多斯市	700多万	约为9 200亿元	黄河流域极具成长潜力的节点城市群
银川平原	银川、石嘴山、吴忠等	约500万	约为2 000亿元	中国面向伊斯兰国家合作的特色城市群
酒嘉玉	酒泉—嘉峪关—玉门	约200万	约为1 000亿元	国家航天基地建设的重要城市群

备注：作者依据公开资料整理所得。

随着这些城市群和城市建设，西部地区的城镇化水平将显著提高，这为丝绸之路经济带的发展形成有力支持，大大促进城市化进程和丝绸之路经济带互动关系的构建；另一方面可以优化西部经济发展环境，提高西部人口的承载能力，吸引其他地区人口来西部发展，优化城市和人口的空间分布。

6. 构建全方位开放新格局，实现区域协调发展

在全球化时代，区域不再是消极的客观存在，而是积极能动的空间系统。以更为积极主动的对外开放战略促进区域协调发展，就是将区域自身发展融入国家整体发展战略，打破区域封闭与市场分割，从传统的只注重要素协调向注重要素和发展共同协调转变，以区域内外发展条件和发展成果共同协调，促进更高层次的区域竞争与发展潜力，以开放促发展，以发展促协调。近年来，我国西部地区与周边国家发展差异呈现不断扩大态势，需要西部地区积极参与跨国区域经济合作①。当前，西部地区的对外开放与区域协调发展具有多重属性，既包括西部各省区市内部的协调发展，又包括与国内其他地区，以及与周边国家间的协调发展；与此同时，西部地区的对外开放存在面向以产业转移和结构调整为特征的区际市场开放，也面向以国际投资贸易与要素流动为特征的国际市场开放的双重压力。西部大开发以来，尽管西部地区对外开放水平有所改善，但开放规模与质量仍处于较低水平。2001 年我国进出口总额为 5 098 亿美元，西部地区为 159.61 亿美元，占全国的 3.13%；2013 年我国进出口总额为 41 600 亿美元，西部地区为 2 781.53 亿美元②，占全国的 6.69%。因此，在我国对外开放和西部大开发战略不断深化的关键时期，通过构建丝绸之路经济带，形成我国向西开放的国际战略走廊与全方位开放新格局，推动我国与沿线各国的要素流通和市场融合，增强我国区域间的产业分工与协同转型的动力，系统破解我国当前的产能过剩问题，促使西部地区形成开发与开放良性互动局面，为我国新时期改革开放注入全新动力，在实现西部地区跨越式发展的同时，优化我国区域经济发展的整体战略布局。

二、建设丝绸之路经济带的现实条件与合作构想

历史上的丝绸之路主要是商品互通有无，今天"一带一路"交流合作范畴要大得

① 沈娟：《原油对外依存度攀高》，《国际商报》2014 年 4 月 9 日 A5。

② 数据来源于西部各省（区、市）2001 年和 2013 年国民经济和社会发展统计公报。

多，合作基础的形成使得多样性的丝绸之路国家存在必然的“共有利益”[①]，这已经成为丝绸之路经济带兴起和发展的重要内生动力。因此，虽然丝绸之路经济带的战略意义和发展潜力十分巨大，但是各国要合作仍然面临重大的挑战，需要立足于当前的现实条件，努力巩固和开拓亚欧各国的“共有利益”。当前，建设丝绸之路经济带需要各方加强顶层设计与合作构想，立足战略高度，科学制定未来发展规划。

（一）建设丝绸之路经济带的现实条件

第一，区域合作基础初步形成。亚欧国家互补型的经贸关系日益密切，经贸合作初步形成相互依存、互利共赢的基本格局。一是贸易规模大幅跃升。贸易规模是衡量区域发展速度的重要标志，成为各国区域合作的内在基础。近年来，我国与丝绸之路沿线各国贸易总量呈现出高速增长态势。以内核区为例，1992 年中国与中亚五国的贸易额仅为 4.6 亿美元，2007 年已经达到 196.7 亿美元，增长了近 42 倍，尤其是中国加入 WTO 和上海合作组织成立以来，中国与中亚的贸易额突飞猛进，2001—2007 年年均增长 64%；2012 年中国与中亚五国的贸易额达到了 459.4 亿美元，与 1992 年建交之初的 4.6 亿美元相比，增长了近 99 倍。目前，中国已成为哈萨克斯坦、土库曼斯坦的第一大贸易伙伴，乌兹别克斯坦、吉尔吉斯斯坦的第二大贸易伙伴。此外，中国还是乌兹别克斯坦的第一大投资来源国，土库曼斯坦最大的天然气合作伙伴。中哈两国共同建设了中国历史上第一条陆路原油进口管道，第一个陆地边界上的国际边境合作中心，中国-中亚天然气管道更是成为当今世界最长的天然气管道；2000 年，中俄双边贸易额只有 80 亿美元，2014 年已达到 953 亿美元，接近 1 000 亿美元[②]。二是区域产业互补优势日益凸显增强。从代表性地区来看，中亚地区与我国经济互补性较强[③]，中亚国家蕴藏着丰富的石油、天然气、矿产等自然资源，但由于与世界的经济联系不够畅通，没能把这些宝贵的资源变成商品来换取国家经济建设所需的资金；另一方面，中亚国家的日常生活用品对中国的依赖性很强。吉尔吉斯斯坦 80%的日用品都是通过铁路和公路运输从中国进口的；在哈萨克斯坦原首都阿拉木图的商品批发市场里，中国商品随处可见。俄罗斯和中亚主要以能源、矿产、棉花等初级产品出口贸

---

① 阮宗泽：《中国崛起与东亚国际秩序的转型：共有利益的塑造与拓展》，北京大学出版社 2007 年版，第 107—112 页。

② 数据来源：http：//www. jiemian. com/article/1081812. html。

③ 郑汝俭：《重振丝绸之路——中亚五国对新亚欧大陆桥的运作》，《中国软科学》1995 年第 1 期，第 56—57 页。

易为主，2012年俄罗斯、哈萨克斯坦、吉尔吉斯斯坦向我国出口的产品中，初级产品与半成品之和所占比重分别为93.54%、99.96%和83.70%①。而我国新疆喀什、重庆、四川、陕西、上海等典型代表地区在生产制造业、现代化农业、生产性服务业等领域已形成较为完备的产业基础，可以为丝绸之路经济带提供有力支撑。三是沿线城市体系逐步完善。目前，我国正在形成发育23个规模相当的城市群②，而中亚地区也逐步形成了以哈中北部城市群、伊犁河谷-哈东南城市群、费尔干纳盆地及周边城市群等为代表的城市群③。在我国向西开放战略升级的背景下，这些陆桥通道上规模可观、结构较为合理的城市群和节点城市可以分工协同、融合互补发展，从而为构建丝绸之路经济带奠定初步的城市体系条件。

第二，软硬件通达性逐步改善。我国与沿线国家以铁路为主体，包括公路、航空、管道、通讯和口岸设施在内连接中国—中亚的交通走廊硬件设施已经初步建成④。近年来，中国与中亚国家的互联、互通、互动取得明显进展：沿陇海铁路、兰新铁路深入中亚地区的铁路干线成为新亚欧大陆桥的重要组成部分；中国已经开通直达哈萨克斯坦、乌兹别克斯坦、塔吉克斯坦的航线；“丝路经济带”首个实体平台——中哈物流合作基地项目一期于2014年5月正式在连云港启动。我国与俄罗斯、中亚、南亚地区铁路网雏形已基本形成⑤，并延伸至欧洲地区，成为丝路沿线的国际大动脉；我国与中亚各国连接的主要公路干线均并入亚洲公路网，并通过连云港-西安-霍尔果斯国家公路干线、西欧-中国西部国际公路走廊、欧洲E40号公路与欧洲高速公路网实现对接，欧

① 数据来源：UN COMTRADE BEC Database。依据UN COMTRADE的广义商品分类（BEC）统计和Françoise Lemoine和Deniz ünal-Kesenci（2002）提供的五阶段BEC分类，贸易商品分为：初级产品（111+21+31），含半成品（121+22+32）和零部件（42+53）的中间产品，含资本品（41+521）和消费品（112+122+51+522+61+62+63）的最终产品。因目前UN COMTRADE数据库中不能获得塔吉克斯坦和土库曼斯坦的BEC商品贸易分类统计，因此未将其纳入计算。

② 根据中国科学院地理科学与资源研究所最新完成的《2010中国城市群发展报告》（以下简称《报告》），中国正在形成23个城市群。西部地区主要包括成渝、南北钦防、关中—天水、天山北坡、兰白西、滇中、黔中、呼包鄂、银川平原、酒嘉玉等10个城市群；中部地区主要包括武汉、中原、长株潭、环鄱阳湖、晋中、江淮等6个城市群；东部地区主要包括长江三角洲、珠江三角洲、京津冀、山东半岛、辽东半岛、海峡西岸、哈大长等7个城市群。

③ 朱显平、邹向阳：《中国—中亚新丝绸之路经济发展带构想》，《东北亚论坛》2006年第5期，第3—6页。

④ 芮杏文、孙永俭、黄英达等：《新亚欧大陆桥（中国段）经济带开发的战略思考》，《中国软科学》1998年第8期，第5—10页。

⑤ 目前，该地区在建或已运营国际铁路主要包括：中哈铁路（精河—伊宁—霍尔果斯口岸—热特肯—阿腾科里）、中吉乌铁路（喀什—伊尔克什坦—卡拉苏或贾拉尔拉巴德—安集延）、中俄铁路（广州—满洲里—莫斯科）、中国—巴基斯坦铁路（喀什—瓜达尔港）、中缅铁路（昆明—大理—瑞丽—腊戌—仰光）、中老铁路（昆明—景洪—磨憨—万象）等。

亚公路一体化进程显著加快；我国与俄罗斯、中亚、南亚国家的能源通道[①]建设日趋完善；我国中西部沿边省份面向俄罗斯、蒙古、中亚、南亚、东盟建设了一批开放口岸[②]、重点开发开放实验区[③]、经济开发区、边境经济合作区等对外开放的窗口和平台，有效形成了一般贸易、边境贸易与加工贸易一体化协同发展的创新模式；建立多层次金融市场，加快投融资体系、人民币跨境结算体系试点及推广[④]；此外，我国与中亚国家已经签署双边汽车运输协定、实施细则和国际汽车运输许可证制度协议等运输便利化协定。虽然交通便利化的提升促进了地区贸易的快速增长，但沿线各国区域性多边运输便利化协议缺失、技术标准不一、通关效率低下、税费不规范等问题仍需要不断改善。

第三，区域合作障碍尚未解决。一是缺乏理论建构对实践的科学指导。区域及次区域合作需要科学理论作为指导，而目前丝绸之路经济带各方对区域合作的理论与实践研究严重不足，特别是对合作动因、经济政治效应、合作模式、影响与制约因素、制度框架和政策措施等尚未形成深入细致的调查研究与科学指导。二是合作体制机制不健全。目前，我国与中亚国家的合作关系深入发展，已与哈萨克斯坦建立起全面战略合作伙伴关系，与吉尔吉斯斯坦、土库曼斯坦、乌兹别克斯坦建立起战略合作伙伴关系[⑤]。整体看来，沿线区域的国际性组织机制虽然有欧盟、东盟、上海合作组织、欧亚经济共同体、中亚区域经济合作机制、欧亚经济论坛、亚信会议等，但上述合作机制存在诸多局限性，难以落实与整合各方利益诉求，制约着亚欧区域合作的实效。三是丝绸之路战略博弈日益激烈。随着亚欧区域合作不断加强，丝绸之路沿线地区重要的战略价值逐渐凸显，各国政府纷纷提出自身的丝绸之路发展战略，特别是以美国、欧盟、俄罗斯、日本为主的大国在中亚地区竞争日益激烈，各方利益诉求差异较大，从而使利益相关方的多边外交与政治协调面临巨大挑战，如表 4 所示。四是亚欧

① 主要包括中哈石油管道（已投产）、中国—中亚天然气管道（A、B、C 线已投产，D 线建设中）、中俄原油管道（已投产）、中俄东西线天然气管道（建设中）、中缅陆上油气通道（已投产）、中巴油气管道（规划中）。

② 新疆开放口岸 17 个，主要面向中亚、蒙古；内蒙古开放口岸 19 个，主要面向俄罗斯、蒙古；广西开放口岸 17 个，主要面向东盟；云南开放口岸 16 个，主要面向南亚和东盟；西藏开放口岸 4 个，主要面向南亚。上述口岸均为一类口岸，因篇幅所限，不再详细列举。

③ 包括内蒙古满洲里、二连浩特，广西东兴、凭祥，云南瑞丽重点开发开放实验区。

④ 2011 年，《国务院关于支持喀什霍尔果斯经济开发区建设的若干意见》颁布，赋予新疆喀什“金融贸易区”政策，建设面向中亚、南亚经济圈的区域性金融中心。

⑤ 2013 年，中国与中亚国家分别签署《中塔关于建立战略伙伴关系的联合宣言》《中土关于建立战略伙伴关系的联合宣言》《中哈关于进一步深化全面战略伙伴关系的联合宣言》《中乌关于进一步发展和深化战略伙伴关系的联合宣言》《中乌友好合作条约》《中吉关于建立战略伙伴关系的联合宣言》等。此外，丝绸之路沿线欧亚 9 国城市代表签署了《共建丝绸之路经济带西安宣言》。

国家的领土纷争与海权冲突致使地区局势不稳定。近年来，朝核问题频发导致朝鲜半岛局势持续紧张，中日钓鱼岛争端日益激化，日俄北方四岛问题久谈未果，日韩独岛纠纷升温，乌克兰危机导致俄欧关系趋冷，中印领土争端仍未解决，中东局势扑朔迷离，以及我国与南海周边国家的海洋争端形势日趋复杂严峻等，都可能降低各方对丝绸之路经济带建设的注意力与关注度，干扰并延缓亚欧合作进程，这也成为丝绸之路经济带建设面临的重大挑战与障碍性因素。因此，需要我国将上述因素纳入战略考量，避免陷入重大策略失误而侵蚀已有的合作基础。

表 4　复兴丝绸之路的主要战略与计划比较

提出国家或组织	提出时间	名称	主要内容
联合国教科文组织	1988	综合研究丝绸之路项目	举办科学考察、国际学术研讨会、文物展览、旅游推介会等，改善亚欧各国人文交流
日本	1997	丝绸之路外交战略	把中亚及外高加索 8 国定为“丝绸之路地区”，加强政治经济合作，主导能源开发与贸易
俄罗斯、印度、伊朗	2000	北南国际走廊计划	修建从南亚印度经中亚、伊朗、高加索、俄罗斯，直达欧洲的国际运输通道
联合国亚太经社委员会	2006	钢铁丝绸之路计划	亚欧国家将建设和连通 4 条横跨亚洲的泛亚铁路动脉，全长 11.4 万公里，横贯 28 个国家和地区
联合国开发计划署	2008	丝绸之路复兴计划	改善欧亚大陆通道的铁路、公路、港口、通关等软硬件条件，包括中国至欧洲等 6 条交通走廊
欧盟	2009	新丝绸之路计划	修建纳布卡天然气管线，加强与中亚及周边国家的能源、经贸合作等全方位联系
美国	2011	新丝绸之路战略	建立并主导以阿富汗为中心的“中亚—阿富汗—南亚”经济体间的合作与发展进程
伊朗	2011	丝绸铁路计划	修建连通伊朗、阿富汗、塔吉克斯坦、吉尔吉斯斯坦与中国的铁路
哈萨克斯坦	2012	新丝绸之路项目	建设世界水平的贸易物流、金融商务、工艺创新和旅游中心，恢复哈萨克斯坦的历史地位
中国	2013	丝绸之路经济带与 21 世纪海上丝绸之路战略	促进亚欧各国互利合作、包容互鉴、和平发展、共同繁荣，特别是沿线国家的经济一体化建设

备注：作者依据公开资料整理所得。

（二）建设丝绸之路经济带的合作构想

1. 合作原则

丝绸之路经济带建设应遵循的战略原则是：一是层次性与全局性相结合。丝绸之路经济带目标是亚欧区域合作的新模式，它需要从全球的角度加强顶层设计，然后在不同的层次上进行划分，要因地制宜，抓住工作重点和难点，找准突破口，先易后难，循序渐进，加快推进。二是求同存异与共生协同相结合。各方应本着相互尊重、平等协商、求同存异原则，进行充分交流对接，共同制定推进区域合作的规划和措施，协商解决合作中的问题，实现有效协同与凝聚合力；在各国或地区走向差异化地域分工的同时，有效借助外部资本市场力量，注重培育和发展内生的企业自生能力，从而使各自企业、地区和国家融为全球产业链的共同组成部分。三是优势互补与利益兼顾相结合。充分发挥各方资源禀赋优势，实现产业错位发展、互补共生，在平等自愿、互惠互利的基础上，核心经济体在维护自身利益的同时要兼顾他国合理利益，避免市场经济的“中心-外围”效应使资源型国家陷入“外围锁定”困境——某一初级产品部门异常繁荣而导致其他部门衰落的现象，而这种趋势一旦强化，将从根本上不利于各方的可持续性合作。四是包容互鉴与模式创新相结合。坚持包容互鉴有助于消除矛盾冲突的思想根源、促进世界的持久和平，而模式创新是各方合作的有力保障和动力源泉。五是双边合作与多边互动相结合。在双边合作中，重视通过对话协商化解各方利益分歧，积极探寻和发展各方“共有利益”，以培育“共有利益”为导向，加快推进区域多边合作。

2. 合作主体

为促进丝绸之路经济带建设，有必要在宏观协调层面，建立和拓展包括国际协调组织与决策机构、区域合作发展委员会、主权国家、地方政府、中心城市等多层次合作主体。同时，应强化市场微观基础培育，坚持以政府政策为手段，以市场需求为导向，以企业合作为主体，并注重发挥非政府组织引领商会活动与智库学术研究的作用；积极培植多元化市场主体，促进专业化分工水平；鼓励和扶持我国企业“走出去”，积极参与丝绸之路经济带建设。

3. 合作内容

在丝绸之路经济带构建的初始阶段，应重点加强包括政策、道路、贸易、货币、民心在内的“五通”建设。丝绸之路经济带本身固有的内在属性与阶段性特征，决定了通道运输的便利性与内外市场的通达性，成为我国中西部与中亚地区在经济全球一体化进程中发展滞后的重要因素。因此，各方应优先强化区域通道基础设施领域合作，有效降低市场分割与边界屏蔽效应；创新能源合作机制，在巩固和深化能源合作的同时，应注重从资源领域合作逐步向非资源领域转型；各国或地区应就经济发展战略与规划建立交流、协商、治理机制，持续强化制度性合作，在政策和法律上为区域经济融合“开绿灯”；深化金融领域合作，通过互设金融机构、开展边贸本币结算、搭建金融合作平台等，积极拓展投资融资渠道，降低交易成本；加快推进我国中西部地区外向型优势产业布局与区域新型工业化、城镇化进程，积极扩大内陆与沿边向西开放水平，实现贸易与投资便利化，提升我国企业利用外资与对外投资的规模和效益；高度重视人文交流，加强国内外媒体交流与合作，通过公共外交、民间外交、文化传播等提升中国的文化软实力，通过打造旅游合作机制、人力资源培育机制、学术智库交流机制等，为我国与周边国家关系的长远发展，夯实社会与民意基础；强化我国同沿线国家在经济、金融、信息、生态环境、资源、恐怖主义、跨国犯罪、疾病蔓延等非传统安全领域合作，降低各方合作风险，确保丝绸之路经济带顺利建成。

4. 合作平台

平台是丝绸之路经济带各方合作的有效载体，构建区域合作平台，不仅有利于创新合作方式，降低各方合作成本，实现地区利益共享，而且能够有效整合各类资源，带动以资本、人才、技术产权、信息等为核心的生产要素优化配置。以我国西部地区为例，应加快构建向西开放的平台和窗口，设立跨境经济合作开发区、边境对外开放口岸、自由贸易园区、内陆开放型经济试验区、内陆城市新区、保税港区、国家综合改革试验区等，通过模式创新构建开放型经济新体制，提升西部内陆地区参与对外开放的深度和广度；注重培育西部区域性增长极，强化西部地区城市群与重点地区向西开放的辐射带动能力，发挥中心城市内外联结服务功能；打造一批诸如中国-亚欧博览会、中国-中亚国际博览会、中国-东盟博览会、中国东西部合作与投资贸易洽谈会、丝绸之路经济带国际博览会，以及网上丝绸之路博览会等合作交流平台，为中国企业进入周边国家市场搭建良好服务平台，提升西部地区参与对内对外区域合作力度。

5. 合作机制

当前，丝绸之路经济带尚未在制度层面形成统一有效的合作机制，各方亟需通过磋商建立并完善合作机制体系。系统论认为，系统是由相互依存的若干部分与要素构成，具有特定功能和结构的有机整体。丝绸之路经济带的合作机制是一个复杂系统，必须从整体层面进行把握，通过建构包括主体机制、目标机制、动力机制、运行机制以及保障机制五个部分构成的完整有机体，各要素和部分之间相互作用、相互依赖，共同助推各方成员持续健康地合作。具体来说，应以政府、企业、非政府组织通力合作为主体机制，以实现各方共同繁荣发展为根本，构建合作的目标机制，以丝绸之路经济带各方共生协同与利益最大化为动力机制，以市场主导、企业竞争、政府协调、非政府组织“软性服务”为合作运行机制，以激励与约束、利益共享与风险共担，以及各国政府考核与监管为合作的保障机制。

6. 合作模式

由于当前丝绸之路经济带各方发展差异较大，不能简单采用统一的合作模式“一刀切”解决所有国际合作问题，而应通过创新合作模式，构建“国际协调组织与机构＋区域合作组织机制＋核心经济体＋主权国家＋中心城市＋自由贸易园区”的“多轨制”弹性化合作模式。即通过建立国际协调组织强化宏观层面治理，区域合作组织机制进行中观领域对话、协调与治理，核心经济体间主导并推进合作进程，同时兼顾他国利益，主权国家平等协商合作规划与措施，中心城市构筑知识、信息、文化交流合作载体与平台，条件成熟地区作为自由贸易园区或经济特区先行开放。各方可以根据自身国情与发展需要，对各自参与角色及深度进行客观定位，在维护自身根本利益的同时，灵活选择合作模式，采取多层次、多元化、订制化的弹性合作协议并强化组织机制运作效率①。在此基础上，循序扩大开放合作格局，在取得发展成果后分享合作经验并向其他区域拓展，从而适应自身与各国整体发展需要。由此，构建“多轨制”、富于弹性的合作模式成为丝绸之路经济带各方当前的现实选择。

三、建设丝绸之路经济带的发展目标与战略重点

（一）建设丝绸之路经济带的发展目标

从含义特征及地缘战略来看，丝绸之路经济带总体发展目标及战略步骤可分为起步、扩展与完善三大阶段性目标，通过构建内核区（启动区）、核心区（发展区）及辐射区（目标区），循序推进建设丝绸之路经济带一体化进程。

1. 起步阶段

当前，我国与俄罗斯、中亚五国在上海合作组织和欧亚经济共同体等制度框架下

① 马莉莉、王瑞、张亚斌：《丝绸之路经济带的发展与合作机制》，《人文杂志》2014 年第 5 期，第 38—44 页。

展开密切磋商与合作，具备较为成熟的合作基础，因而推进内核区（启动区）的经济一体化成为起步阶段的重点突破口与发展目标。形成可资借鉴的创新模式与示范效应，继而拓展与南亚、西亚的区域及次区域合作。具体来说，通过强化与俄罗斯、中亚国家的政策沟通和人文交流，夯实深化合作的经济基础与社会基础；积极推动三条亚欧大陆桥①沿线交通运输网络建设，优先提升我国与中亚、南亚各国的市场通达性，特别是加快交通通道、能源管道、信息网络等跨境立体化基础设施建设；通过“引进来”与“走出去”双重驱动，助推企业走内外向国际化发展路径；在社会治理与公共服务供给创新、投资与贸易便利化、知识信息与文化传播等软环境方面减少规管，保障企业运作效率；提升中心城市服务与开放水平，强化经济特区、边境口岸、国家综合配套改革试验区、城市新区、自由贸易园区等辐射带动功能，引领中西部地区向西开放；中西部地区产业布局要与周边国家产业带形成协同和契合，重点打造以“传统优势产业、现代农牧业、现代服务业、战略新兴产业”为核心的特色优势产业带；在交通、能源、产业、城市、公共服务等一体化基础上，深入推进投资、贸易、货币、金融一体化发展。

2. 扩展阶段

我国与俄罗斯、中亚五国经济一体化将为丝绸之路经济带进一步扩展提供良好的合作基础与经验借鉴。在提升内核区（启动区）一体化发展水平的基础上，全面拓展面向南亚、西亚、东亚及欧亚经济共同体其他成员的国际区域合作，推进核心区（发展区）经济一体化，初步形成亚欧经济一体化发展雏形，实现沿线“经济凹陷带”的“隆起”，为其完善扫清障碍。因此，扩展阶段成为承上启下的关键阶段。在此阶段，需要将基础设施升级为国际化、多元化、网格化的交通通道和信息互联网络，形成南北、东西、空中、地下紧密衔接的国际通道格局，确立以我国西部与中亚为核心的区域作为欧亚大陆通道的枢纽地位；加快国际先进产业向该区域梯次转移，提升区域内分工协作一体化水平；建设一批国际产业园区和自由贸易园区，带动我国高新技术、先进制造业企业走外向国际化道路，助推平台总部、高端物流、金融等先进服务业向国内集聚；重点建设中巴经济走廊、中印缅孟经济走廊②、大湄公河次区域经济走廊，带动沿线城市群与重点城镇协同发展；提升国内外公共服务供给效率，累积人力资本，拓展从商品贸易到加工贸易和服务贸易的多层次合作；建立经贸密切、政治互信

① 三条亚欧大陆桥分别从毗邻太平洋的俄罗斯符拉迪沃斯托克、中国连云港和深圳出发，终点为荷兰鹿特丹，实现横跨亚欧大陆、联结太平洋、印度洋与大西洋的目标。

② 涵盖昆明（中国）—缅甸—老挝—泰北湄公河次区域经济合作圈、新加坡—柔佛（马来西亚）—廖内（印尼）的三角经济带、槟城（马来西亚）—棉兰（印尼）—普吉（泰国）三国经济带。

的全方位战略伙伴关系，使亚欧转型发展中国家基本融入国际现代化经济体系。

3. 完善阶段

在欧亚大陆经济一体化总体进程背景下，进一步打通太平洋到波罗的海的国际运输大通道，联通包括中日韩、东盟在内的东亚经济圈和以欧盟为核心的欧洲经济圈，通过提供集聚市场需求资源的有效抓手，重构亚欧大陆生产和消费系统，极大地提高欧亚经济共同体的一体化程度。同时将从东、西两个方向进一步密切与包括美国、加拿大等发达国家在内的北美洲、南美洲经济的联系，推动丝绸之路经济带发展目标不断完善。这一阶段将全面形成贯通亚欧大陆的现代化综合通道网络与信息互联体系，商品和生产要素跨境双向流动更趋敏捷，内外市场通达性显著提升；沿线国家形成结构合理、特色鲜明、协同共生的产业体系，沿线城市群的空间布局、功能分工更趋完善，经济体自我发展能力不断提高；此外，发展中国家与发达国家可以在 TPP（泛太平洋战略经济伙伴关系协定）、TTIP（跨大西洋贸易与投资伙伴协议）和 PSA（多边服务业协议）等促进服务贸易自由化的机制下，展开积极磋商与谈判，协同应对服务贸易自由化趋势，积极融入更高层次的国际分工体系，丝绸之路经济带各方在经贸往来、政治互信和文化交往方面更深刻地融为一体，实现可持续发展的同时，推动全球化向纵深发展。

（二）建设丝绸之路经济带的战略重点：以“起步阶段”为例

1. 夯筑以市场通达性为核心的多重互联、互通、互动环境

软硬件的互联、互通、互动是提升内外市场通达化、开放化、一体化的前提条件和内在要求，是克服边境分割形成的屏蔽效应，增强边境中介效应的有效路径。在“起步阶段”，首要任务是从硬件和软件层面改善内外市场间的通达性，强化我国与俄罗斯、中亚、南亚等国际市场的内在联结。在基础设施等硬件层面，积极建立并充分利用世界银行、亚洲基础设施投资银行、金砖国家开发银行、欧亚开发银行等投融资机制，加快推动向西开放的国际大通道建设①，发挥西北与西南两条国际经济走廊、贸易通道、旅游走廊、能源通道作用。多路径支撑我国高铁“走出去”战略，参与亚欧经济整合，重点发展面向俄罗斯、中亚、南亚、欧洲等国的高铁出口②；升级成都、

① 包括铁路、公路、航空、水运、管道、电网、通信网络等综合性、立体化、网格化基础设施建设。

② 我国正式提出高铁“走出去”战略始于 2009 年，目前计划参建的高铁项目主要有欧亚高铁、中亚高铁、泛亚高铁等。此外，中国企业在海外承建首条高铁线路——伊安高铁二期工程（安卡拉—伊斯坦布尔）已于 2014 年 7 月建成通车，标志着中国高铁“走出去”战略步入实质性阶段。

重庆、乌鲁木齐、西安、郑州、武汉等经济腹地的主干通道[①]，拓展中吉乌、中巴国际铁路等以第二亚欧大陆桥为主轴的西北大通道运输范围和国际地位；西南大通道以泛亚铁路东、中、西三线建设为重点，加快中印铁路、中缅铁路、澜沧江-湄公河国际航运、中越红河水、中缅陆水联运等通道建设；加快中国-中亚、中俄、中缅、中巴等油气管道设施，以及原油、天然气、成品油、煤炭资源的储备和加工基地建设；加强西南地区与瓜达尔港、加尔各答、吉大港、仰光等国际先进港口互联、互通、互动，为第三条亚欧大陆桥建设夯实基础。在软环境层面，创新协调机制，制定沿线大通关制度协议，驱动各国“硬件”设施兼容和运转，提升对外运输与贸易便利化水平；继续推进市场化改革，破解城乡、地区、部门等之间存在的大量软硬件壁垒，聚集国内外市场分散的消费能力、人力资源、先进生产要素等，形成规模化需求，继而驱动生产规模化与分工深化，为国内外跨国企业实现垂直一体化与水平一体化创设充分的市场空间，从而显著改善沿线生产要素与商品流通软环境。

2. 促进外向型优势产业差异化竞争与集群式发展

在全球新一轮分工网络重构与产业转移的背景下，丝绸之路经济带各方应结合本国发展基础与地缘条件，发挥自身比较优势，积极转移、承接、培育外向型优势产业，走向差异化竞争与集群式发展路径[②]。对我国而言，在国际产业链与价值链分工体系下，对中西部地区产业发展进行系统布局，避免同质化竞争，强化我国向西开放的前沿、腹地与周边国家重点产业的内外联动发展；以国际大通道为依托，以中心城市为主要节点，以市场配置资源为核心，加快培育和发展沿线特色型产业基地、现代化农牧业、战略性新兴产业、传统优势产业、现代服务业等产业（群）带，促进优势产业与人口向中西部地区合理转移和集聚，实现差异化分工满足各方经济发展现实需求的同时，通过规模经济与范围经济提升产业的国际竞争力；建设一批科技创新示范园、高新技术试验园、科技成果转化园等，支撑我国中西部地区区域创新能力发展；以国内外需求为导向，投资建设海外产业园区平台，助推企业外向国际化发展，并通过建立公共服务发展中心、加工制造基地、国际物流服务中心、综合商务配套区、人

---

① 目前，四川成都、重庆、湖北武汉、河南郑州、陕西西安、新疆库尔勒等中西部区域中心城市已分别于2010年10月、2011年3月、2012年10月、2013年7月、2013年11月、2014年7月开通至欧洲的国际货运班列。此外，西部地区在建或已运营的高铁线路主要有郑州—西安、成都—重庆、兰州—新疆、西安—宝鸡、西安—成都等。

② 张亚斌、马莉莉：《丝绸之路经济带：贸易关系、影响因素与发展潜力——基于CMS模型与拓展引力模型的实证分析》，《国际经济探索》2015年第12期，第72—85页。

力资源培育与支持平台等综合配套体系，整体推进丝绸之路经济带外向型优势产业发展。

3. 落实重点区域向西开放的功能定位与战略布局

我国西部地区作为丝绸之路经济带的典型代表和重点区域，在加快“内引外联、双向开放”的基础上，落实重点区域的功能定位与战略布局。加强西部重点建设区域的主体功能区规划，支持西部重要城市群建设和中心城市开放开发，培育区域经济增长极，提高重点经济区对周边地区的辐射和带动能力。在西北地区，发挥新疆在我国与中亚、南亚区域合作中“东西双向”桥头堡和枢纽地位；内蒙古定位于面向俄罗斯、蒙古等国的开放桥头堡，发挥内引外联枢纽作用；新疆和内蒙古应以天山北坡与呼包银榆地区为重点，建设能源化工、农畜产品加工、冶金与装备制造等优势产业基地。陕西重点建设内陆型开发开放战略高地和丝绸之路新起点，面向沿线各国全方位开放；甘肃应发挥连接欧亚大陆桥国际通道和沟通西南和西北的交通枢纽作用，重点面向中亚和西亚开放；陕西和甘肃应发挥关中-天水经济区能源化工、装备制造、现代农业、服务业等产业优势。宁夏是面向穆斯林和阿拉伯国家开放的重要窗口和战略支点，重点建设能源化工、清真食品、穆斯林用品等加工基地。在西南地区，四川定位于内陆开放型经济高地，面向周边国家及欧洲地区开放；重庆应发挥我国内陆地区联结长江经济带、丝绸之路经济带、海上丝绸之路，沟通西南与西北、东部与西部地区“双重角色”的独特地位，建设内陆综合交通、国际贸易枢纽和开放高地；同时重点建设成渝城市群，深化其内陆开放实验区建设。广西定位于建设面向东盟的合作高地；云南建设面向东南亚、南亚及印度洋沿岸的重要桥头堡和出海战略通道；同时重点建设北部湾与滇中地区，发挥其辐射带动作用。

4. 大力推进务实合作，构建全方位、宽领域、多层次的开放合作体系

丝绸之路经济带建设需要构建包括经济特区、边境口岸、内陆城市新区、保税港区、经济技术开发区以及自由贸易园区等多层次对外开放平台；在新疆、云南、广西、内蒙古等条件相对成熟的沿边地区建立跨国经济合作区，与周边国家积极开展投资贸易、跨境旅游、劳务合作、物流配送等领域合作；以上海合作组织、欧亚经济共同体、亚欧会议、中国-阿拉伯国家合作会议①、中国-中东欧国家会议②等为主要平

① 自2004年中阿合作论坛首届部长级会议起，已召开过六次部长级会议，2014年6月举行的第六届部长级会议主题为“建设现代丝绸之路，促进中阿共同发展”。

② 包括中国-中东欧国家“经贸论坛”“经贸促进部长级会议”“地方领导人会议”“文化合作论坛”“教育政策对话”“高级别智库研讨会”“国际学术研讨会”“农业科技交流会”。

台，通过建设中国-东盟自由贸易区、中国-中亚自由贸易区、中国-南亚自由贸易区等，加强与中亚、东盟、南亚、中东欧、阿拉伯国家和西印度洋国家的经贸合作，提升区域互动合作的深度和广度；通过打造中国-东盟、中国-阿拉伯、中国-亚欧、丝绸之路等国际博览会，以及欧亚经济论坛、丝绸之路经济带媒体合作论坛等区域合作平台与载体，带动沿线国家企业合作与人文交流，促进亚欧国家社会经济相互融合与联动发展。

5. 不断完善区域内外合作的体制建设与政策配套

在区域合作方面，体制机制创新是丝绸之路经济带建设的基本立足点。以建立跨国经济合作区为例，需要强化国际法与国内法协调，双边及多边协议需包括跨国经济合作区内容，国内法规配套要与国际法紧密衔接；在初始阶段，可以借鉴欧盟和美墨建设跨国经济合作区的立法经验，通过超国家机构、国家高层前期集中协商并签订的合作协议，以及地方政府间的“非正式性”“弹性化”的“握手协议”等，降低协商成本，减少国内法律滞后性，为跨国经济合作区内的企业创造有竞争力的投资、创业和发展环境。在政策配套方面，尽快制定并完善我国向西开放与丝绸之路经济带战略规划、管理和服务体制及国家综合配套体系，吸引先进理念、国际间资本、人才、技术等生产要素向中西部地区聚集，形成产业“虹吸效应”，引领带动周边地区；通过积极简政放权，赋予重点建设区域更大的政策自主权，加强沿线国家和省市的财政合作机制建设，建立“共同发展基金”，加大对基础设施建设与重点产业发展项目的财政性资金支持，积极探索和完善基础设施投融资机制，建立多元参与机制；实施差异化金融政策，通过设立区域性跨境人民币服务中心，积极支持我国与周边国家展开投资和贸易人民币结算、离岸金融结算等领域合作；制定我国向西开放的产业目录，着力为产业发展和承接产业转移创造良好软硬环境，着力加快产业转型升级，打造向西开放产业平台，完善产业配套政策，培植面向国际市场的外向型产业；在沿线国家积极建立中国经济发展园区和平台，引导企业加大对沿线国家投资力度，建设一批产业园区，打造分工协作、共同受益的产业链、经济带，实施“企业主体、市场导向、政府支持”的企业内外向国际化发展政策，坚持让中国企业“引进来”和“走出去”相结合，全面提高对外开放水平。

韩国对“一带一路”倡议的认知、考量及政府应采取的政策选择

陈梓瀚

（国防大学政治学院）

【摘　要】　“一带一路”倡议提出后，韩国对其认知经历了从消极到观望再到拥抱的三个阶段。针对韩国与“一带一路”倡议的对接，建议从政治互信、基建投资、民心对接三个方面打牢合作基础。首先积极寻求将“欧亚倡议”与“一带一路”倡议对接的务实举措；其次借助自身区位优势，努力让韩国形成“一带一路”支点国家；第三以中韩FTA为牵引，搭上中国快车等方面寻求务实合作举措。

【关键词】　“一带一路”；韩国认知；政策选择

一、韩国政府对“一带一路”倡议的认知

中国提出“一带一路”倡议后，韩国虽然经过一番迟疑纠结，最终不顾美国反对，决定加入亚投行并积极参与“一带一路”建设。研究对韩国认知的影响因素可以让我国更好地与西方国家一起推进“一带一路”倡议。针对韩国认知过程，笔者将其分为对“一带一路”倡议意图、利益、前景的认知。

（一）韩国政府对“一带一路”倡议意图的认知

韩国是中国的战略合作伙伴关系国，更是美国的亚洲同盟国。在明知美国反对其盟国参加中国倡议的亚投行和“一带一路”建设的情况下，并且在韩国国内“中国威

胁论”暗流涌动的前提下。韩国经过一番迟疑纠结，不顾美国反对，毅然决定加入亚投行并参与“一带一路”倡议。① 在这个犹豫不决期间，韩国对中国的“一带一路”倡议的判断有一个变化的过程。

最初在西方“中国威胁论”的影响下，韩国对中国提出的“一带一路”倡议反应十分消极。一是韩国认同国强必霸。认为中国的崛起必然会威胁到周边国家的安全和利益，尤其是认为中国会争夺韩国在东南亚和中亚的海外市场，挤压韩国的生存空间。二是韩国认为中国企图独霸亚洲。韩国认为中国的“一带一路”倡议是挑战由美国等西方国家主导的现有国际秩序，搞的是另起炉灶、重新洗牌，目的是把美国赶出亚洲，以便掌握亚洲主导权。作为美国的同盟国，其自身安全防务严重依赖美国，尤其在朝鲜半岛局势不断升温，推进朝鲜半岛无核化的进程陷入僵局的背景下，韩国时刻面临着朝鲜的核武袭击，这又加剧了韩国对美国的安全依赖，使得韩国从自身安全利益出发，不得不维护美国在亚太地区的利益和话语权。三是担心亚投行治理结构不透明。由于中国走的是中国特色社会主义道路，中国的特色社会主义市场经济并没有被西方国家完全认可，在国际上还有很多质疑的声音，比如认为中国的市场不够开放，政府管理得过多，政府的职权过大等。这就导致韩国政府和学者对我们国家主导的亚投行产生了猜不透的陌生感和怕吃亏的恐慌感，担心亚投行的治理结构不透明，担心不符合国际多边治理模式，担心韩国利益受损。

然而，遐想和猜测代替不了理论推理和实践的检验。最终韩国从以下三个方面分析得出结论，相信中国政府会公平公正地推进“一带一路”倡议。一是与各国形成命运共同体有利于为中国发展经济提供和平的外部环境。“一带一路”倡议的建设会将沿线各国发展成你中有我、我中有你的命运共同体，这样的利益交织使得军事对立的冷战思维难以形成，为各个国家的政治和外交提供强有力的牵绊，促进国际政治局势更加稳定。二是美日俄印等大国的欧亚战略与中国的“一带一路”倡议既有合作又有竞争，这种局势有利于促进中国在推进“一带一路”倡议时，充分考虑和顾及参与国家的反映，以便适度调节利益分配，不然很难与美日俄印的欧亚战略对接，也很难得到沿线国家的积极响应。三是中国面临经济下行压力，国内过剩的产能如果得不到很好的解决，中国的经济供给侧结构性改革势必受挫，这将对中国产业结构升级产生很大负面影响。所以韩国基于以上分析，相信中国在推进“一带一路”倡议时，会采用“共商、共建、共享”的原则。这在某种程度上稀释了韩国对中国推进“一带一路”

① 朴钟锦：《“一带一路”倡议下中韩合作的韩国认知动因分析》，《黑龙江社会科学》2016 年第 4 期。

倡议时会采取“霸权主义”单方主导的忧虑，改变了之前对“一带一路”倡议的负面认知。

韩国东北亚历史财团秘书长石东演表示：“‘一带一路’外交战略是在国际合作、创造世界经济新动力方面实行的一次有意义的创新，同时也是以寻求合作与共赢、共同发展为基础，为实现地区与世界积极发展和繁荣的一项有意义的战略尝试。”①

“因为经济上互利互赢机制的扩大和发展，该战略也是政治、安全方面与相关国家和谐发展的一项外交战略。”② 韩国经过一番迟疑纠结，不顾美国反对，毅然决定加入亚投行并参与“一带一路”建设。说明韩国能够正确判断中国“一带一路”倡议的战略意图，认可中国建设“一带一路”倡议秉承的“共商、共建、共享”原则，相信中国能够秉持和平合作、开放包容、互学互鉴、市场运作、务实推进、互利共赢的理念而积极推进“一带一路”的发展建设。

（二）韩国政府对“一带一路”倡议利益的认知

最终使韩国参加亚投行及“一带一路”的根本因素是因为中国的“一带一路”倡议可以满足韩国对国家经济利益、政治利益最大化的诉求。韩国《中央日报》也发文称：“从国家利益的层面考虑，我们没有理由不加入。”③

1. 经济利益。韩国贸易协会国际贸易研究院院长金极洙则称：“中国‘一带一路’对于韩国而言，有可能是第二个‘中国红包’”。

一是促进外向型经济可持续发展。韩国目前的经济困境，如“制造业发展瓶颈问题”“国内市场停滞”“社会急速老龄化”“青年失业”、经济发展缓慢、对外贸易依存度高等问题都亟待解决。“一带一路”可以满足韩国走出经济困境、寻找经济发展新动力的诉求。参加“一带一路”意味着更加顺畅地进军欧亚市场和全球市场，这无疑为韩国的经济发展提供强大动能。

二是加强韩国在国际金融体系的话语权。韩国希望通过参加“一带一路”和亚投行来增强自身在国际金融体系中的话语权。通过韩国决定参加亚投行的声明，我们可以感受到韩国的这种渴望：“亚投行是韩国可以作为主要国家参加创始的第一个国际金融机构。韩国有必要在国际社会中积极发挥与韩国经济地位相符合的作用，亚投行

① 环球网：《韩国专家：“一带一路”是追求双赢的卓越战略设想》，2015 年 3 月 12 日，http：//oversea. huanqiu. com/article/2015-03/5898474. html。

② 同上。

③ 同上。

将是韩国扩展金融外交领域的重要手段。”因此，只有加入亚投行，并持有一定股份，才能确保自己拥有一定的话语权，并借此扩大自身在国际社会的影响力。

三是摆脱经济上对美国的单方面依赖。韩国经济发展初期的“贸易立国”政策，主要依靠美国等西方国家提供的公共物品来推动，但目前的经济窘境让韩国对美国提供的公共物品的有效性产生怀疑。① 而“一带一路”战略正是中国向世界提供公共物品的尝试，提供那些具有很强跨国界外部性的商品、资源、服务及规章、政策体制。② 依靠“贸易立国”的韩国可以搭上“一带一路”便车，借助中国为世界提供的公共产品增强自身力量，降低对美国的经济依赖。

2. 政治利益。韩国参加“一带一路”战略，有助于韩国实现自身政治利益，不仅增强国际影响力和竞争力，同时为解决朝鲜半岛的统一提供了新的思路。

朝鲜半岛的统一是韩国外交的重要方向。韩国加入“一带一路”不仅可以多一个与朝鲜对话的多边平台，而且可以利用亚投行对朝鲜进行投资，帮助朝鲜进行基础建设开发，进而促进韩国“欧亚倡议”与“一带一路”的对接，将孤立的朝鲜拉回到世界经济体系当中，进而缓解韩朝双方的不信任感，有利于维护长期的和平稳定，为朝鲜半岛的和平统一打下基础。韩国外交安保长官朱哲基也表示：“‘欧亚倡议’与‘一带一路’的对接，将会促使与世隔绝和孤立的北韩能够共同参与世界的变化，进而使东北亚地区发展成为新的消费与生产的地区，带来经济增长和持续繁荣。”

3. 安全利益。东北亚是当今世界主要大国利益冲突的交汇地和角力场之一。近期由于朝核和“萨德”等问题，使得东北亚区域主要国家关系处于紧张状态，对区域合作构成一定的影响和制约，尤其是很难在建立共同安全机制方面有所突破。而中国倡导的“和平合作、开放包容、互学互鉴、互利共赢”的丝绸之路精神和“一带一路”建设所秉持的“共商、共建、共享”原则，为深受霸权主义和冷战思维困扰的东北亚地区发展提供了新思路。

“一带一路”倡议绑定地区内大国间共同利益，有效提升地区安全系数。美国、俄罗斯、日本、韩国等在“一带一路”倡议沿线地区具有重大影响的国家，在区内拥有广泛的利益与各自的诉求，难免存在一些争端与矛盾，但是“一带一路”倡议的目的是寻求共同发展，管控分歧，将矛盾控制在一定范围内，而不是争夺地盘。将不同的大国力量通过共同的项目牢牢绑定在合作区域之内，平衡大国间利益冲突，创造稳

① 赵大熙、姚锦祥：《韩国视角下的“一带一路”》，《中国经济信息》2015年第11期。

② 李家成：《东方海上丝绸之路视角下的中韩合作探析》，《当代韩国》2015年第2期。

定的合作环境，保证合作安全。① 进而使得东北亚地区走向命运共同体，有利于维护地区和平问题。

（三）韩国政府对“一带一路”倡议前景的认知

韩国经济社会的发展需要外来的刺激。“一带一路”倡议给韩国经济带来活力；韩国特别需要互联互通，可以借助中国的资金建立交通物流网络，实现韩国自己的战略目标；由于有亚投行在背后作为资金支撑，韩国对“一带一路”倡议的推行更有信心。

1. 给韩国经济带来活力，提供新的机遇。一是靠“贸易立国”的韩国经济社会的发展需要外来的刺激，“一带一路”与“欧亚倡议”给韩国经济带来活力，提供新的机遇；二是受制于韩朝关系，韩国特别需要互联互通，可以借助中国的资金实现与欧亚大陆建立交通物流网络，实现自己的战略目标；三是有利于促进对沿线国家的投资，实现本国工业走出去，形成新的经济增长点。在中韩合作下，一方面无论是中亚还是南亚国家，在制造业和基础设施建设等领域面临缺少技术和经验、缺乏资金等问题。而依托“一带一路”倡议，中韩恰好可以凭借其强大的生产供给能力为这些国家提供帮助，提升周边国家制造业的发展水平；另一方面依托“一带一路”建设，积极加强与周边国家的区域经济合作，积极鼓励周边国家产品进入中韩服务业和制造业市场，扩大韩贸易投资。②

2. “一带一路”资金优势明显，将带动沿线经济发展。中国 GDP 总量居世界第二，并拥有 4 万亿美元的外汇储备，推动“一带一路”倡议具有强大的资金优势。中国主导的“丝绸之路基金”和亚投行几乎肯定会达到中国期望的效果。中国在“一带一路”倡议的带动下，计划投资 400 亿美元用于基础设施的建设。在“一带一路”峰会开幕式上，习近平主席宣布向丝路基金新增资金 1 000 亿元人民币，鼓励金融机构开展人民币海外基金业务，规模预计约 3 000 亿元人民币。③ 这种以凯恩斯主义创造需求的方法必将导致贸易和投资的增长，在这样的发展中，生产和销售将更为有效也有潜力带动整个地区经济的增长。2015 年 4 月 12 日至 5 月 1 日，韩国《中央日报》和韩国贸易协会组成四人特别采访组，沿着丝路经济带路线，探访了中国、哈萨克斯

① 李文：《“一带一路”建设背景下的东北亚合作问题》，《东北亚学刊》2015 年第 4 期。

② 郭惠君：《“一带一路”背景下中韩经贸合作前景展望》，《合作经济与科技》2016 第 6 期。

③ 新华网：《习近平：中国将向丝路基金新增资金 1 000 亿元人民币》，2017 年 5 月 14 日，http：//news.xinhuanet.com/world/2017-05/14/c_129604265.htm。

坦等共四国八城，就中国“一带一路”建设展开专门的实地调研，最终他们得出结论：“发展远比想象得快”，“机会远比想象得多”，“中国正在且早已经付诸行动”，“中国已经与周边国家形成了紧密的产业链和贸易合作关系”等。①

3. 亚投行在“一带一路”倡议推进中，将提供强大支撑作用。“一带一路”的发展需要更大力度的政府合作、政策支持以及金融机构和资本的支持，而亚投行的成立能够对“一带一路”战略实施提供可靠的资金支持，能有效发挥其对“一带一路”的金融扶持作用②。亚投行其宗旨是为了亚洲地区基础设施建设投资而服务，所以必然会掀起亚洲国家地区基础设施投资热，推动亚洲地区经济发展，实现区域经济一体化以及基础设施互联互通，带动亚洲乃至全球经济长期稳定增长。③ 韩国 kotra 中国事业团团长朴韩进就曾表示：“一带一路”所能创造的经济效果，不仅令韩国，也令世界各国垂涎三尺。亚投行吸引了 57 个创立成员国，有力证明了世界各国对“一带一路”经济效应的期待。朴韩进的表述代表了韩国民众对“一带一路”倡议的认可。④

“一带一路”倡议受大国因素和地区稳定的影响巨大，推进过程中也面临很大的阻力和挑战：

1. 宗教极端势力和恐怖主义的威胁。在有关“一带一路”倡议所面临的诸多挑战中，韩国学界均不同程度地提及了宗教极端分子和恐怖主义问题。在他们看来，“一带一路”涉及的中东、中亚和南亚地区宗教问题复杂多样，一些国家甚至存在政局不稳的潜在威胁，这些都对“一带一路”倡议的推进构成了现实的挑战。例如在中东地区，也门局势的激变和“伊斯兰国”的兴起，表明中东乱局仍在进一步恶化，这使得“一带一路”倡议在中东的推进充满了不确定性。在南亚地区“丝绸之路经济带”的西端是海上连接能源运输通道的瓜达尔港和陆上连接中国的喀喇昆仑公路，两者均位于恐怖势力、极端势力和分裂势力集中的巴基斯坦境内。并且在 5 月 24 日中国一对夫妻在巴基斯坦遭受绑架，这就将如何确保相关港口和道路不受上述“三股势力”的干扰，成为摆在中国和巴基斯坦政府面前的重要课题。

2. 韩国在参与“一带一路”倡议过程中，会持续受美韩同盟影响。中国在国际事务中一贯起着积极、正面的作用，在朝核问题和经济发展战略上与韩国有着相近的立

① 《“一带一路”建设带给韩国机遇》，《人民日报》2015 年 6 月 4 日第 3 版。

② 王敏、柴青山、王勇等：《“一带一路”战略实施与国际金融支持战略构想》，《国际贸易》2015 年第 4 期。

③ 刘国斌：《论亚投行在推进“一带一路”建设中的金融支撑作用》，《东北亚论坛》2016 年第 2 期。

④ 朴钟锦：《“一带一路”倡议下中韩合作的韩国认知动因分析》，《黑龙江社会科学》2016 年第 4 期。

场，并且中国经济长期保持中高速增长，成为韩国对外经济合作的重要对象。但是，处在“安美经中”平衡下的韩国，在安全防务上对美依赖严重，其国内政策受到美国战略意图的很大影响。目前依然处于“萨德”困境之下的韩国，能否处理好中韩关系，会极大影响韩国参与“一带一路”的进程。

二、韩国对接“一带一路”倡议的战略考量

“欧亚倡议”与“一带一路”战略提出时间上相近，内容上有大面积重叠。2014年7月4日，前总统朴槿惠在与到访的中国国家主席习近平一道出席“韩中经济通商合作论坛”并发表演说时指出：需要考虑将韩国的“欧亚倡议”和中国的“丝绸之路经济带”构想结合起来。笔者认为，若要将“欧亚倡议”和中国的“丝绸之路经济带”实现无缝对接，需要韩国政府先在以下方面做出努力：

（一）增强政治互信，扩大政府间务实合作

加强政策沟通是“一带一路”建设的重要保障。加强政府间合作，要积极构建多层次政府间宏观政策常态化沟通机制，找寻利益共同点，促进政治互信，早日达成争议领域的合作共识。尽管中韩在相互认知、对美关系、对朝关系等方面存在着结构性矛盾，但中韩高层互访沟通机制和政治对话机制在不断加强，政治互信也在不断加深。中韩可以首先在经济发展战略上进行充分交流对接，共同制定推进“一带一路”区域合作的规划和措施，共同协商解决合作中的阻力，共同为务实合作及大型项目的投资实施提供政策、资金、技术支持。基于此，韩国应当建立与中国开展定期交流的互访机制，积极宣传参与“一带一路”倡议的乘积效应，从共同关切层次逐步推进至争议领域，形成利益共同体的观念。

中韩建交后，虽然由敌对国发展为战略合作伙伴关系，但是仍然存在着结构性矛盾。萨德系统的引进，强化美韩同盟的同时，给中国带来信任困境，严重破坏两国战略互信。韩国政府应该主动做好增信释疑工作，不能为了自身安全而影响别国利益，韩国在政策沟通中，要注意中国及有关国家的利益关切。政策沟通是共建“一带一路”的软基础，各国就自身发展战略的对接进行交流、协调，韩国政府要在政策上为各参与合作的国家“开绿灯”，各国经济发展方式不同，应该建立企业间、省际间和市际间的直接交流平台，使各方对话渠道更加畅通和多元。最终使得区域内国家相互信任，彼此包容，将会极大地推动“一带一路”倡议的实施。

（二）加大基础建设投资，打造海、陆、空、管、信立体运输网

基础设施互联互通是“一带一路”建设的优先领域。在尊重相关国家主权和安全关切的基础上，沿线国家宜加强基础设施建设规划、技术标准体系的对接，共同推进国际骨干通道建设，逐步形成连接亚洲各次区域以及亚欧非之间的基础设施网络。① 道路联通是共建丝绸之路经济带的硬基础。由“一个大陆”“创造的大陆”和“和平的大陆”组成的“欧亚计划”是朴槿惠总统在 2013 年提出的，指在强调通过构筑交通物流、能源基础设施等网络，实现欧亚国家之间紧密的经济联系，其核心是铁路、管道、北极航线等的互联互通。2015 年底举行的东亚三国领导人峰会上，中韩双方就坚持深化战略合作伙伴关系，对接四项国家发展战略，在打造新的合作方式上达成共识。其中就包括以中国倡导的“一带一路”与韩国“欧亚倡议”对接合作。

“一带一路”坚持“共商、共建、共享”的原则，与“欧亚倡议”实施范围大面积重叠，使两者在基础建设投资领域的合作成为可能。比如韩国计划构建连接韩国釜山、朝鲜、俄罗斯、中国、中亚、欧洲的丝绸之路快速铁路，在欧亚大陆构建电力和输油管线等能源网络，而中国“一带一路”对新亚欧大陆桥建设的迅速推进，使得韩国多了一个通往欧洲的新选择，韩国就可以借此搭上中国的“便车”。中韩需要找准战略合作点，形成优势互补，共同致力于亚欧大陆及附近海上通道的互联互通。韩国国立外交院亚太部教授金汉权认为，在“一带一路”建设中，中国提出与周边国家构建“命运共同体”，其核心是互联互通，即通过连接公路、铁路、港口，中国与周边国家构建产业基础，扩大经济合作。在这一过程中，韩中在基建领域有大量合作机会。

（三）丰富商贸交流渠道，推进民心对接

一般情况下，“一体化”或“共同体”的形成，需要具备一定的条件，包括相互之间的交流、主要（核心）价值的一致、强大的经济纽带、社会交流等。② 民心相通是“一带一路”建设的社会根基。共建“一带一路”，韩国应与沿线各国在教育文化、旅游、医疗卫生、科技、公共外交等多领域交流合作，不仅能为其他领域的合作打下坚实民意基础，更有助于发掘沿线深厚的人文资源。基于此，韩国政府与企业需要用

---

① 新华社：《推动共建丝绸之路经济带和 21 世纪海上丝绸之路的愿景与行动》，2015 年 3 月 28 日，http：//news. xinhuanet. com/world/2015-03/28/c _ 1114793986. htm。

② 王习农、陈涛：《“丝绸之路经济带”内涵扩展与共建》，《国际商务》2014 年第 5 期。

利益共享、责任共担、合作共赢的“发展思维”取代零和博弈的“冷战思维”；要弱化民族主义和民粹主义情绪给中韩关系所带来的破坏性影响；要建立“一带一路”培训、宣传系统，向国内民众讲好中国故事；要让韩国民众在国家参与“一带一路”倡议下拥有更多“获得感”；要在韩国精英层培养更多的“知华派”和“友华派”，打消韩国地缘政治方面的戒心，共建共赢“一带一路”。在商贸领域，韩国应加强探索参与“一带一路”投资和贸易的合作空间和互补潜力，以中韩自贸协定的签订为契机，鼓励和支持更多本国企业进入对方国家市场，实现两国市场的融合，建立共同市场，推动产业整合，并以制造业为中心延伸到服务业、能源、新产业等多个领域，在医疗、流通和物流、文化、金融等多种服务行业加强交流与合作，促使民心全方位对接。

（四）推进中韩技术、产业标准统一，为各国对接形成示范

各国铁路体系的差异是国际物流的重要障碍因素之一，克服轨道差距尤为重要。中国用的是标准轨，而中亚等国使用宽轨，泛亚铁路 TAR 经历 9 种轨道。[①] 中亚铁路与中国或欧洲铁路，TKR 与 TSR 之间存在轨道差异。像这种类似的因技术和产业标准不同导致的交通障碍、政策障碍、机械障碍有很多，要想把“一带一路”建设成为真正的“快车通道”，统一标准是必须要迈出的重要一步。韩国拥有成熟的技术和产业标准，可以借助这方面的优势，积极与中国沟通合作，争取两国在技术、产业标准上达成一致，形成示范效应，总结成果经验积极推广到沿线各个国家。这样韩国在标准制定上又可以把握先机。

“一带一路”倡议是一个双赢、共赢的大战略。这不仅需要政治共识和政治推动，更需要通过增进民心交流、文化的交融、价值观的理解，才能构建民心的对接，真正让这一地区形成牢固的命运共同体。

三、针对“一带一路”倡议，韩国可采取的务实举措。

韩国政府应该与中国倡议的“一带一路”战略积极对接，我认为在以下三个方面可以付出实际的努力：一是在“欧亚倡议”与“一带一路”倡议对接的基础上继续探索深化合作的务实举措；二是借助自身区位优势，努力让韩国形成“一带一路”东北

---

① 〔韩〕徐宗元：《中国铁路发展、中韩合作及应对方案》，研究报告书，2013 年。

亚地区支点国家；三是以中韩 FTA 为牵引，搭上中国快车。

（一）在“欧亚倡议”与“一带一路”倡议对接的基础上继续探索深化合作的务实举措

由“一个大陆”“创造的大陆”和“和平的大陆”组成的“欧亚计划”是朴槿惠总统在 2013 年提出的，旨在强调通过构筑交通物流、能源基础设施等网络，实现欧亚国家之间紧密的经济联系，其核心是铁路、管道、北极航线等的互联互通。“一带一路”是沿着路海古代丝绸之路，构建亚欧大陆经济走廊，推进中国与沿线国家乃至亚欧共同发展的战略构想。2015 年底举行的东亚三国领导人峰会上，中韩双方就坚持深化战略合作伙伴关系，对接四项国家发展战略，在打造新的合作方式上达成共识。其中就包括以中国倡导的“一带一路”与韩国“欧亚倡议”对接合作。

“一带一路”坚持“共商、共建、共享”的原则，与“欧亚倡议”实施范围大面积重叠，使两者的开展互利合作成为可能。比如韩国计划构建连接韩国釜山、朝鲜、俄罗斯、中国、中亚、欧洲的丝绸之路快速铁路，在欧亚大陆构建电力和输油管线等能源网络，而中国“一带一路”对新亚欧大陆桥建设的迅速推进，使得韩国多了一个通往欧洲的新选择，韩国就可以借此搭上中国的“便车”。从此可以看出，“欧亚倡议”与“一带一路”倡议的对接可以极大提高公共资源的使用效率，促进两国发展战略相融合，形成良性和正向互动，因此，中韩不能满足于两国战略对接现状，需要找准战略合作点，形成优势互补，共同致力于亚欧大陆及附近海上通道的互联互通。在继续深化“欧亚倡议”与“一带一路”倡议的对接路径上，韩国政府可以在基础建设投资方面发挥更大的作用。

基础设施建设方面，韩国热切希望与中国开展合作。韩国国立外交院亚太部教授金汉权认为，在“一带一路”建设中，中国提出与周边国家构建“命运共同体”，其核心是互联互通，即通过连接公路、铁路、港口，中国与周边国家构建产业基础，扩大经济合作。在这一过程中，韩中在基建领域有大量合作机会。

“一带一路”战略沿线的广大发展中国家基础设施建设落后，缺乏技术、资金支持。“一带一路”可以成为各国共同利益的交汇点，亚投行的成立也可以成为各国投融资平台，为互联互通建设提供资金支持。韩国企业可以借助“一带一路”和亚投行这个平台，以及在中亚和东南亚经营多年的实践经验，积极承建基建项目，实现更客观的投资回报率。

一是在朝鲜半岛有可突破的机遇。近期东北亚局势依然不容乐观但稍有缓和。韩国新上任总统文在寅有意缓和中韩关系，表示愿意同朝鲜领导人会面，对朝实行“阳光政策”的可能性很大，这些都是对东北亚经济发展的利好信息。朝鲜地处东北亚地区的中心，是韩日两国联通中俄和欧亚大陆的唯一陆上通道，如果中韩能够联手说服朝鲜参与“一带一路”倡议，朝鲜必将成为重要枢纽，其国内的港口、铁路、公路等基础设施会迎来飞跃式发展，这不仅可以达到韩国“阳光政策”的政治诉求，对韩国经济来说也是一个潜在的巨大投资机会。

二是在高铁建设上有很多合作机遇。中国政府积极推进欧亚高铁、中亚高铁等高铁丝绸之路网络的建设，这为韩国的高铁产业提供了实实在在的合作机会。因为韩国也具备高铁的设计、组装和生产的能力，在运营管理上有自己独特的经验和竞争优势，中韩高铁强强联合会增加双方的竞争力，达到合作共赢。

三是物流领域有机会获得突破性发展。靠“贸易立国”的韩国，因受制于朝鲜半岛的分裂、对峙状态，陆上交通的开发难度大，不确定因素多，因此急需海上物流通道。中国威海港和日照港等都为韩国船运提供了可靠保障，而借助“一带一路”发展机遇，如若有可能建设中韩海底隧道，那会对整个东北亚的物流格局产生重大影响。

（二）借助自身区位优势，努力让韩国形成“一带一路”支点国家

韩国的“欧亚倡议”与中国的“一带一路”倡议有大面积重合，并且韩国作为亚投行的创始成员国，其国家发展战略和自身经济实力都非常适合成为“一带一路”东北亚地区的支点国家，可以为朝鲜和日本的参与提供示范效应，使得“一带一路”倡议东端实现在东北亚地区的联通。成为“一带一路”支点国，对韩国有着实际的利益：

首先，“一带一路”可以满足韩国克服当下经济困境、寻找经济发展新动力的诉求。当前韩国经济增速持续下滑，由1993—1997年间7.4%的平均增速，下降到1998—2002年的5.0%、2003—2007年的4.3%、2008—2012年的2.9%、2013年的3.0%和2014年的3.1%。①

为了尽快摆脱经济困局，寻找发展新动力，参加“一带一路”建设无疑是最佳的选择，因为这意味着“进军欧亚市场”“进军全球市场”“为韩半岛的统一和经济再腾飞奠定基础”。况且中国已经成为韩国最大的贸易伙伴、最大出口市场、最大进口来源国、最大海外投资对象国，而韩国也成为中国的第三大贸易伙伴国家。在成为“一

① 朴英爱、金香兰：《朴槿惠政府加快推进中韩FTA的经济动因分析》，《东北亚论坛》2014年第1期。

带一路”东北亚地区支点国家后，中国对韩国的投资以及韩国通过亚投行的对外投资都将有更高的回报率。世界对韩国国际地位和经济发展的预期也会大大提高。

其次，可以在中美之间更加灵活地实施大国平衡战略。韩国安全上依赖美国，经济上依赖中国，是美国的盟友，也是中国的战略合作伙伴，对中美都有重要意义。韩国一直在中美之间寻求平衡，这对地区稳定有重要意义。作为亚投行的创始成员国，使得韩国在经济发展上，可以减少对美国依赖的同时，韩国积极寻求成为“一带一路”东北亚支点国后，将深化与中国的利益共同体，在促进自身发展的同时，又能够对中国产生一定的牵制作用。而中国对朝关系具有特殊的意义，尤其是中美首脑在佛罗里达庄园会谈后，朝鲜半岛局势明显缓和，中国的积极协调又对韩朝关系改善有重要影响，是维护半岛和平的重要力量。所以韩国成为支点国后，不仅增加了自身安全，又为大国平衡增添了砝码。

为成为“一带一路”支点国，韩国可以从以下三个方面着手努力：

1. 通过与本国战略对接，实现中韩经济互利共赢是成为支点国的根本

韩国应该通过完善中韩 FTA，将“欧亚倡议”与“一带一路”倡议深入对接。中韩双边经贸在劳动密集型产品和资本或技术密集型产品上的互补程度均较高，特别体现在资本或技术密集型产品上，但中韩两国两大类产品的互补性指数呈现递减趋势。[①]中韩两国贸易的竞争性逐步加大，互补性减弱，显然打破了中韩传统合作模式，中韩自贸协定签署恰好通过区域经济合作模式解决了这一问题，贸易创造效应加大，会使得中韩经贸合作更具活力。随着 90％商品关税的逐步取消，企业采购成本将大大下降，中韩贸易规模将大幅提升。根据韩国产业部分析，预计韩国企业向中国出口时将会比现在节省 54.4 亿美元的关税。有研究指出，中韩自贸协定的签署将拉动中国经济增长 1—2 个百分点，对韩国的经济贡献有望达到 2—3 个百分点。[②]

在发展对华贸易中，韩国对国内产业的贸易保护有走向多样化的趋势。除了关税壁垒之外，各类非关税壁垒也是层出不穷，这对两国贸易的发展产生了不小的阻力。如 2003 年韩国为了保护本国市场水产品，针对 12 种中国水产品设置 30％～70％不等的调节关税，同时还有原产地标准、检验检疫标准和安全卫生标准等，在 2014 年韩国更是对中国水产品启动更为严格的“进口壁垒”。除此之外，韩国还对中国的诸如大豆、红豆等粮食作物、畜产品、农产品设置关税和非关税壁垒，这些都极大影响了

① 郭惠君：《“一带一路”背景下中韩经贸合作前景展望》，《合作经济与科技》2016 年第 6 期。

② 同上。

中韩贸易发展。韩国在自贸区发展建设中，应进一步缩减负面清单，畅通两国贸易渠道，为实现两国发展战略深入对接，选择务实政策举措。

2. 通过扩大“朋友圈”，提高韩国的国际影响力是成为支点国的保障

中韩自贸协定的签署对于地区和世界的经济发展和经济格局具有里程碑意义。这是我国迄今为止对外签署的覆盖议题范围最广、涉及国别贸易额最大的自贸协定。作为东亚地区经济体之间达成的首个自贸协定，中韩 FTA 具有重要的示范意义，可以为“一带一路”沿线国家间的区域经济合作提供示范，总结可行性经验，带动其他国家间开展双边和多边合作，特别是对未来中日韩 FTA 的建设和发展有很大的促进作用。

一是韩国可以借助自身优势与日本加快自贸区谈判，推动建设韩日自贸区，通过加深经贸往来加强政治联系，促进韩日两国关系发展。韩日两国都属于亚洲强国，对地区稳定具有重要作用，两国关系的加深，符合两国利益，有利于提升双方在国际上的话语权。

二是韩国可以加强对朝鲜的经济攻势，缓和朝鲜半岛紧张局势，提升本国在东北亚地区的影响力。朝韩双边经贸在劳动密集型产品和资本或技术密集型产品上的互补程度均很高，朝鲜长期的封闭和受到西方国家的制裁，其本国的经济遭受重大的挫折，基础建设更是落后，需要韩国的技术和资金的支持。韩国可借助朝鲜的经济发展需求，打破僵局，维护地区稳定。

三是韩国可以通过密切与丝绸之路沿线国家的经贸联系，与沿线国家增进互信。由于丝绸之路沿线国家在国际分工上与韩国形成垂直分工的状态，而欧亚大陆桥的开通，又极大改善了沿线运输条件，使得物流成本下降，这些因素有利于韩国与“一带一路”沿线的国家发展经贸，通过密切的贸易往来，探寻国家间的利益共同点，提高政治互信。

四是韩国可以通过控制“萨德”的部署进程，在中美之间更加灵活地实施大国平衡战略。文再寅政府明白“萨德”的部署并不会给韩国带来安全，而且目前的部署工作进入进退两难的困境。但是，危险之中存在机遇，就在文再寅政府暂缓部署进程之后，中美两国在密切关注的同时，又在向韩国积极争取。这就给韩国在中美间实施大国平衡战略提供了时机，为中韩关系转圜提供了条件。

3. 通过提倡合作安全观，增强地区安全稳定是韩国成为支点国的前提

拥有维护朝鲜半岛和平稳定的能力是韩国成为“一带一路”东北亚地区支点国的前提。而合作安全观是破解朝鲜半岛危机的金钥匙。合作安全是 20 世纪 90 年代发展

起来的、正在被付诸实践的一种新的安全观。简而言之，合作安全就是通过合作来实现安全。建立合作性的世界秩序，意味着摒弃对抗和威慑，各国走到一起，互相尊重，互不施压，尽最大的可能寻求共同利益，并通过对话缩小分歧，由低级到高级逐步强化合作，共同确立规则，共同维护国际和平。① 朝韩两国在合作安全观上是有历史基础和渊源的：

首先，朝韩在政治互信上有优良的历史传统。早在2000年，韩国（南韩）总统金大中与朝鲜（北韩）国防委员会委员长金正日签署了《6·15共同宣言》，该宣言对促进相互理解、发展南北关系、实现和平统一具有重要意义。《宣言》宣布了“南北双方同意通过朝鲜民族的全体成员共同努力自主解决国家统一问题”和“南北双方同意通过发展互利的经济合作以及民间、文化、体育、医疗、环保和其他方面的人员往来与合作发展双方经济增强彼此信任”。朝鲜《劳动新闻》在《6·15共同宣言》签署14周年之际，也发表署名文章称，该宣言的发表在朝韩关系和统一运动中，起到了现实作用，只有恪守和履行《6·15共同宣言》才是朝鲜民族的活路。② 这在政治上为两国重新接受合作安全观打下了历史基础。

其次，朝韩在经济互助上有优良的历史传统。韩国总统金大中早在2000年9月3日说，韩国和朝鲜的经济合作应该实行“双赢”战略，使双方都能得益。③ 在2003年6月30日韩国国会召开会议表决通过了同意签订韩朝投资保障协议等4个有关韩朝经济合作的文件。韩国国会此次通过的4个有关韩朝经济合作的协议书是投资保障、商业纠纷解决程序、结算以及防止双重征税。在投资保障协议中，明确包括韩朝对于对方的投资者和投资资产给予最惠国待遇等。④ 这在经济合作上为两国重新接受合作安全观打下了历史基础。

最后，韩朝在现存局势上有合作安全的需要。不仅从朝韩两国历史发展历程看，两国有政治和经济合作的基础。从现实局势分析，韩国和朝鲜均受到地区安全的困扰，急需合作安全观来化解朝核危机，将本国从军备竞赛中解脱出来。韩国新上任总统文在寅有意缓和韩朝关系，表示愿意同朝鲜领导人会面，表现出了愿意对朝实行“阳光政策”的倾向。历史和现实都为韩国积极倡导合作安全观创造了有利条件，进

① 任晓：《从集体安全到合作安全》，《世界经济与政治》1998年第4期。

② 环球网：《韩朝6·15共同宣言发表14周年　呼吁恪守宣言》，http：//world. huanqiu. com/article/2014-06/5020809. html，2014年6月16日。

③《金大中说韩朝经济合作应该“双赢”》，《人民政协报》2000年9月4日第3版。

④《韩国会通过韩朝经济合作协议》，《人民日报》2003年7月3日。

而有利于为中韩两国“一带一路”合作发展提供稳定的外部环境。

（三）以中韩 FTA 为牵引，搭上中国快车

中韩建交二十多年来，双边经贸合作发展迅速，成果举世瞩目。中国是韩国最大贸易伙伴、最大出口市场、最大进口来源国，韩国同中国的贸易额已经超过了韩国同日本以及美国的贸易额总和。

作为典型的出口导向型国家，韩国的对外依存度极高。没有出口就没有经济增长。这决定了与第一大出口市场中国的贸易往来对于韩国经济来说有着举足轻重的作用。

根据中国商务部网站消息，2015 年 6 月 1 日中韩两国正式签署中韩自贸协议（FTA）。中韩签署的 FTA 相对比较全面，既包括最基本的货物关税减让的内容，还涉及服务、投资、知识产权、电子商务等诸多领域。中韩 FTA 生效后，韩国对11 272个税目、中国对 7 428 个税目，在 20 年内顺次消除其关税。[①]

双边经贸在劳动密集型产品和资本或技术密集型产品上的互补程度均较高，特别体现在资本或技术密集型产品上，但中韩两国两大类产品的互补性指数呈现递减趋势。[②] 中韩两国贸易的竞争性逐步加大，互补性减弱，显然打破了中韩传统合作模式，中韩自贸协定签署恰好通过区域经济合作模式解决了这一问题，贸易创造效应加大，会使得中韩经贸合作更具活力。随着 90％商品关税的逐步取消，企业采购成本将大大下降，中韩贸易规模将大幅提升。

中韩 FTA 正是在“一带一路”倡议建设过程中应运而生，同时，中韩 FTA 也为“一带一路”和“欧亚倡议”的对接创造了条件。随着中韩 FTA 的落地，韩国应该创造性的利用中韩 FTA，快速搭上中国快车：

一是由于丝绸之路沿线国家在国际分工上与韩国形成垂直分工的状态，而欧亚大陆桥的开通，又极大改善了沿线运输条件，使得物流成本下降，这些因素有利于韩国对“一带一路”沿线国家的出口；

二是沿线国家间的农业条件优越，矿产资源丰富，这两项对韩国都是不小的诱惑，可以借助中韩 FTA 这一便捷通道，与中国企业联手在能源和资源领域投资开发，这不仅可以分担海外投资的风险，也可以满足韩国自身需要；

---

① 〔韩〕产业通商资源部：《中韩 FTA 详细说明材料》，http：//www. motie. go. kr/。

② 郭惠君：《“一带一路”背景下中韩经贸合作前景展望》，《合作经济与科技》2016 年第 6 期，第 139 页。

三是中韩FTA作为中韩经贸合作的标志性事件，可以为“一带一路”沿线国家间的区域经济合作提供示范，总结可行性经验，带动其他国家间开展双边和多边合作，特别是对未来中日韩FTA的建设和发展有很大的促进作用。

中韩两国作为世界第二和第十四大经济体，落地一个高水平的自贸协定，不仅对两国经济发展意义重大，也为“一带一路”国家间的区域经济合作起到正面的、积极的示范作用。在“一带一路”战略框架下，中韩FTA合作将会日益密切，这正是“政策沟通，设施联通，贸易畅通，资金融通，民心相通”的具体实现。随着“一带一路”建设的推进，中韩两国的双边贸易会更有活力，两国在经贸领域的合作会更进一步加深。

结论

韩国虽然积极参与“一带一路”倡议，但依旧有美国等因素的干扰和影响，所以，韩国政府应该把握时机，扩大政治互信，提高合作水平，积极开展务实合作，早日形成合作发展的早期结果，增强国民获得感，巩固政府和国民的参与热情。例如，在韩国加入亚投行后，成为中国重要的货币互换伙伴、货币结算伙伴、货币交易伙伴和货币清算伙伴，因此，在中国货币伙伴网络的建设和货币支点国的打造中，韩国的地位非常重要，可以说是“一带一路”战略和中国人民币外交的重要一环。①

① 赵大熙：《韩国视角下的“一带一路”》，《中国经济信息》2015年第11期。

丝路史探

明中期社会大众对内陆亚洲的认知
——汤显祖《紫钗记》中的西域知识

刘迎胜

（南京大学）

【摘　要】　明代剧作家汤显祖的《紫钗记》的既往研究的焦点集中于其成书年代，以及唐宪宗时书生李益与小玉爱情故事的源起、发展与改编过程，及其表达的情感与文学思想等。本文则不然，通过对剧中第28、29、30三处李益在河西参与唐对吐蕃战事剧情的研究，论及明中期社会大众对内陆亚洲的认知，重点以这三处戏中出现的音译外语词汇为研究对象。这三处戏里出现的音译外语，其实是唐宋元以来中国社会世代积累的有关西域的知识。而这些知识的反映的，正是明中期社会大众对今天所说的“丝绸之路”的理解。

【关键词】　汤显祖；唐蕃战争；《紫钗记》；音译外语

《紫钗记》为明代剧作家汤显祖（1550—1616）的名作。作者《紫钗记题词》：“南都（南京）多暇，更为删润讫，名《紫钗》。”汤显祖于万历十二年至南京任太常寺博士，十九年以言事谪官离去。《紫钗记》当作于此时，但直到在遂昌时，才“捉笔了霍小玉公案”。[①] 其主要情节为唐宪宗时，书生李益流落长安，元宵节夜拾得霍王妾生女小玉所失紫玉钗，托媒结亲。后李益中状元，当朝卢太尉欲招为婿，不从，卢借机报复，遣李益赴玉门关外参军，益与小玉互誓话别后赴军，设计降服大、小河西

① 齐森华、陈多、叶长海主编：《中国曲学大辞典》，浙江教育出版社1997年版，第345—346页；详论见夏写时《汤显祖〈紫钗记〉成年考》，《学术月刊》1984年第1期，第63—64页，第45页。

国。小玉家益贫，不得不出售紫玉钗，为卢太尉得，对李益伪称小玉已死。有黄衫客闻其事，促成李益、小玉重会，两人和好如初。

既往研究者多为文学史家，焦点相对集中于《紫钗记》成书年代，其本事的源起、发展与改编过程，及其表达的情感与文学思想等。[①] 剧中第28至30三出写李益至河西，参与唐对吐蕃的战事，其中有关西域的描述，甚为奇特，虽有人论及，[②] 但尚有进一步讨论余地。兹先录写其相关文字，再作讨论。由于笔者的讨论拟集中于这几出中出现的音译外语词汇，为节省篇幅，仅录写据中含有拟出注内容，[③] 录写时保留原文繁体字。

第二十八齣　雄番竊霸

【點絳唇】〔淨扮吐番將上〕生長番家，天西一架，撐犁[④]大。家世零逋[⑤]，番帳裏收千馬。

---

① 李修生主编：《古本戏曲剧目提要》，文化艺术出版社1997年版，第276—277页；夏写时《汤显祖〈紫钗记〉成年考》，《学术月刊》1984年第1期，第63—64页，第45页；朱捷上引文《论汤显祖的〈紫钗记〉》等。

② 见龙向洋《汤显祖剧作中的诡异色彩与蛮荒情调》，《大学》2011年第1期，及《紫钗记》的各种现代评注本，详见下。

③ 据钱南扬校点《汤显祖戏曲集》，上海古籍出版社1978年版。

④ 匈奴单于自称“撑犁孤涂”，其中之“撑犁”，诸家皆以为系今存于突厥语与蒙古语中之tengri，此言“天”。

⑤ 万斌生：零逋，吐番官名，职位相当于副相。《新唐书．吐蕃传上》：“又有内大相曰囊论掣逋，亦曰论莽热；副相曰囊论觅零逋，小相曰囊论充，各一人；又有整事大相曰喻寒波掣逋，副整事曰喻寒觅零逋，小整事曰喻寒波充，皆任国事。”——〔明〕汤显祖著、万斌生评注《紫钗记》，中国戏剧出版社2013年版，第117页，注3。(以下版本信息略，简称万斌生评注本《紫钗记》。)

按，陈楠据《智者喜宴》考：“囊论系统即是从松赞干布时期的所谓‘内相六贤臣’发展而来。‘囊’(nang)，藏语意为‘内部’。囊论系统是掌握行政权力的执行机关。《贤者喜宴》称；‘囊论犹如贤明的主妇操持家务’。囊论的职责主要有两个方面：其一是掌握吐蕃王朝的经济命脉，负责税收、统计、财产监护等方面的事务；其二是负责保卫王宫和侍奉赞普，包括赞普的饮食起居、王室成员的生活供应及操办婚丧之事、保卫王室安全、修建并守护赞普王陵等。

囊论亦分为大、中、小三个等级。也就是《新唐书·吐蕃传》中所说的‘又有内大相曰囊论掣逋，副相曰囊论觅零逋，小相曰囊论充，各一人’。根据藏文史书的记载，‘囊论掣逋’、囊论觅零逋、及囊论充、分别是藏语‘nang-blon-chen-po’，‘nang-blon-vbring-po’及‘nang-blon-tha-chung’的译音。译成汉语就是大内相、中内相和小内相。(《藏史丛考》，民族出版社1998年版，第26页)。

罗广武取此意见：“囊论觅零逋，即藏文nang blon vbring po。直译为中内相。”“喻寒觅零逋，即藏文yo galvbring po。”(罗广武译注《两唐书吐蕃传译注》，中国藏学出版社2014年版，第177页。)可见零逋系吐蕃官号vbring po之音译。

塞外陰風卷白蘆，金衣瑟瑟氣豪粗。邏娑①一望無邊際，殺氣飄番小拂廬②。咱家吐蕃大將是也。吐蕃熟路，穿心七千餘里；生羌殺手三十萬人。橫行昆侖嶺西，片片雪花吹鐵甲；直透赤濱河北，雄雄星宿立鑌刀。休在話下，所有小河西、大河西二國，原屬咱吐蕃部下。近日唐憲宗皇帝中興，與俺相爭，要彼臣服。那大河西出葡萄酒，小河西出五色鎮心瓜，正用搔擾時節，不免喚集把都③門號令一會。〔衆上〕

【水底魚】白雁黃花，塵飛黑海涯。番家兒十歲，能騎馬鳴笳。皮帽兒夥着，黑神鴉風聲大。撞的個行家，鐵裹温都答喇④。〔見介〕〔淨〕俺國年年收取大河西國葡萄酒，小河西國進五色鎮心瓜。如今正是時候，點起部落們去搶他一番！〔衆應介〕

【清江引】皮囊氈帳不着家，四面天圍野，漢兒防甚秋？塞草偏肥夏。一弄兒把都們齊上馬。〔作嗅香介〕

---

① 万斌生：亦作逻莎、逻挲、逻些等，唐代吐蕃都城，今拉萨。——万斌生评注本《紫钗记》，第 117 页，注 5。

② 万斌生：即小毡帐。《新唐书·吐蕃传上》："其赞普居跋布川，或逻娑川，有城郭庐舍不肯处，联毳帐以居，号大拂庐，容数百人，其卫候严，而牙甚隘。部人处小拂庐，多老寿至百余岁者。"——万斌生评注本《紫钗记》，第 117 页，注 6。

《藏族史纲要》：吐蕃人"用牛羊毛织成的氆氇（phru），代表了吐蕃的纺织技术水平。氆氇主要用于裁制衣服，做成官服、战袍、艺装、礼服、便装等款式。以整幅氆氇缀成的毡帐（sbra gur），《新唐书·吐蕃传》将其译作"拂庐"。654 年，吐蕃赞普向唐高宗献礼，其中即有一顶高 5 尺、广袤各 37 步的"大拂庐"。（陈楠、任小波主编，中央民族大学出版社 2014 年版，第 40—41 页）《西藏农牧史》则称"指庐"为"氆氇"之另译。（王建林、陈崇凯著，社会科学文献出版社 2014 年版，第 129 页。）

有关氆氇，见后。

③ 万斌生：把都，蒙古语勇士。马致远《汉宫秋》："四番王白：'把都儿，把毛延寿拿下，解送汉朝自治'。"——万斌生评注本《紫钗记》，第 117 页，注 10。

按，ba'atur，即《元朝秘史》之把阿秃儿，此言勇士。

④ 郭杰：冯汉庸认为注家以为"铁里温都答喇"与《牡丹亭》中提到的"喇嘛"均为藏语。（《藏族风物对祖国的贡献》，《中国藏学》1991 年第 4 期）。人民出版社 1982 年所出胡士莹校注本《紫钗记》注 12 与 13 分别释"铁里温——蒙古语：头"；"答喇——蒙古语杀也，一作哈喇。"。查《汉蒙词典》与《蒙古语详解辞典》（均为内蒙古人民出版社），"铁里温"为蒙语 terigun（按，应为 terigün），读为 tereun（按，应为 tereün），意为"头""元首""首先""拔尖""第一"等；"答喇"有"压""减少""降低""战胜""消灭""杀"等。至于"铁里温"与"答喇"之间的"都"，胡士莹未注。蒙古语中有一种附加成份读音为"都"（第四格给与格），相当于汉语的"在"。如是，则"铁里温都答喇"应意为"首先杀头""第一个镇压"等。但郭杰以为，"都"更可能是汉语，表示"完全"。因此"铁里温都答喇"应为蒙汉词混合句，意为"都杀头""都消灭"。——《"铁里温都答喇"小考》，《西南民族学院学报》1992 年第 2 期，第 110 页。

万斌生：蒙古语：砍头。铁里温，又作铁里温都，即人头。答剌，又作哈喇，即杀。关汉卿《拜月亭传奇》第三出罗懋登音注："胡人谓首为铁里温，谓杀为哈喇。"——万斌生评注本《紫钗记》，第 117 页，注 12。

【前腔】葡萄酒熟了香打辣[①]，凹鼻子寒毛乍，醉了咬西瓜，劖起雪山花。趲行程番鼓兒好一會價打。

初夏草生齊，番家馬正肥。

射飛清海上，傳箭玉關西。

第二十九齣　高宴飛書

……

【前腔】〔生〕非熊奇貌，臥龍風調，綠鬢朱顏榮耀。長城萬里，君侯坐擁幢旄。快睹軍容出塞，將禮登壇，冠世英雄表。金湯生氣象，迥銅標。圖畫在麒麟第一高。〔合前〕

〔劉〕參軍到此，即有軍中一大事請教。玉關之外有小河西、大河西二國，自漢武皇開西域四郡，隔斷匈奴，這兩國年年貢獻大漢。大河西獻葡萄酒，送在酒泉郡賜宴。小河西獻五色鎮心瓜，送在北瓜州犒賞。到大唐初年，舊規不改。近自吐番挾制，貢獻全疏，意欲興兵，相煩草奏。〔生〕容下官措思。

……

【節節高】金花貼鼓腰，一聲敲，紅牙歌板齊來到。龟兹樂，于闐操，花門笑[②]。怕人間譜換伊梁調。甘州入破橫雲叫，〔合〕酒灑西風茜征袍，軍中且唱從軍樂。

……

【尾聲】聽鳴笳《芳樹》篇篇好，《小梁州》宴罷人長嘯。單則是玉門關外老班超

---

① 万斌生：香打剌，即美酒。番语称酒叫“打剌酥”。——万斌生评注本《紫钗记》，第 117 页，注 18。

按，补方龄贵。

② 万斌生：花门笑，疑为古代歌曲名称。——万斌生评注本《紫钗记》，第 124 页，注 58。

按，此说误。“花门”原指河西居延海（今内蒙古自治区额济纳旗）以北之花门山与扼守此处之花门山堡，系唐与回纥交界地，数见于边塞诗人岑参诗作，杜甫始用以指回纥，后成为唐时中原人对回鹘的称谓。有关研究见：一夔《“柘羯”与谁为敌?》，《铁道师院学报》，1986 年第 3 期，第 47 页；廖立《岑诗西征对象及出师地点再探》，《中州学刊》，1992 年第 2 期，第 104—108 页；孟楠《回纥别称“花门”考》，《西北史地》1993 年第 4 期，第 41—42 页；赵贞《大中二年（848）沙州遣使中原路线蠡测》，《中国边疆史地研究》2002 年第 3 期，第 89—118 页；吴华峰《杜甫“花门诗”小议》，《杜甫研究学刊》2016 年第 2 期，第 21—28 页。

金元时代漠南汪古部（Öngüt）为回鹘后裔，尚为文人称为“花门”。如元好问所撰元人马月合乃祖先之《恒州刺史马君神道碑》中记：“君讳庆祥，字瑞宁，姓马氏，以小字习里吉斯行，出于花门贵种。”（《遗山先生文集》卷二十七，四部丛刊景明弘治本。）

軍中高宴夜堂開，城上烏驚探馬來。

火照墨花飛草檄，眾傳君負佐王才。

〔劉弔場〕叫中軍官，明早到参軍府領下檄文二道，矯詔宣諭大小河西，責其貢獻。不服之時，興兵未遲。正是鞍馬不教生髀肉，檄書端可愈頭風。〔下〕

第三十齣　河西款檄

【粉蝶儿】〔大河西回回粉面大鼻髯鬚①上〕撒采②天西，泥八喇相連葛剌③，咱占定失

---

① 后面又有“小河西回回青面大鼻髯鬚”句，“大鼻”与“髯鬚”是对其相貌的主要描述。回回人大量入华是在元代。由于成吉思汗及其子孙领导的西征，中亚、西亚大片土地进入元朝疆域，许多西域官员、军人、贵族、科技人员、宗教职业者、工匠和奴隶随蒙古军进入中原，在汉地定居下来，形成回回人。中原人很早就注意到回回人长相与自己的差别。

其实宋人已注意到，“回纥皆长髯高鼻，以疋帛缠头，散披其服。”（［宋］孟元老撰：《东京梦华录》卷六，元刻本，北京图书馆。［宋］陈均撰：《宋九朝编年备要》卷三十记“建炎元年（金天会五年，1127）“春正月朔，命亲王二人如虏营贺正，粘罕遣其子真珠大王同虏使八人来。”随后即述此段，仅称“旧制”，未说明系北宋时事，取自《东京梦华录》，见宋绍定刻本，上海图书馆。［宋］徐梦莘编：《三朝北盟汇编》卷七四亦同（清许涵度校刻本）。）

文天祥在被元军俘获后，曾写了一首题为《命里》的诗，记述他初遇回回人时的印象：

“翌日早，铁木儿自驾一舟来，令命里千户捽予上船，凶焰吓人，见者莫不流涕。命里，高鼻而深目，面毛而多，回回人也。‘熊罴十万建行台，单骑谁教免胄来。一日捉将沙漠去，遭逢碧眼老回回。’”（《文山先生全集》卷十三，别集，四部丛刊景明本。）

这里的“命里”，是文天祥所见到的千户的名字，应为阿拉伯语 Malik“王”的音译。文天祥说他“高鼻深目”，胡须浓密，还说他的眼睛是“碧”色的。

元人吴昌龄在其《西游记・回回迎僧》一出中，有如下内容：

【洞仙歌】（小回回上）“回回、回回把清斋，饿得、饿得叫奶奶。眼睛、眼睛凹进去，鼻子、鼻子长出来。

自家回回国中小回回是也。今有大唐三藏师父往西天五印度取大藏真经，打俺这里经过。老师父待接数日，不觉到来，因此着俺在此等候。远远望见，敢是来也。

（唐上）迢迢万里路，走了八千途。贫僧大唐三藏，自离了河西国度而来，一路饥餐渴饮，夜住晓行，可早来到回回国度也。闻说此处人人好善，个个持斋，怎生不见回回来迎接？……（《吴昌龄、刘唐卿、于伯渊集》，山西人民出版社 1993 年版，第 195 页。）

这里说经过河西地区，唐僧一行便进入“回回国“，当地人“小回回”有“把清斋”的习惯，长相是眼凹鼻高。有关回回人长相事，下面还要涉及。

（明）止云居士编《万壑清音》，白云山人校，台湾学生书局，1987 年，卷 4，第 1 册，页 269—273。）

② 万斌生：撒采，播种和收割。——万斌生评注本《紫钗记》，第 127 页，注 1。

按，此说不得要领。《文武诸司衙门官制》卷一记“西域诸国”中有：“撒采撒马儿罕”。——［明］陶承庆校正、［明］叶时用增补，明刻本南京图书馆。

③ 万斌生：泥八喇相连葛剌，番语，其意不明。——万斌生评注本《紫钗记》，第 127 页，注 2。

按，天西泥八喇，即今尼泊尔（Nepal），元代译称“泥波罗”。《明会典》卷 96 礼部五十五记西域有“西天泥八喇国”。（四部丛刊本。）

（转下页）

蠻田地①。馬辣酥②拌飲食，人兒肥美。花蕊布纏匝胸臍，骨碌碌眼凹兒③滴不出胡桐半淚。④ 自家大河西國王是也。天時萄葡正熟，東風起釀酒，貢獻吐蕃。今又聞得大唐天子起兵把定玉門關，要咱國伏降。咱國無定，先到者為大。咱便釀下葡萄酒，看大唐、吐蕃誰先到也。〔番卒上〕報報報，大唐使臣到。〔内呼介〕使臣到。大唐皇帝詔諭大河西王跪聽宣讀：昔漢西域說開葡萄歸漢，今遣劉節鎮、李參軍鎮定大河西，可

（接上页）天西，当指西天。《文武诸司衙门官制》卷一记“西域”有：“西天沈八剌”。（[明] 陶承庆校正、[明] 叶时用增补，南京图书馆藏明刻本）当为“西天泥八剌”之误。明代又常作“西天尼八剌”。

葛剌，或指密宗神大黑天马哈葛剌（Maha Qara），元代随藏传佛教进入内地。

① 此句万斌生评注本未出注。“失蛮”，当即“答失蛮”，为波斯语 dānišmand 之音译，指回回学者。“失蠻田地”，即“答失蛮田地”，指西域信仰伊斯兰教地区。

近解见方龄贵《古典戏曲外来语考释词典》，汉语大词典出版社 2001 年版，第 330—333 页。

② 万斌生：马剌酥，马乳，酥油。——万斌生评注本《紫钗记》，第 127 页，注 3。

按，马剌或为抹邻（蒙古语 morin“马”）之另一种音译。酥，即酥油。

③ 田汝成描述色目人的相貌和习俗时曰：其人“隆准深眸。不啗豕肉。”（田汝成：《西湖游览志》卷十八，清光绪二十三年（1897）年钱塘丁氏嘉惠堂刻本，叶七 A“真教寺”条。）可见，宋元明时期，江南汉人是可以从相貌上明显地区分出回回人的。

④ 万斌生：[宋] 罗愿《尔雅翼》：“西域鄯善国有胡桐，虫食其木，则沫出，其下流者，俗名为胡桐泪，言如目中泪也。”[唐] 刘恂《岭表录异》卷中：“胡桐泪，出波斯国，是胡桐树脂也，名胡桐泪。”[明] 李时珍《本草纲目》载：“治湿热牙疼，喜吹风，胡桐泪入麝香掺之”。——万斌生评注本《紫钗记》，第 127 页，注 5。

按，胡桐即胡杨。胡桐泪，胡杨树树脂在土中存留多年后形成，又称为梧桐泪、梧桐碱、胡桐碱、胡桐律、石律、石泪。此处指谐音指胡人的泪水。

《重修政和证类本草》：“胡桐泪，味咸苦，大寒，无毒。主大毒、热心、腹烦。满水和服之，取吐。又主牛马急黄黑，汗水研三、二两，灌之立差。又为金银焊药，出肃州以西平泽及山谷中，形似黄矾而坚实，有夹烂木者。云是胡桐树滋沦入土，石碱音減卤地作之。其树高大，皮叶似白杨、青桐、桑辈，故名胡桐木。堪器用，又名胡桐律。律、泪声讹也。《西域传》云：胡桐似桑而曲（《唐本》先附草部，今移。臣禹锡等谨按：蜀本《图经》云：凉州以西有之，初生似柳，大则似桑、桐之间，津下（八）[入——引者注] 地，与土石相染，状如姜石，极咸苦，得水便消。若矾石、消石类也。冬采之。日华子云：治风蚛牙齿痛。有二般，本律不中入药用。石律形如小石片子，黄土色者为上，即中入齿药用，兼杀火毒并面毒。）《图经》曰：（胡桐泪出肃州以西平泽及山谷中，今西蕃亦有，商人货之者。相传其木甚高大，皮似白杨、青桐辈。其叶初生似柳，渐大则似桑、桐辈。其津液沦入地中，与大石相着。冬月采得之。状如黄矾、姜石。味极咸苦，得水便消，如消石也。古方稀用，今治口齿家，为最要之物。一名胡桐律。律、泪声近也。然有一種水律，极相类，不堪用也。）《海药》（谨按，《岭表记》云：出波斯国，是胡桐树脂也，名胡桐泪。又有石泪，在石上采也。主风疳䘌齿牙疼痛，骨槽风劳，能软一切物，多服令人吐也。作律字，非也。）《通典》（西戎楼国多出柽柳、胡桐、白草。白草牛马所嗜也。胡桐亦似。虫食其树而津下流出者，俗名为胡桐泪，可以汗金银，俗讹呼泪为律。）”（卷十三，四部丛刊本）。本书由北宋政府于政和六年（1116）重新修订刊行，题为《经史证类备急本草》。

《太平御览》：“又曰鄯善地沙卤，少田。寄田仰旁国。国出玉，多葭苇、柽柳、胡桐、白草孟康曰：白草，草之白者也。胡桐似桑而多曲。师古曰：胡桐泪可以汗金银，今工匠皆用之。”（卷七〇二，四部丛刊本。）

從節制，不服者興兵誅之。叩頭謝恩。〔番王起介〕請大唐使臣喫馬桐[1]宴。〔内應介〕即往小河西，不可久停，請了。〔番王〕俺國降唐也。自古河西稱大國，從今北斗向中華。〔下〕〔小河西回回青面大鼻髯鬚上〕

【新水令】火州西撒馬兒[2]田地大狻猊[3]，降伏了覆着氈旃兒做坐席。恰咬了些達郎古賓蜜[4]，澡了些火敦惱兒[5]水。鑌鐵刀活伶俐，燒下些大尾子羊好不攛人的鼻。自家小河西國王是也。先年臣伏大唐，近來貢奉吐蕃。到瓜熟時，吐蕃便來蹂踐一番。若再來擾，到不如降了大唐也。〔内呼介〕詔使到。大唐皇帝詔諭小河西王跪聽宣讀：皇帝念小河西絕遠，今遣劉節鎮、李參軍撫之。逆者興兵誅討。叩頭謝恩。〔番王起介〕請大唐使臣喫了燒羊尾巴去。〔内應介〕使臣便往回中受降城，斷絕吐蕃西路，不得遲留，請了。〔番王云〕咱降唐罷。正是：詔從天上下，嚇殺小河西。〔下〕

【一枝花】〔吐番將黑臉領眾上〕當風白蘭路，避暑黃楊渡，槍槊兒剔透在三門暨。閃閃風沙，陣腳紅旗布，打一聲力骨碌，俺帽結朝霞，袍穿氆氇[6]，劍彈金縷。

---

① 万斌生："马桐"疑"桐马"之误。《汉书．礼乐志》载有桐马酒。《说文》："汉有桐马官，作马酒。"应劭注云："主马乳，取其汁，桐治之。味酢可饮，因以名官也。"——万斌生评注本《紫钗记》，第128页，注6。

按，马桐，即马湩，突厥语为 qïmïz，指以马乳发酵制成的酒。

② 万斌生：撒马儿，即撒马儿罕，乌兹别克语，意为"肥沃的土地"。——万斌生评注本《紫钗记》，第128页，注8。

按，"撒马儿田地"，当即撒马儿罕田地，即今乌兹别克斯坦之 Samarqand。万斌生谓源自乌兹别克语，误。此名来源甚古，实波斯帝国时代粟特古城"马拉康达"。其突厥语名称为 Semizkent，译言"肥城"。辽金元时代汉译为寻思干、邪迷思干、薛迷思贤等，这些名称皆循中亚草原通过突厥语渠道传至蒙古。所谓"乌兹别克语，意为'肥沃的土地'"，当指其突厥语名称云。而撒马儿罕，当系通过波斯语渠道传入之名称。

③ 万斌生：狻猊，音 suān ní（酸倪），传说中龙生九子之一，形如狮，亦作狮子代称。——万斌生评注本《紫钗记》，第128页，注9。

按，"狻猊"，波斯语 šīr（狮子）的汉代音译。汉时中原人常以-n结尾的阳声字音译番语中以舌尖颤音-r结尾的音节。

④ 万斌生：达郎古宾蜜，番语。《明史》卷332《西域四》："又有小草，高一二尺，丛生，秋深露凝，食之如蜜，煮为糖，番名达郎古宾。"又，《本草纲目》引《大明一统志》："西番萨马尔罕，地有小草，丛生，叶细如兰，秋霜凝其上，味甘如蜜。可煮为汤。土人呼为达郎古宾，盖甘露也。"——万斌生评注本《紫钗记》，第128页，注11。

⑤ 万斌生：蒙古语"火敦"，意为星宿，"脑儿"，即湖泊、海子。火敦恼儿即星宿海。[元]潘昂霄《河源志》"河源在吐蕃朵甘思西鄙，有泉百余泓，或泉成潦，水沮洳散涣，方可七八十里，且泥淖弱不胜人，逼视匆克，旁立高山下瞰，灿若列星，以故火敦脑儿，火敦译言星宿也。"朱思本译《河源志》："河源在中州西南"，水从地下涌出如井。其井百余，东北流百余里，汇成大泽，曰火敦脑儿。"——万斌生评注本《紫钗记》，第128页，注12。

⑥ 万斌生：氆鲁，藏语音译，又称藏毡。为藏族手工生产的一种羊毛织品，质地细密柔软，可以做床毯、衣服等。——万斌生评注本《紫钗记》，第128页，注16。

《中国历史大辞典・科技史卷》：氆氇。西藏地区唐中叶后主要毛织物品种。二上二下斜（转下页）

天西靠着閦摩黎[①]，回鹘、龜茲拜舞齊。只有河西雙鷂子，西風吹去向南飛。自家吐番大將，起了部落，搔擾大、小河西，好景致也！〔行路打圍介〕

【端正好】旗面日頭黄，馬首雲頭緑。草萋迷遮不斷長途，大打圍領著番土魯[②]，繞札定黄花谷。

【滚繡球】風吹的草葉低，甚時節青疏疏柳上絲？聽的咿呀呀雁行鴉侶，吱唽唽野雉山狐。急張拘勾的捧頭獐，赤溜出律的決口兔。戰篤速驚起些窣格落的豪豬，咭叭喇喝番了黑林郎雕虎，急迸咯啝的順邊風，幾捧攔腰鼓。濕溜颯喇的是染塞草，雙雕濺血圖。錦袖上模糊。

呀！到大河西了，問葡萄酒熟麼？〔内應介〕大唐使臣到此，俺國降唐了。〔番將怒云〕呀！大河西降了唐也。

【倘秀才】呆不鄧的大河西受了那家們制伏，滿地上綻葡萄亂熟，醖就了打辣酥兒[③]香碧緑。你獻了呵三杯和萬事，降唐呵，也依樣畫葫蘆，罵你個醉無徒！

把都們且搶殺他一番！〔作走殺介〕呀！前面小河西了，問他鎮心瓜熟麼？〔内應介〕大唐使臣到此，已降唐了。〔番將怒介〕呀！小河西又降了唐也。

【么篇】些娘大的小河西生性兒撇古。東瓜大的小西瓜瓤紅子烏，刺蜜[④]樣香甜冰

（接上页）纹组织，属高档毛织物。名称始见于宋代文献，又称霞毡、红氆氇。用作贡品，及藏王、上层贵族、大喇嘛的法衣。用四叶棕框，四根踏杆的木织机织造，幅宽一市尺，经纬密度每厘米十至十四根。（张琼撰，中国历史大辞典·科技史卷编纂委员会编，上海辞书出版社 2000 年第 1 版，第 748 页。）

① 万斌生：闷摩黎，山名。史载：唐穆宗长庆元年（821），大理寺卿刘元鼎作会盟使出使吐蕃，进入黄河上源，“闷摩黎山”。据吴景傲《西陲史地研究》考证，闷摩黎山即今巴颜喀拉山，亦称昆仑山。——万斌生评注本《紫钗记》，第 128 页，注 17。

② 土鲁，万斌生评注本未出注。或为“秃鲁花”，此言“质子军”。

③ 万斌生：打辣，［明］高濂《玉簪记》北京图书馆藏“继志斋刊本”注：“胡人谓酒曰打辣酥。”——万斌生评注本《紫钗记》，第 128 页，注 31。

④ 刺蜜，万斌生评注本未出注。

元胡古愚《树艺篇》记：“刺蜜，味甘无毒，主骨热、痰嗽、痢暴、下血、开胃、止渴、除烦、生交河沙中，草头有刺，上有毛，毛中生蜜，一名草蜜，胡人叫为给敦罗。”（草部中品卷上，明纯白斋钞本。）

李时珍《本草纲目》记：“刺蜜《拾遗》（《校正》自〈草部〉移入此）。释名草，《拾遗》给敦罗，《集解》：藏器曰：交河沙中有草，头上有毛，毛中生蜜，胡人名为给敦罗。时珍曰：按李延寿《北史》云：高昌有草名羊刺，其上生蜜，味甚甘美。又《梁四公子》记云：高昌贡刺蜜。杰公云：南平城羊刺无叶，其叶色白而味甘。盐城羊刺叶大，其蜜色青而味薄也。高昌即交河，在西番，今为火州。又段成式《酉阳杂俎》云北天竺国有蜜草，蔓生，大叶，秋冬不死，因受霜露遂成蜜也。又《大明一统志》云：西番撒马儿罕地有小草，丛生，叶细如蓝，秋露凝其上，味甘如蜜，可熬为饧，土人呼为达（即）〔郎〕古宾，盖甘露也。按此二说皆草蜜也，但不知其草即羊刺否也。”（卷三十三，清文渊阁四库全书本。）

雪髓。小河西你獻咱瓜呵省可了咱心煩暑。不獻呵，瓜分你國土，敢待何如？

〔内〕大唐分兵去截你歸路了，你國敢怕唐朝也！〔番將〕說大唐麼？

【尾聲】暫回去放你一線降唐路，咱則怕大唐家做不徹拔刀相助。咱不道決撒了呵，有日和你打幾陣戰河西得勝鼓。

番家射獵氣雄粗，去向河西嘴骨都。

似倚南朝做郎主，可知西域怕匈奴。

汤显祖的《紫钗记》中，出现这么多涉及中原以外的西域和中国周边地区的术语，其中有不少若不经专家解释，今天的读者已经很难理解。从本文中，细心的读者会发现，有些就是研究汤显祖的专门家，也未能正确注解。

但须知戏剧的听众是普通百姓，因而是一种大众艺术。尽管明代的疆域远逊于元，但在汤显祖生活的明中期，听戏人应当还是能基本理解本文所探索的这些看来有些生僻的术语与概念。

《紫钗记》所体现的剧作者汤显祖的学术素养，其实是唐宋元以来中国社会世代积累的有关西域的知识。而这些知识所反映的，正是明中期社会大众对今天所说的“丝绸之路”的理解。

丝绸之路在西汉“贯通”对中国经略西北边疆的影响※

徐黎丽

（兰州大学）

【摘　要】丝绸之路能够在西汉贯通，是多种主客观因素共同作用的结果。这一结果，对中国经略西北边疆的影响表现在以下五个方面：中国西北边疆得以拓展和中国版图得以扩大；中国西北区域的中心地位得以巩固；中国传统治理边疆策略逐渐形成；以通代堵的边疆治理思想日臻完善。中国向西开放发展的战略得以实现。中国作为统一的多民族国家的西北版图随丝绸之路的贯通而奠定。

【关键词】　丝绸之路；两汉；西北边疆

丝绸之路在西汉贯通是天时、地利、人和的结果。所谓天时，就是西汉时期世界气候处于第二个暖湿期，使得位于北温带区域的丝绸之路沿线具有相对温暖的气候；所谓地利，就是位于东西文明当中的塔里木盆地和河西走廊地带的绿洲及水源保障了此段交通道路的畅通；所谓人和，就是东西方不同人种和族群沿丝路居住、商品与文化交流、日益强大的东西方帝国对交通的维系和保障①。因此丝绸之路在西汉贯通不仅是欧亚文明共同努力的结果，也是中国西北边疆不断拓展的结果。但从国内外丝绸之路研究学术史来看，尽管中国传统史书一直以“西域”称谓这一连接亚欧的陆上通道，但自从 1877 年德国地理学家提出以“丝绸之路”作为这一通道的名称并得

※ 本文为 2016 年度教育部人文社会科学重点研究基地重大项目《“一带一路”视角下的中国西北边疆治理方略研究》（批准号 16JJD850006）系列成果之一。

① 徐黎丽：《为什么丝绸之路在西汉贯通?》，《青海师范大学学报》2016 年第 5 期。

到了中外不同界别的认同以来，有关丝绸之路的作品涵盖了这一通道不同国家、族群的历史、地理、生态、政治、经济、文化及社会等各个方面。但专门对丝绸之路在西汉贯通对中国经略西北边疆影响的作品并不多。如今在海上丝绸之路代替陆上丝绸之路将近千年、“一带一路”成为中国西部发展及向西开放的国家战略之时，研究丝绸之路在西汉贯通对中国经略西北边疆的影响，则对我们今天实施即发展中国西部又向西开放的“一带一路”战略具有不可忽视的借鉴意义。基于以上两点，本文拟对丝绸之路在西汉贯通对中国经略西北边疆的影响进行研究，不足之处，请方家指正。

一、中国西北边疆得以拓展和中国版图得以扩大

丝绸之路贯通有力地促进了中国西北边疆的拓展，中国版图也随之进一步扩大。关于此点，我们可以从丝绸之路贯通前后的中国西北疆域的比较中得知。

丝绸之路贯通前，中国历代王朝的西部疆域主要向今甘肃东、中部扩展。根据《史记・五帝本纪》的记载，黄帝统治范围“东至于海，登丸山（郎邪朱虚县），及岱宗（泰山）。西至于空桐（在陇右），登鸡头（在陇西）。南至于江，登熊（商州）、湘（长沙）。”[①] 即国土的西端到今天的六盘山脉以东；到了舜帝统治时期，其国土范围大为拓展：“方五千里，至于荒服。南抚交阯、北发，西戎、析枝（索隐：鲜支、渠搜，则鲜支当此析枝也。鲜析音相近）、渠廋、氐、羌，北山戎、发、息慎，东长、鸟夷，四海之内，咸戴帝舜之功。”[②] 即国土西部到达今天的六盘山脉以西。因为“西羌之本，出自三苗，姜姓之别也。其国近南岳。及舜流四凶，徙之三危，河关之西南羌地是也。滨于赐支，至乎河首，绵地千里。赐支者，禹贡所谓析支者也，南接蜀、汉徼外蛮夷，西北接鄯善、车师诸国。”[③] 后来经过春秋战国时期的分裂，到了秦统一六国之时，其国土西端仍没有越过河西走廊。如《汉书・西域传第六十六》上：“自周衰，戎狄错居泾渭之北，及秦始皇攘却戎狄，筑长城，界中国，然西不过临洮。”[④] 也就是说秦始皇统一六国之时，中国西部疆界就在一直被称为“狄道”的临洮。继承秦国疆域的西汉前三四代帝王统治时期，因外有匈奴、内有隐患，其疆域在短时间内无法拓

① 《史记・五帝本纪》，中华书局 1959 年版，第 6 页。
② 同上书，第 43 页。
③ 《后汉书》，中华书局 1965 年版，第 2869 页。
④ 《汉书》卷九十六《西域传六十六》，中华书局 1962 版，第 3872 页。

展，直到汉武帝时，随着国力不断强盛，向西开拓疆域便被提到议事日程上来。

关于武帝及以后诸帝开拓西汉西部疆界的过程，在史记、汉书及后汉书中均有记载。其中《汉书·西域传》记载："西域以孝武时始通，本三十六国，其后稍分至五十余，皆在匈奴之西，乌孙之南。南北有大山，中央有河，东西六千余里南北千余里。东则接汉，阸以玉门、阳关，西则限以葱岭，其南山，东出金城，与汉南山属焉。"孟康注释曰："玉门、阳关皆在敦煌西界。"颜师古则曰"阸，塞也"。① 也就是说，在武帝征服西域之前，西汉的西部疆界就在玉门和阳关。但从玉门、阳关以东的河西四郡设立时间和玉门、阳关以西西域管理机构的设立时间上来看，它们则是同步进行的。如酒泉郡设立于元封三年（公元前108）、张掖郡设立于太初三年末至四年初（公元前102年至101年）、敦煌郡设立于后元元年或二年（公元前88年至87年）、武威郡设立于地节二年（公元前68）②。西域设立不同管理机构的时间也与河西四郡的设立时间相差不远。如"从公元前102年设'使者校尉'，到公元前68年改置'使护鄯善以西校尉'，直到公元前60年建立的'西域都护府'，前后经历了四十多年。"③ 也就是说，武帝及后继者们同时将河西走廊纳入西汉王朝的疆域范围内。正如谷苞所说："开发河西不仅是把河西地区纳入西汉的版图，而且在军事上为'断匈奴右臂'这一战略目标的完成提供了人力、物力和地利方面的支援，其在军事上的重要性也就为人们所重视。"④ 不仅如此，河西四郡与西域都护府互相支撑，成为西汉政权的有力组成部分。西汉与东汉相比，不仅其统治中心在东汉中心洛阳的西部长安，而且统治西域的时间也比东汉时期的三通三绝要巩固。因此可以说，丝绸之路在西汉贯通，有力地促进了中国西北边疆的拓展。

随着中国西北边疆的拓展，中国地理版图进一步扩大。众所周知，与汉并存的匈奴汗国在秦汉交替之时兴盛一时。《史记·匈奴列传》曾记载："冒顿以兵至，击，大破灭东胡王。而虏其民人及畜产。既归，西击走月氏，南并楼烦、白羊河南王。悉复收秦所使蒙恬所夺匈奴地者，与汉关故河南塞，至朝㸴（上郡）、肤施（延州肤施县），遂侵代燕、代。是时汉兵与项羽相距，中国罢于兵革，以故冒顿得自疆，控弦之士三十余万。"⑤ 其中匈奴"诸左方王将居东方，直上谷以往者，东接秽貉、朝鲜；

① 《汉书》卷九十六《西域传六十六》，第3871页。

② 王宗维：《汉代河西四郡始设年代问题》，《西北史地》1986年第3期。

③ 贾应逸：《汉代西域都护府的由来——兼论郑吉的历史功绩》，《新疆大学学报》1977年第3—4期。

④ 谷苞：《汉武帝对河西的开发及其意义》，《兰州大学学报》1980年第2期。

⑤ 《史记·匈奴列传》，第2889—2890页。

右方王将居西方，直上郡以西，接月氏、氐、羌。而单于之庭直代、云中。”① 即上郡以西，月氏、氐、羌以东区域则成为匈奴的领土。但随着西汉“断匈奴右臂”，将河西走廊和塔里木盆地归于西汉统治后，西汉的国土面积大为增加，具体来说：东至朝鲜，西到葱岭，北到五原郡、云中郡，南到交阯②。东汉时期虽然对西域的经略有三通三绝之说，但其版图的南部和东部比西汉稍有扩大，西部和北部则与西汉相同③。在西汉与东汉的中国版图里，平原区域的南部扩充至珠江，北部区域从黄土高原扩充到蒙古高原，另外还增加了由河西走廊和塔里木盆地组成的戈壁沙漠区域。另外，即使丝绸之路在两汉时期总是遭到匈奴的控制，但匈奴作为中国古代民族之一，也是丝绸之路的开通者和维护者。因此在两汉与匈奴时期，从这一区域中穿行的丝绸之路如同生命线一样，既保障两汉与匈奴境内各族民众的商品、技术及文化交流，又保持中国与西北边疆的密切联系。具体来说，丝绸之路“从长安出发，经陇西高原、河西走廊到玉门关、阳关，为丝绸之路东段；从玉门关、阳关以西到帕米尔高原和巴尔喀什湖以东以南地区，为丝绸之路中段；由此向西，南到印度，西到欧洲，为丝绸之路的西段。”④ 其中的东段和中段就是西汉政府管理西北边疆的交通要道，因此，丝绸之路贯通不仅拓展了两汉时期中国西北边疆版图，也奠定了中国古代时期的版图。

二、中国西北区域的中心地位得以巩固

对丝绸之路贯通起着东方大国作用的西汉政府来说，这条道路的贯通对巩固当时是中国中心的西北区域至关重要。之所以重要，是因为丝绸之路不仅仅是贯通西北由东向西的大通道，也是贯通西北由南向北的大通道。虽然现在这条通道在 1877 年以后以德国地理学家李希霍芬提出的“丝绸之路”为名，但在中国传统官修史书中却以西域命名。如西汉武帝时期派张骞出使“大宛、大月氏、大夏、康居，而传闻其旁大国五六”⑤。张骞分遣的副使则到达“大宛、康居、大月氏、大夏、安息、身毒、于

① 《史记·匈奴列传》，第 2892 页。

② 谭其骧主编：《中国历史地图集·西汉时期全国》，地图出版社 1987 版，第 13—14 页。

③ 同上书，第 40—41 页。

④ 杨建新：《丝绸之路东段述略》，《西北史地》1981 年第 1 期。

⑤ 《史记·大宛列传》，第 3160 页。

阗、扜罙及其旁诸国"[①]，"其后岁余，骞所遣使通大夏之属者皆颇兴其人俱来，于是西北国始通于汉矣"[②]，在此基础上，西汉在其西部设立"河西四郡"和"西域都护府"。这两个名称中均有"西"字。其中河西四郡分布在今天甘肃省河西走廊上；公元前60年又建立西域都护府，其管辖范围"西逾葱岭，并有大宛，北越天山，而囊乌孙"[③]。东汉沿袭这一名称。从此西域之名就成为汉文史籍中对这一区域的称谓，并为后世所继承。由于西域是区域名称，因此区域内的道路就不可能仅仅是东西向的通道，而是东西与南北均通的道路网。由于前文对东西通道已有梳理，这里就重点梳理南北向的通道。又由于夹在秦岭-祁连山与关山、陇山、北山（由乌鞘岭、龙首山、合黎山、马鬃山等组成）之间的南北通道很多，本文仅梳理比较大的东、中、西三条道路：第一条就是秦直道，即东道。有史料记载：由于"子午岭南北走向，位于陕西和陇东之间，为泾洛两河的分水岭。它北起陕西省定边吴起和志丹县，南至铜川、耀县、淳化、旬邑等县市，东有甘泉、富县、黄陵、宜君诸县西半部，西有甘肃华池、合水、宁县、正宁诸县的大部分或小部"[④]。因此，秦始皇就以子午岭岭巅的山路为基础，修建了秦直道。根据《史记正义》引《括地志》："秦故道在庆州华池县西四十五里子午山上。自九原至云阳，千八百里。"直道经甘肃省庆阳地区内长达290公里。直道在合水与宁县的交界处午亭子分岔，其中，"东路经柳树庄、瓦川口，过葫芦河，到和尚塬进入陕西富县境；西路经合水县境的凤凰窝、胡家岔、马家庄、红土寺、大山门到固城"[⑤]。直道"全长一千八百里（约今一千四百余华里），一般宽为四米半，可并行两三辆大车，是当时由咸阳至九原郡最为捷径的道路，其中有一半在子午岭上。在岭上斜贯于合水县境内的直道，东南起于午亭子，循子午岭主脉北行，经过涧水坡岭，穿过桃花庄，西北至于与华池县交界的麻子崾岘，全长约八十五公里，一直循子午岭主脉修筑；今所存遗迹，几段道路路面均呈凹形。秦修筑以后，历代都断续加以使用，战时运粮运草行军，平时商贾经行。后因久无行人，遗迹路面均覆盖野草，有的段落灌木丛生，难以通行。"[⑥] 由此可见，秦直道是沿子午岭修建的从长安到蒙古高原的南北大通道，它应该是丝绸之路最东部的南北通道。第二条便是扁都口

① 《史记·大宛列传》，第3169页。
② 同上。
③ 周振鹤：《西汉西域都护所辖诸国考》，《新疆大学学报》1985年第2期。
④ 李仲立、刘得祯：《甘肃庆阳地区秦直道考察报告》，《甘肃社会科学》1991年第3期。
⑤ 同上。
⑥ 合水县人民政府编：《甘肃省合水县地名资料汇编》，1984年西北工业大学印刷厂印刷，第167页。

道，即中道。从西宁出发经过扁都口进入河西走廊的山丹、张掖，向北进入蒙古阿拉善高原的中道。由于东西向的祁连山脉由众多山峰组成，山与山之间可以通行，其中扁都口的通行条件较好。即使这样，也不能免除后世的隋炀帝在击败吐谷浑后在穿行六月飞雪的扁都口时死伤过半的悲剧发生。但它毕竟在天气温暖的季节发挥南北通道的作用。第三条道则是敦煌道，即西道。从今青海柴达木盆地向北穿越当金山，来到河西走廊西部以敦煌为中心的城镇或驿站，然后向西北进入新疆北疆，或向东北进入蒙古高原。

以上三条南北通道与东西三条通道相交汇，形成三纵三横的丝绸之路道路网，就将整个西北区域以丝绸之路为纽带连接起来，促进西北内部的交流与合作。即，丝绸之路南北道的东道将西北东部的关中平原、黄土高原和蒙古高原连接起来，促进这三个区域的不同族群的民众从商品到观念的融合；中道和西道则将青藏高原、戈壁沙漠绿洲和蒙古高原连接起来，促进这三个区域不同族群民众的物质与精神交往；丝绸之路的东西大道则将东部的关中平原与西部的戈壁沙漠绿洲连接起来。这样就使得以长安为核心的西北成为中国的中心，对内而言，西北作为西汉的京畿区域就得以巩固与发展；对外又成为西汉政府向西方文明古国靠近的必经之地，自然就得到发展。唐朝所谓“天下富庶者，莫如陇右也”的说法与西汉将包括陇右在内的西北区域作为中心来发展的历史密不可分。

三、中国传统治理边疆策略逐渐形成

由于以丝绸之路为枢纽的西北戈壁沙漠区域居住的民众与平原、蒙古高原上的居民有很大的不同，因此治理这片新边疆的策略也与其他区域不同，从西汉实行的治理西北边疆的具体策略来看，除了在行政管理上设立郡县和都护府外，还有以下几种：

第一，属国。属国作为两汉治理边疆的策略之一，是后来王朝羁縻、土司等治理方式的前身。西域都护府是管理东至玉门关、阳关，西至葱岭、南至昆仑山、北至天山范围（即西域）的总部，在其下则有众多绿洲小国，其中“在沙漠里分散的绿洲上生息的人民有城郭田畜，形成居国；在山谷的居民则随畜逐水划，称为行国。”① 根据周振鹤教授的统计，到汉宣帝初建都护府时，西域三十六城郭国应该是：“鄯善（楼兰）、且末、精绝、扜弥、渠勒、于阗、皮山、莎车、婼羌、小宛、戎卢、乌秅、西

① 周振鹤：《西汉西域都护府所辖诸国考》，《新疆大学学报》1985年第2期。

夜、子合、蒲犁、依耐、无雷、捐毒、疏勒、尉头、姑墨、温宿、龟兹、渠犁、乌垒、尉犁、危须、焉耆；车师前国、车师后国、卑陆、卑陆后国、蒲类、蒲类后国、西且弥、东且弥。”① 这些属国，属西域都护府管辖，但由于他们分散在天山与昆仑山之间的塔克拉玛干大沙漠的边缘地带，且城郭之间路途较远，何况在以马驼为主要交通工具的西汉，城郭国在承认汉朝统治的前提下由当地人自己实行管理是因地制宜之举。除西域之外，处于丝绸之路东段的北地、陇西、河西区域也有属国，如“西汉从元狩三年开始，历经昭、宣二帝，共设置了七个属国，它们是：安定属国、天水属国、西河属国、上郡属国、五原属国、张掖属国、金城属国”。东汉时期，属国则增加到11个，它们分别是“张掖、张掖居延、广汉、蜀郡、犍为、辽东、金城、安定、西河、上郡、巴东”②。即随着汉代领土不断扩大，其属国扩至巴蜀和辽东。因此属国作为两汉区别中心的边疆治理策略，它是在承认两汉政府的前提下由属国头人自己管理民众的策略，这种策略既体现了两汉政府对边疆的所有权，又给边疆属国自己管理自己事务的权力。从实施效果来看，虽然有些边疆区域也发生动乱，但从两汉政府的边疆不断扩大且大多区域稳定的史实来，属国制度的确起到了治理边疆的作用。

第二，屯田。虽然两汉政府在河西走廊和西域屯田的客观原因是为了解决进军西域的给养问题，但就地解决给养的方式却成为自汉至今治理边疆的策略之一。“西汉在西域的屯田虽有渠犁、轮台、伊循、乌孙、车师等地，而在军事上占重要地位的则为渠犁与车师。”③ 原因则是“匈奴经营西域的中心，是先由焉耆一带迁到车师，汉为驱逐匈奴计，自然要东夺车师，因车师是西域的门户。”④ 然后以车师为中心，在西域不同绿洲进行屯田。根据学者的统计：“两汉在西域屯田，始于汉武帝元封年间（公元前110年至前105年），直到东汉桓帝永兴元年（公元153）还在车师后部候城置戍部候。西汉屯田区有：眩雷、轮台、渠犁、伊循、赤谷、交河、焉耆、高昌、姑墨、北胥鞬等十处，东汉屯垦地区主要在金满城、柳中、且固、伊吾卢等五处。根据出土文物，汉政府在精绝（今民丰县境内）也曾屯田。”⑤ 除西域外，河西走廊也是两汉政府进行屯田的重要场所。如敦煌以军屯为主，“至迟不晚于汉武帝元鼎四年（公元前

① 周振鹤：《西汉西域都护府所辖诸国考》，《新疆大学学报》1985年第2期。

② 王宗维：《汉代的属国》，《文史》1983年第20辑。

③ 韩儒林：《汉代西域屯田与车师伊吾的争夺》，《文史杂志》1942年第2卷第2期。

④ 同上。

⑤ 彭慧敏：《两汉在西域屯田论述》，《新疆大学学报》1985年第1期。

113)。"[1] 在河西军屯的人员则有六类，他们分别是田卒、渠卒，牧士，戍卒家属，刑徒、复作，燧卒和省卒，军屯佃客和佣工[2]。由此可见屯田成为治理西北边疆的实用策略之一，后来各个王朝在西北边疆的屯田，均是两汉屯田的延续。

第三，和亲。和亲虽然不是两汉的创举，但两汉却成功地应用这种方法开通和维持丝绸之路畅通，从而维持两汉西北边疆的稳定与发展。和亲是中国自古以来就使用的治理边疆的措施。如《史记·殷本纪》开篇就写道："殷契，母曰简狄，有娀氏之女，为帝喾次妃。三人行浴，见玄鸟堕其卵，简狄取吞之，因孕生契。"[3]。有娀氏为戎族之姓，说明商与北边戎族以和亲为纽带，维护北部疆界安宁；周襄王时因为"黜狄后，狄后怨，而襄王后母曰惠后，有子子带，欲立之，于是惠后与狄后，子带为内应，开戎狄，戎狄以故得入，破逐周襄王，而立子带为天子。……周襄王既居外四年，乃使使告急于晋。晋文公初立，欲修霸业，乃兴师代逐戎翟，诛子带，迎内周襄王，居于雒邑。"[4] 这个狄后就是狄人之女。说明周朝也是通过与戎狄和亲的形式维持西北边疆的太平。西汉开国初期，因为实力不足与匈奴抗衡，就采用了和亲来处理与匈奴的关系。如"高祖崩，孝惠、吕太后时，汉初定，故匈奴以骄。冒顿乃为书遗高后，妄言。高后欲击之，诸将曰：'以高帝贤武，然尚困于平城。'于是高后乃止。复与匈奴和亲。"[5] 从此条资料来看，从汉高祖时就开始与匈奴和亲，高后只是延续高祖的做法而已。主要原因还是汉不敌匈奴。"至文帝初立，复修和亲之事。"[6] "老上稽粥单于初立，孝文皇帝复遣宗室女公主为单于阏氏。"[7] 可以说，从汉高祖开始，历经惠帝、文帝、景帝，西汉一直沿袭和亲，直到汉武帝时因财力有余时才开始转向军事斗争。但对匈奴以西的乌孙，西汉同样使用和亲从而达到夹击匈奴的目的。有史记载，"西汉相继以细君公主和解忧公主嫁给乌孙的昆莫猎骄靡和军须靡为妻。细君公主在乌孙只生活了四五年便去世了。未完成汉、乌联盟的任务。而解忧公主则连续嫁给军须靡、翁归靡和泥靡三个昆弥为妻，在乌孙生活了五十年。她积极从事政治活动，帮助支持乌孙昆弥进行决策，并派侍女冯嫽到西域诸国进行活动，扩大汉朝的影响。解忧公主生了三男二女，这些子女在乌孙、龟兹、莎车都曾居于显要地位，扩大了解忧

---

① 徐乐尧、余贤杰：《西汉敦煌军屯的几个问题》，《西北师院学报》1985年第4期。
② 李吉寅：《汉代河西军屯劳动者成分和生活状况》，《甘肃社会科学》1984年第4期。
③《史记·殷本纪》，第91页。
④《史记·匈奴列传》，第2882页。
⑤ 同上书，第2895页。
⑥ 同上。
⑦ 同上书，第2898页。

公主在乌孙和西域的政治影响。”① 可见和亲虽然不是西汉治理边疆的唯一方式，但它却和其他方式一起成为维持丝绸之路畅通和西北边疆的策略。

第四，驿站与长城要塞互相配合。与和亲一样，驿站虽然不是两汉才开始实行的管理边疆区域的措施，但两汉却将驿站延伸到整个丝绸之路沿线，这就为居住在长安的汉朝统治者收集边疆信息、细致地管理边疆服务。驿站本身也经过了不断地发展和演变。如“周朝的时候就设置了叫‘遗人’的官员，专门掌管道路住宿食用的粮食，供应过往的宾客。《周礼》这部书上说：在都城以外通达四方的道路上，每十里设有‘庐’，供给过往宾客饮食；每三十里设有‘路室’，五十里设有‘候馆’，供给过往宾客食宿。‘庐’‘路室’‘候馆’，相当于现在的招待所，只是规模大小不同而已。”② 经过春秋、战国、秦时期的发展，驿站制度逐渐完善。到汉时，“邮与驿有所区别，邮有邮人，五里设一邮，有时也视环境需要有所增减。驿是一种传递消息的设备，供给传书者用作交通工具而已。一般用马。当时还设有‘传’，用车供给政府官吏或特许之人因公乘坐。置传和置驿的地方在一起，统称为‘置’；邮驿制度比较严格，要求邮件所到时日与递信吏卒姓名均要有记录。当时的邮驿还可供人止宿。此外，还有私驿。”③ 两汉就是通过在丝绸之路沿线建立这样细密的驿站制度，既保障国家政令沿丝绸之路传递到各个绿洲属国，同时也将西北边疆的各种信息通过丝绸之路驿站上传到中央。从而维护中央政府的统治。驿站往往与汉代延续的长城要塞重合，如“在敦煌北塞设置有宜禾、中部、玉门三个部都尉，在南塞设有阳关部都尉。在部都尉下，设有候官、候长、燧长以及各级属吏。”④ 由于汉代的长城已经从秦时的临洮延伸到嘉峪关，因此整个河西走廊的驿站与长城要塞互相支撑，成为汉朝维持丝绸之路畅通和保护西北边疆安宁的可行策略。

四、以通代堵的边疆治理思想日益完善

丝绸之路在西汉开通，不仅奠定了西汉时期中国的版图，也为中国“以通代堵”的边疆治理思想的形成奠定了人文基础。

首先是依靠丝绸之路、长城和藏彝走廊等通道地带，将中国内部的东部平原、北

① 翟宛华：《论西汉与乌孙的和亲》，《西北史地》1985 年第 4 期。

② 任俊荣：《“驿站”史话》，《语文世界》1998 年第 3 期。

③ 易伟新：《从驿站到近代邮政制度的演变》，《湖南师范大学社会科学学报》2010 年第 4 期。

④ 徐乐尧、余贤杰：《西汉敦煌军屯的几个问题》，《西北师院学报》1985 年第 4 期。

部蒙古高原、西北戈壁沙漠绿洲和西南青藏高原等四大生态文化区域[①]紧密地联系在一起。从西汉的版图来看，中国已经具备了现代版图的大部分区域，其中汉与匈奴以长城为通道展开既有战争又有和平的关系，中国南北民族之间在经济、社会、政治、军事和文化上互相吸收与融合；中国西北作为汉王朝的中心，以丝绸之路为通道，东西连接关中平原与戈壁沙漠绿洲区域，南北连接青藏高原与蒙古高原。从西北东部向南穿行的藏彝走廊，则成为狄、氐、羌等民族向东向南迁徙的通道。尽管整个青藏高原腹地文明与西汉的联系没有资料证明，但青藏高原东、北两个边缘地带与西汉的联系非常密切。如汉文史籍记载：“凉、甘、肃、瓜、沙诸州，本月氏国之地。”[②] 韩康信教授也认为：“乌孙则和月氏原来互相毗邻游牧于甘肃河西走廊西段的敦煌-祁连间，大约在公元前177—前176年（汉文帝前元三至四年），月氏遭匈奴攻击而大部分西迁入塞人地域，即今新疆西部伊犁河流域及其迤西的原苏联境内。并建立了贵霜帝国，这就是大月氏。但还有一部分月氏人通过河西走廊的南北通道进入羌地，他们就是小月氏。如《史记·大宛列传》：“始月氏居敦煌、祁连间，及为匈奴所败，乃远去，过宛，西击大夏而臣之，遂都妫水北，为王庭。其余小众不能去者，保南山羌，号小月氏。”在汉武帝时期，羌中之地为汉朝对匈奴用兵的必经之地，故汉朝便与寄居的小月氏发生了联系，如《汉书·卫青霍去病传》记载：“去病至祁连山，捕首虏甚多。上曰：票骑将军涉钧耆，济居延，遂臻小月氏，攻祁连山，扬武乎觻得，得单于单桓、酋涂王，及相国、都尉以众降下者二千五百人，可谓能舍服知成而止矣。”[③] 由于汉朝在这一地区展现出的强劲实力，小月氏的一些首领自此采取了亲汉政策，如《史记·建元以来侯者年表》记载：“騠兹，以小月氏若苴王将众降侯。（元封）四年十一月丁卯，侯稽谷姑元年。太初元年，侯稽谷姑薨，无后，国除。瓡讘，以小月氏王将众千骑降侯。（元封）四年正月乙酉，侯扜者元年。（元封）六年，侯胜元年。”从此资料中可以看出，此时的小月氏开始成为汉朝镇抚西羌的重要助力，正如《汉书·赵充国辛庆忌传》记载：“今诏破羌将军武贤将兵六千一百人，敦煌太守快将二千人，长水校尉富昌、酒泉侯奉世将婼、月氏兵四千人，亡虑万二千人。赍三十日

① 徐黎丽：《通道地带理论——中国边疆治理理论初探》，《思想战线》2017年第2期。

② 吴廷桢、郭厚安主编：《河西开发史研究》，甘肃教育出版社1996年版，第3157页。

③ 榎一雄并不认为汉代之祁连与当代之祁连位置不同，并认为大月氏西迁时小月氏并未移动，然而其亦未解释祁连不见于《汉书·地理志》一事。无论汉代之祁连指何处，小月氏所居南山羌地区都是必经之路。在笔者看来，基于匈奴月氏之间的仇恨，小月氏很可能只是退保南山羌地区，而非曾经久居此地。

食，以七月二十二日击罕羌，入鲜水北句廉上，去酒泉八百里，去将军可千二百里。将军其引兵便道西并进，虽不相及，使虏闻东方北方兵并来，分散其心意，离其党与，虽不能殄灭，当有瓦解者。”此时为汉宣帝神爵元年（公元前 61 年），宣帝命冯奉世将兵支援赵充国、武贤主动击羌之事。若冯所属之婼羌、月氏兵四千人中有一半为月氏人，则按照一户五人、三丁抽一的古代常见征兵原则来看，此时归附汉朝之小月氏人至少已有万余。由此可见，青藏高原东、北区域的联系通过藏彝走廊和丝绸之路与西汉政府连接在一起。西汉政府坐镇西北东部关中平原的长安，通过长城、丝绸之路和藏彝走廊将中国内部连接成统一多民族国家。国家内部通畅的交通是国家发展的基础。

其次，在古代文明多在中国西方的前提下，通过丝绸之路的连接，使中国与西方文明对接，保障中国在边疆通达中发展。从世界地形图中，我们很容易地看出横亘在地球北温带中间的沙化区域，这就是从非洲撒哈拉沙漠向东北方面延伸至阿拉伯半岛、中东、中亚的沙漠区，进入中国南疆后，又有塔克拉玛干大沙漠、巴丹吉林沙漠、腾格里沙漠等。众所周知，非洲的撒哈拉沙漠是世界第一大沙漠，阿拉伯半岛的沙漠面积占整个半岛面积的大部分，中东除了两河流域（指幼发拉底河和底格里斯河）外，沙漠面积也比较大。在中亚，则有“河中地区（乌浒河外地）的克齐尔库姆沙漠与在阿姆河南的哈拉库姆沙漠。”[①] 进入中国后，在塔里木河所环绕盆地中有中国最大的沙漠—塔克拉玛干大沙漠。“这是一片从西南伸展到东北的广大的地带，它在罗布泊与塔克拉玛干沙漠相接，一直延伸到满洲边疆境的内兴安岭。”[②] 目前这个横亘在欧亚非三洲中间地带呈东北西南走向的沙化区仍然不断地向外扩张，沙进人退成为人类不得不遵守的自然规律。

之所以引用这条沙化带，主要是为了说明处于中国西北的沙漠戈壁绿洲生态文化区虽然是中国境内独有的生态文化区域，但当我们把它放入世界范围内来看时，它却是从撒哈拉到大兴安岭西的戈壁沙漠绿洲区的组成部分。在这个广阔的沙漠区内，沙漠、戈壁是主要地形，但也有如同星星一样的绿洲散布在沙漠、戈壁中。如“西瓦位于埃及——利比亚边境，原名‘椰枣与棕榈树之地’，直到古埃及第 26 代王朝才有了现在的名字。由于位于撒哈拉大沙漠腹地，交通不便，几十年来形成独特的‘世外桃源’”。[③] 即西瓦是适合人居的绿洲。在阿拉伯半岛及中东的沙漠绿洲中生活的人群中

---

① 〔法〕勒尼·格鲁塞：《草原帝国》，魏英邦译，青海人民出版社 1991 年版，第 8 页。

② 同上。

③ 唐师曾：《西瓦——撒哈拉沙漠中的绿洲》，《世界博览》1994 年第 5 期。

就有著名的贝都因人。"贝都因"，阿拉伯语，意即"住帐篷的游牧民"。他们"主要指在阿拉伯半岛、叙利亚、伊拉克以及北非的沙漠、荒原、丘陵和农业边缘地区从事游牧和半游牧的阿拉伯人。"① "以放牧骆驼、山羊、绵羊为生，性格豪放无羁。他们的生活离不开骆驼：主食是驼奶和椰枣，住的帐篷是用驼毛染黑编织的，骆驼是最好的运输工具，驼粪不仅可作燃料，连新生婴儿也要用驼尿涂擦。贝都因人如战死沙场就用驼革裹尸，就地埋葬。为了遮蔽烈日的熏烤，贝都因族都穿阿拉伯服。妇女外出戴面纱，只露两个眼睛，有的爱在前额用蓝靛刺花"②。由此可见，水是包括贝都因人在内的所有沙漠区域的人群最为珍惜的资源。谁能使沙漠中的人有足够的水生活和生产，谁就是首领。经过长期实践，坎儿井就是整个沙漠区域的人类使用水的智慧结晶。坎儿井虽然在不同沙漠区域名称读法略有不同，如中国"新疆维吾尔语称为'坎儿孜'；伊朗波斯语称为'坎纳孜'（Kanatz）；苏联俄语称为'坎亚力孜'（klplItK）。"③ 但从语音上来看，"坎"是共同的读音。不仅如此，其原理、用途也一样，如利比亚的坎儿井和新疆吐鲁番的坎儿井就大同小异。"20 世纪 80 年代，考古专家在新疆维吾尔自治区托克逊县柯尔加依镇盘吉尔山发现了与古代水利工程有关的岩画，考古专家们对此岩画画面上所刻有的水系、井、泉进行了专门考证，认为其配置形式与坎儿井极为相似，这是新疆维吾尔先民们给后人留下的新疆在远古时代就有坎儿井的最有力的实物证据。"④ 也有学者认为："在新疆坎儿井漫长的发展过程中，中亚地区的坎儿井技术对其产生一些影响也是可能的，它丰富了坎儿井在新疆本地化的内容和过程。"⑤ 在利比亚，"干旱的气候条件使利比亚地表水资源极其缺乏，"⑥ 但是，"1953 年，利比亚在南部搜寻新油田时发现了总量惊人的地下水。勘探队在撒哈拉沙漠中发现了四个巨大的盆地，每个的水容量大约在 4 800 立方千米—2 万立方千米不等。大部分的水都是在 3.8 万—1.4 万年前收集。那时正值上一个冰河时代，撒哈拉地区的气候比较温和。"⑦ 古代利比亚人就曾利用丰富的地下水资源。中国中央电视台记录频道曾经播

---

① 王猛、周仍侠：《贝都因人：阿拉伯世界的精神贵族》，《世界民族》2005 年第 4 期。

② 燕民：《贝都因人》，《世界知识》1980 年第 22 期。

③《最长的地下灌溉系统——新疆坎儿井》，http：//blog. sina. com. cn/s/blog_6710d4cd0100iapo. html。

④ 安尼瓦尔·阿布都热依木、塔世根·加帕尔、艾里西尔·库尔班等：《考证新疆坎儿井起源的物证——柯尔加依镇盘吉尔山岩画》，《新疆师范大学学报》2011 年第 6 期。

⑤ 李久昌：《新疆坎儿井的来源与时间考述》，《新疆师范大学学报》2005 年第 3 期。

⑥ 宋晓明：《利比亚 Wadi Bay 地区地下水资源合理开发利用研究》，吉林大学地下水科学与工程专业硕士学位论文，2011 年。

⑦《利比亚的大人工河是"世界第八大奇迹"》，http：//roll.sohu.com/20150721/n417221438.shtml。

放过有关利比亚的地下水灌溉系统。“卡扎非将位于撒哈拉沙漠中的古地下水通过巨型管道输送到地中海沿岸的利比亚各大城市。称赞自己这个宏伟的大人工河项目是‘世界第八大奇迹’”①，因此利比亚的地下水资源使用系统遍布国境，与中东、中亚和中国新疆的坎儿井相同。这就表明因为相同的沙漠环境孕育出相同的地下水利用方式，也孕育了相同的水资源管理体系和对使用水的人群的行为规范。如社会管理方面注重部落制度、信仰方面伊斯兰教逐渐东进等等。虽然现在这个庞大的沙漠带属于不同国家，但由于生态环境的相似性就决定了他们从生计方式到信仰观念相似性。中国的西北沙漠戈壁绿洲区虽然在中国境内，但却因与中亚、中东及北非的沙漠戈壁绿洲区连接在一起，因而从生态到文化上具有相似性。这种相似性，对中国这个由四种不同生态文化区域组成的国家来说，必须保持中国境内的戈壁沙漠绿洲区域与中亚、中东、北非戈壁沙漠绿洲区域的相通，才能使处于相似生态环境下的中国西北各族民众在与这些区域的民众从生活到信仰的交流中获取发展与安定的物质与精神资源。

由此可见，西汉政府通过内部的三大通道将中国内部连接起来，又通过丝绸之路将中国与中国西部的西亚、中东和北非等地的文明古国连接起来，从而达到了以通治国、以通兴边的目的，从而也为后世提供了“以通代堵”的边疆治理思想。

五、中国向西开放战略得以实现

从中国汉匈至隋唐突厥时期的历史发展轨迹来看，中国对外开放的主方向是向西。这与这一历史时期世界文明区域主要集中在中国的西部有关。如四大文明中的埃及文明、在古巴比伦文明基础上兴起的波斯文明、印度文明均在中国的西部，继这些文明之后，地中海沿岸北岸则兴起了希腊-罗马文明。因此古代中国向西开放的客观条件是世界文明中心均在中国西部的亚欧非连接之处。但中国向西开放战略得以实现的关键却是丝绸之路在西汉的贯通。要梳理清楚丝绸之路在中国向西开放战略中的关键作用，必须从比较丝绸之路开通前后的交通入手，方能得出比较中肯的结论。

众所周知，丝绸之路在西汉贯通前，整个世界文明的中心是在四大文明古国基础上形成的欧亚腹地多国文明，如波斯文明、地中海沿岸文明、印度文明和中国文明等等。中国作为文明古国之一，虽然在丝绸之路贯通之前与西方的众多文明有接触，但

① 《卡扎非做了这三件事　利比亚人民又开始怀念他》，http：//www.taiwan.cn/tsh/shzh/201607/t20160727_11520780.htm。

因丝绸之路没有强大的统一的政权维护，因此中国与其他文明古国的交流只是靠丝绸之路沿线的众多中转站进行。虽然我们没有这些中转地相互交流的资料，但却有交通建设、族群迁徙和物品交流的资料为证。如中国在西汉以前就存在着连接亚欧文明的三条通道：“一是从关中或今河南北上经漠南阴山山脉至居延海绿洲（今内蒙古额济纳旗境内弱水下游），趋向天山南北麓至西域，即所谓的‘居延路’或‘草原路’；二是从关中过陇山，经河西走廊入西域，即所谓的‘河西路’；三是由祁连山南，沿湟水至青海湖，再经柴达木盆地而达今新疆若羌的古‘青海路’。”① 但由于没有统一强大的王朝管理沿线贸易，使得沿路商品和文化交流始终以接力棒方式为主，即沿线聚落点都在传递商品和交流文化，但除了知道上家和下家之外，至于商品或思想毕竟最终到达什么地方并不知道，直到考古发掘才知道许多商品和艺术图案竟然能向西流动到欧洲或向东流动到黄河中下游区域。在西方，不同的政权也在努力向东拓展交通线路。如公元前 6 世纪中期，波斯帝国的“大流士一世在原来道路的基础上，修筑了覆盖全帝国的驿道网（The Imperial Roads）。其中最著名的是帝国西部的‘王家大道’（The Roy al Road）。它从都城之一的苏萨（Susa），经美索不达米亚，到达小亚的以弗所（Ephesus）或撒尔迪斯（Sardis），全长 2 000 多公里，沿途设有驿站（现在已确认的有 22 个）。”② “帝国东部的一条主要交通干线是沿着古老的美索不达米亚——米底（Media）之路，进而经巴克特里亚抵达印度”③。除此之外他“还开通了埃及二十六王朝法老尼科未完成的连接尼罗河与红海的运河。这些驿道和水路加强了各地的联系。应该说在波斯帝国统治范围之内，各地交往的渠道是畅通的。”④ 在波斯之后兴起的亚历山大帝国则于公元 334 年开始了对波斯帝国的十年征战，使“从地中海到印度河，从黑海、里海、咸海到阿拉伯海、波斯湾、红海，几乎被囊括在亚历山大的帝国之下。”⑤ 在亚历山大帝国之后，虽然连接亚欧的中亚细亚先后为大夏、安息和月氏统治，但他们仍然为亚欧之间的联系做出了贡献。如大夏居阿姆河与兴都库什山之间，为波斯人分支巴克特里亚人建立，公元前 139 年左右在大月氏和安息夹击下灭亡，但它“在贸易方面，远与希腊有间接的关系，近与中国和印度有直接往来，它是东西方

---

① 张得祖：《古玉石之路与丝绸之路青海道》，《青海师范大学学报》2008 年第 5 期，第 56—59 页。

② 杨巨平：《亚历山大东征与丝绸之路开通》，《历史研究》2007 年第 4 期，第 151—152 页。

③ Josef Wiesehofer, *Ancient Pesia*: *From 550 BC to 650 A D*, London: I. B. Tauris Publisher, 1996, pp. 76 - 77。

④ 杨巨平：《亚历山大东征与丝绸之路开通》，《历史研究》2007 年第 4 期，第 151—152 页。

⑤ 同上书，第 152 页。

贸易的重要中心。”① 安息是帕提亚人于公元250年脱离亚历山大帝国塞琉古大帝并占领整个西亚，“在当时与中国和罗马并称为世界三大帝国”，“它与罗马偏重于军事，而与中国，则以贸易关系最为突出。”② 到公元前二世纪末，月氏移居于阿姆河南，设立五个翕候，休密、双靡、贵霜、肝顿与高附。到公元40—50年间，贵霜翕候丘就却灭其他四翕候，建立贵霜帝国，首都白沙瓦，其子则继续向南进据旁遮普，将阿姆河以南、旁遮普以北广大地区归于贵霜统治③。由此可见在亚历山大帝国灭亡后，欧亚腹地同样也经历了由统一向分裂的转变，这样丝绸之路就失去了开通的人文条件。

这种状况不可能持续太长时间，因为欧亚大陆古老文明的交流是各文明古国民众的必然需求。西汉继秦之后再次统一中国并巩固了中央王朝的统治之后，就开始积极地向西与西方各国接触，虽然中文研究成果中不乏中国经略丝绸之路只是为了“断匈奴右臂”“隔绝羌胡，使南北不得交关”④ 的说法，但客观上在西汉和东汉政府统治下丝绸之路的畅通，确实达到了中国向西开放并与欧亚文明之间的交流的目的。如“由于张骞通西域，传来了不少西域植物，增加了我国植物品种，据各书记载统计达十种之多，如葡萄、苜蓿、红蓝花、胡麻、蚕豆、葫（即大蒜）、胡荽、胡瓜、安石榴、胡桃等，”“更重要的是中国的丝绸、冶铁、漆器及造纸、火药、印刷术等，都通过这条道路传到了西方。”⑤ 位于中亚中东的波斯萨珊王朝也积极地自西向东推进丝绸之路的贯通。如波斯萨珊“从公元226到641年，因处于长安与罗马的中间地带，控制着东西方贸易往来。直到六世纪中叶，中国育蚕方法经波斯人之手传入罗马后，萨珊王朝控制丝绸贸易的局面才逐渐打破。”⑥ 因此通过西汉与萨珊王朝的经营，亚欧之间的商路主要有三条：北路连接印度、巴克特里亚与黑海。中路连接印度与小亚，有两条支路：一条先走水路，从印度由海上到波斯湾，溯底格里斯河而上，抵达曾为塞琉古王国都城之一的塞琉西亚（Seleucia on Tigris）；一条全部走陆路，从印度经兴都库什山、阿富汗的巴克特拉（Bactra）、伊朗高原到塞琉西亚城。水陆两路会合后跨过底格里斯河和幼发拉底河，西达塞琉古王国的另一都城，即叙利亚的安条克（Antioch on the Orontes），由此转向西北到达小亚的以弗所。南路主要通过海路连接

① 周谷城：《古代西亚的国际地位》，《世界历史》1979年第1期。

② 同上。

③ 闫宗临：《贵霜王朝的形成》，《山西师范大学学报》1960年第1期。

④ 吴初骧、余尧：《汉代的敦煌郡》，《西北师院学报》1982年第2期。

⑤ 石声汉：《试论我国从西域引入的植物与张骞的关系》，《科学史集刊》1963年第5期。

⑥ 周谷城：《古代西亚的国际地位》，《世界历史》1979年第1期。

印度与埃及，从印度沿海到南阿拉伯，经陆路到佩特拉（Petra），再向北转到大马士革（Damascus）、安条克，或向西到埃及的苏伊士（Suez）、亚历山大里亚等地①。这些商路与后来丝绸之路西段的海陆走向一致。这样连接亚欧大陆的丝绸之路就贯通了。

丝绸之路在西汉贯通之后，中国直接与中亚连接起来，中国与西方的文明也就直接对接和交流。这种局面虽然在以后的三国、两晋、南北朝时期时有阻隔，但又随着隋唐统一帝国的建立而畅通，中国文明与西方文明在古老的欧亚大陆间进行交流。正如学者对唐朝沿丝绸之路交流所获成果的评价所说：“一是唐朝因为注意多方面吸收外来文化因素而创造了灿烂的文明；二是各民族在文化交流过程中并非兼收并蓄。中原和西域的传统文化各随其身的需要而摄取对方的相应成分，这是当时文化交流的特征之一。”② 可以说，丝绸之路贯通为中国自汉至唐向西开放奠定了战略基础。唐后期，随着生态环境不断恶化、西北众多民族政权相继兴起及其海上丝绸之路的兴起，中国向西开放的战略被东移南迁战略所代替，丝绸之路便由国家通道逐渐演变为西北各族民众的地方通道。元代再次恢复了丝绸之路，东西方文明通过丝绸之路再次交流。正如日本学者长泽和俊对丝绸之路的评价那样：“第一，作为欧亚大陆的动脉，它是世界历史发展的主轴；第二，是世界主要文化之母。……第三是东西文化的桥梁。”③ 元代以后丝绸之路日益沦为西北内部的通道，但若对比元朝以前和以后的丝绸之路，就更能体会西汉政府贯通丝绸之路后向西开放的战略对中国发展具有历史性的意义。向西开放的中国汉朝，与西方文明古国互取所需，互相影响。最终中国古代不同王朝在沿丝绸之路向西开放的战略中吸收了养分，成就了作为国家的多种实力。

结语

总体来说，丝绸之路在西汉贯通具有非凡的历史意义。它对中国经略西北边疆的影响主要体现在以上五点中。即中国西北边疆得以拓展和中国版图得以扩大；中国西

---

① W. W. Tarn, *Hellenistic Civilization*, London: Edward Arnold (Publishers) LTD, 1952, pp. 241-245; F. W. Walbank, *The Hellenistic World*, Glasgow: William Collins Sons & Co. Ltd., 1981, pp. 199-200。杨巨平：《亚历山大东征与丝绸之路开通》，《历史研究》2007年第4期，第152页。

② 张广达：《论隋唐时期中原与西域文化交流的几个特点》，《北京大学学报》1985年第4期。

③〔日〕长泽和俊：《丝绸之路与东西方文化交流》，张英莉译，胡锡平校，《西北史地》1984年第3期。

北区域的中心地位得以巩固；中国传统治理边疆策略逐渐形成；以通代堵的边疆治理思想日益完善。中国向西开放发展的战略得以实现。最终中国作为统一的多民族国家的西北版图随丝绸之路的贯通而奠定。

唐代东南近海长程航线与海港新考

周运中

（厦门大学　中国南海研究协同创新中心）

【摘　要】本文利用多种资料，考证唐代东南的近海长程航线和相关海港，纠正前人考证诸多错误。本文发现唐代东南近海长程航线，以江淮到福建、岭南最多，很少有从江淮到安南的直接航线。唐代安南一般要从岭南转运，与中原联系较为薄弱。这是唐代广州繁荣的基础，也是唐宋之际安南独立出去的重要原因。此时还未开通从北方到岭南的直接航线，宋代也很少见。

【关键词】　唐代；航线；海港；海门

已有的中国古代包括唐代航海史的研究，集中在对外交通与海港两大方面，我在《中国南洋古代交通史》中对这两方面问题也有新考。① 但是前人对中国东南近海航线的研究不多，拙著关注海外交通，所以未曾详述。

近来也有人撰文论述隋唐五代的沿海海港与近海航路，但是史料不够丰富，基本未引唐代诗文，未引直接描述航线的史料，地域范围也未包括安南，因此未能详述唐代东南近海长程航线，而且此文把苏州、秀州、越州、明州、台州、温州、福州、漳州、潮州、恩州、高州、廉州、安南、崖州的诸多海港都考证错了，误考海虞与刘家港，误狼沟浦在娄江，误沪渎在青龙镇，误青龙镇在安亭，误涂山为航坞山，误石瀶、邢浦在一地，误句章、鄮县、明州在一地，误蒙山在蒙城，误锯门山、崛门山、

① 周运中：《中国南洋古代交通史》，厦门大学出版社 2015 年版。

海门山在一地，误松门、青澳门在陡门，误江口在龙港，误原丰、闽安、马尾在一地，误甘棠港在福安，误黄如江在月港，误考西津、盐亭，误绥安在南澳，误白屿在白土，误恩州江亭在海岸，误唐代电白在海岸，误安南海门、合浦海门在一地，错误太多。①

其实长程航线的研究更加重要，因为邻近海港之间的航行便利，往往无需多言，而长程航线的开辟较晚，需要考证。本文先考述江浙到福建、江浙到岭南、岭南到安南等长程航线，再分析南北近海长程航线之间的关系。附带考证各港，虽然前人对海港的研究已有很多，但是错误的海港位置说法必须纠正。虽然唐代的史料不足以分析诸多海港的性质和规模，但是海港的位置绝不能考证错误。如果把海港的位置考错，根本无从深入分析。

一、江浙到福建的航线

李颀《送人尉闽中》诗云："可叹芳菲日，分为万里情。阊门折垂柳，御苑听残莺。海戍通闽邑，江航过楚城。客心君莫问，春草是王程。"② 阊门是苏州的西北门，楚地在长江中下游，此处是说从江淮开船到福建。

许棠《送从弟归泉州》诗云：

> 问省归南服，悬帆任北风。何山犹见雪，半路已无鸿。
> 瘴杂春云重，星垂夜海空。往来如不住，亦是一年中。③

许棠为宣州人，但是诗中多有西北塞外事，此处说开船到福建，来往如果不停也要一年，应是指从中原经过运河，而不是指从江淮开船。从江淮到福建不需半年，但是运河是内河，航速不快。

浙江诗僧皎然《送简栖上人之建州觐使君舅》诗云："氎花新雨净，帆叶好风轻（海人以木叶为帆）。"④ 氎花就是棉花，此处指棉布。棉花是从印度传入中国，唐代还

① 鲁西奇：《隋唐五代沿海港口与近海航路（下）》，《魏晋南北朝隋唐史资料》第三十辑，上海古籍出版社2014年版，第80—136页。

② 《全唐诗》卷134，中华书局1960年版，第1360页。

③ 《全唐诗》卷603，第6966页。

④ 《全唐诗》卷818，第9223页。

不多见。关于棉花的东传，情况复杂，本文无法展开。

中国海船不用树叶为帆，外国船有用椰子、桄榔、橄榄等植物材料做船，刘恂《岭表录异》："贾人船不用铁钉，只使桄榔须系缚，以橄榄糖泥之。糖干甚坚，入水如漆也。"这种做法可能来自西方，马可·波罗说到忽鲁谟斯（霍尔木兹）的海船用椰子皮绳连接，明代马欢《瀛涯胜览》说溜山国（马尔代夫）的椰子皮绳卖到外国造船。[①] 虽然我们尚未看到外国人用树叶做船帆的记载，但是此处可能是指外国船，或者是受到外国影响的中国华南海船开到江浙。

湖南诗僧齐己《送赵长史归闽川》诗云："荆门与闽越，关戍隔三千。风雪扬帆去，台隍指海边。"[②] 从湖北到福建，也有航路，经过江浙。

浙东到福建以海路最快，《旧唐书》卷十九下《僖宗纪》说："黄巢之众再攻江西，陷虔、吉、饶、信等州，自宣州渡江，由浙东欲趋福建，以无舟船，乃开山洞五百里，由陆趋建州，遂陷闽中诸州。"黄巢原想走海路入闽，不得已才走陆路。

二、江南到福建的海港

需要说明的是，有的史料不是航海史料，《旧唐书·李德裕传》说唐敬宗宝历二年（826），亳州言出圣水，李德裕奏曰："昨点两浙、福建百姓渡江者，日三五十人。臣于蒜山渡已加捉搦。"有人说这是福建人航海到镇江蒜山，[③] 其实原文明确说的是渡江，即渡过长江，不是渡海。其中福建人应该极少，因为同篇说李德裕奏："王智兴于所属泗州置僧尼戒坛，自去冬于江、淮已南，所在悬榜招置……臣今于蒜山渡点其过者，一日一百余人，勘问唯十四人是旧日沙弥，余是苏、常百姓。"可见渡江的多是江南苏州、常州人。

有人说太仓的刘家港作为海港，可以追溯到西晋太康四年（283）海虞县，又说鉴真经过的狼沟浦是娄江浦之讹，[④] 此说大误，刘家港在晋代还未成陆。《吴郡缘海记》："海虞县有穿山，下有洞穴，高十丈，广十余丈，山昔在海中，行侣举帆从穴中

---

① 何高济：《线缝船》、《唐代的外来海舶》，何高济、陆峻岭：《域外集——元史、中外关系史论丛》，北京：中华书局2013年版，第165—174页。

②《全唐诗》卷841，第9492页。

③ 鲁西奇：《隋唐五代沿海港口与近海航路（下）》，《魏晋南北朝隋唐史资料》第三十辑，第82页。

④ 同上书，第90页。

过。”[①] 穿山又名帆山，在今太仓帆山村，1952 年平毁。此处海岸变迁很大，刘家港在唐代尚在海中。

再看《唐大和上东征传》：“天宝二载十二月，举帆东下，到狼沟浦，被恶风漂浪击，舟破，人总上岸。潮来，水至人腰，大和上在乌蓝草上，余人并在水中。冬寒，风急，甚太辛苦。更修理舟，下至大板山，泊舟不得，即至大屿山。”天宝七年，鉴真第二次东渡：“至扬州新河，乘舟下至常州界狼山，风急浪高，旋转三山。明日得风，至越州界三塔山。停住一月，得好风。”藤田元春认为狼沟浦近狼山，《嵊泗县志》认为在嵊泗县的狼岗山，安藤更生、汪向荣认为靠近太仓的狼港，郭振民认为在狼山附近。按应该在狼山附近，因为狼山在唐代还在海中，人烟稀少，不可能在江南的娄江。我已有文详考，[②] 本文不再赘述。

狼山在六朝就是重要航标，《文选·游赤石诗》注引孙吴顾启期《娄地记》：“浪山，海中南极之观岭，穷发之人，举帆扬越，以为标的。”浪山即狼山，因为突出在长江口而得名。唐代形成大片沙洲，所以有狼沟浦。

有人说梁改海虞县为常熟县，在昆山县东一百三十里，[③] 此说大误，《隋书·地理志下》吴郡：“常熟，旧曰南沙，梁置信义郡。平陈废，并所领海阳、前京、信义、海虞、兴国、南沙入焉。”此处说常熟旧曰南沙，不是改名，而是常熟县并南沙县，迁到南沙县城。《旧唐书·地理志》：“常熟，晋分吴县置海虞县。梁改常熟县。今昆山县东一百三十里常熟故城是也。隋旧治南沙城，武德七年，移于今所治城。”此处说常熟县城在昆山县东一百三十里，隋代并南沙县，迁到南沙县城，唐代迁入今地。但是古常熟县不是海虞县所改，因为《隋书》说隋代常熟县并海虞县。常熟在今昆山县东一百三十里，则在今上海市。

有人说唐代的青龙港在今青浦区安亭镇，又说沪渎在青龙镇附近，[④] 皆误，安亭在今嘉定，不在今青浦，众所周知青龙港在今青浦区白鹤镇。安亭在吴淞江北，青龙港在吴淞江南，今有青龙塔，又有考古遗址，近来已有专著。[⑤] 因为这一段吴淞江改道，故道在南岸。《初学记·州郡部》引沪渎引《吴都记》：“松江东泻海口，名曰沪

---

① ［宋］李昉等编：《太平御览》卷七七一帆，中华书局 1960 年版，第 9349 页。

② 周运中：《鉴真东渡行程新考》，上海海事大学、中国太平洋学会、岱山县人民政府编：《中国民间海神信仰与祭海文化研究》，海洋出版社 2011 年版，第 227—228 页。

③ 鲁西奇：《隋唐五代沿海港口与近海航路（下）》，《魏晋南北朝隋唐史资料》第三十辑，第 89 页。

④ 同上书，第 91 页。

⑤ 王辉：《青龙镇：上海最早的贸易港》，上海人民出版社 2015 年版。

渎。”沪渎是松江下游之名，不是一个海港。因为海口在沙岗，而最外侧的沙岗不经过青龙镇。《吴郡图经续记》卷中《水》报恩寺：“晋建兴二年，沪渎渔者见神光照水彻天，旦而观之，乃二石像浮水上……时吴人率僧尼辈迎于海滨……建兴八年，渔者于沪渎沙上，获帝青石钵。”说明沪渎外侧有海沙，又松江：“今观松江正流下吴江县，过甫里，迳华亭，入青龙镇，海商之所凑集也。《图经》云：松江东泻海，口沪渎，亦曰沪海。今青龙镇旁有沪渎村，是也。江流自湖至海，凡二百六十里。”青龙镇旁的沪渎村因为沪渎得名，但是沪渎作为一片水域，不止沪渎村附近。同书卷下《往迹》沪渎：

> 松江东泻海，曰沪渎。陆龟蒙叙矢鱼之具云：“列竹于海澨曰沪。”盖以此得名。今其旁有青龙镇，人莫知其得名之由，询于老宿，或云因船得名。按庾信《哀江南赋》云：“排青龙之战舰。”《南史》：杨素伐陈，以舟师至三峡。陈将戚欣，以青龙百余艘屯兵守狼尾滩。杨素亲率黄龙十艘，衔枚而下，击败之。则青龙者，乃战舰之名。或曰青龙舟孙权所造也，盖昔时尝置船于此地，因是名之耳。

沪渎不是海港，而是水体地名，海港是青龙镇。东晋有海口有沪渎垒，在今上海市中心，所以不能把青龙镇称为沪渎，否则易混。

《太平寰宇记》卷九六越州山阴县：“涂山在县西北四十三里。禹会万国之所。《郡国志》：有石船，长一丈，云禹所乘者……又《会稽记》云：东海圣姑从海中乘船，张石帆至。”有人说涂山是航坞山，① 误，因为下文说：“兰亭在县西南二十七里。”依次推算，航坞山远超过四十二里。涂山应在今绍兴北部，不在萧山。

《晋书·谢琰传》：“恩后果复寇浃口，入余姚，破上虞，进及邢浦，去山阴北三十五里。”《宋书·孔觊传》：“上虞令王晏起兵攻郡，觊以东西交逼，忧遽不知所为。其夕，率千余人声云东讨，实趣石濑。先已具船海浦，值潮涸不得去，众叛都尽，门生载以小船，窜于嵴山村。”有人说石濑是邢浦，② 大误，因为石濑在今斗门镇石泗村，不足三十里。因为孙恩从海上来，所以邢浦在海岸，但是石濑不在海边，否则孔觊已走。

① 鲁西奇：《隋唐五代沿海港口与近海航路（下）》，《魏晋南北朝隋唐史资料》第三十辑，第 98 页。

② 同上书，第 99 页。

前人对唐代扬州研究较多，对明州关注不多。扬州的繁荣贯穿唐代，明州则是晚唐才勃兴。汉灭东越时，横海将军韩说出句章，浮海从东方往。有人说句章在今明州，因为《元和郡县图志》卷二六明州："句章故城，在州西一里。"① 但是此句有误，因为《太平寰宇记》卷九八明州说："句章故城，汉县，废城在县西。"此处不提一里，而一里正是误字，现在考古学者已经确定汉句章城在今宁波市江北区慈城镇西南王家坝村附近。②

句章城在内陆，所以汉代在沿海又兴起鄮县。有人说唐代鄮县就是汉句章城，完全错误。③ 关于宁波古代城址的复杂变迁，前人已有不少研究，本文简述。《汉书·地理志》说王莽改鄮县为海治县，说明此县控制海口。④《乾道四明图经》卷二《鄞县·山》："鄮山在县东三十六里，高二百八十丈，东北峰上有佛左足迹，下瞰阿育王寺。按《十道四蕃志》云：以海人持货贸易于此，故名。"县城正在今宁波通往北仑港的山口，北仑一带因为特殊的环境自古就是良港。因为此地是沿海要冲，所以僧人在此建阿育王寺传教。唐开元二十六年（738），分越州置明州（今宁波市），治鄮县，同年置所辖慈溪、奉化、翁山（今舟山）三县，广德二年（764），台州象山县改属明州。大历六年（771），废翁山县，又移郡治鄮县的县治于三江口，即今宁波市区。三江口原来地势低洼，所以不宜筑城。现在宁波市区虽然通过考古发现了汉代居住遗址，但不是城址，文献记载正确。

有人说侯景死前想去的蒙山在安徽蒙城县，所以从长江口到淮河有航路。⑤ 今按《梁书》卷三九《羊鹍传》说："（侯）景于松江战败，惟余三舸，下海欲向蒙山。会景倦昼寝，鹍语海师：此中何处有蒙山！汝但听我处分。遂直向京口。至胡豆洲。"侯景叛魏入梁，自然不可能再回北齐，蒙城县在淮北内陆，侯景不可能从长江口进入淮河，胡豆洲一般认为在今南通，蒙山应在舟山群岛。

象山县南部的石浦镇是重要海港，有人说唐代台州、明州之间的锯门山就是宋代

① 鲁西奇：《隋唐五代沿海港口与近海航路（下）》，《魏晋南北朝隋唐史资料》第三十辑，第 101 页。

② 王结华：《句章故城考》，宁波市文物考古研究所、宁波市文物保护管理所编著：《宁波文物考古研究文集》，科学出版社 2008 年版，第 116—124 页。宁波市文物考古研究所编：《句章故城考古调查与勘探报告》，科学出版社 2014 年版。

③ 鲁西奇：《隋唐五代沿海港口与近海航路（下）》，《魏晋南北朝隋唐史资料》第三十辑，第 101 页。

④ 陆云《陆士龙集》说嬴政留居鄮县三十多日，不见史载，应是误传，为宋代以来地方志误引，又有人据之以为秦代有鄮县，已为学者辨明，见［清］董沛著、俞福海、方平点注《明州系年录》，当代中国出版社 2001 年版，第 20—21 页。

⑤ 鲁西奇：《隋唐五代沿海港口与近海航路（下）》，《魏晋南北朝隋唐史资料》第三十辑，第 92 页。

的崛门山、东门山，即今石浦镇东门岛。[①] 今按此说不确，这是三个山，不在一个地方。如果确切地说，这三个山都不是重要海港。《通典》说余姚郡（明州）："东南到海中锯门山四百里，与临海郡象山县分界。"又说临海郡（台州）："东部至象山县锯门山四百六十里，极大海。"此时象山县属台州，锯门山在明州、台州之间。宝庆《四明志》卷二一象山县："锯门山，县东南二十五里，其山中对如门。"虽然此地不在象山县西北，但肯定不是象山县南部的东门山。因为象山县原属台州，宋代早已改属明州，所以东门山是宋代的台州、明州分界。有人不知象山改属，才误以为锯门山是东门山。

崛门山在临海县，不在象山县，《太平寰宇记》卷九八临海县引《郡国志》崛门山，而《元和郡县图志》说象山县析自宁海县，不是析置临海县，所以临海县的崛门山不是原属宁海县的锯门山。而东门山在象山县南部，显然不是西北部的锯门山。

天宝三载（744）二月，海贼吴令光等抄掠台州、明州，闰月，吴令光伏诛。吴令光首攻台州，很可能是台州人。代宗宝应元年（762）八月，台州人袁晁反，十月，陷明州。广德元年（763），李光弼平袁晁。袁晁是台州人，但是攻陷明州，应是通过属于台州的象山县。象山县是中宗神龙元年（705）设，属台州，但是在袁晁平定的次年就改属明州，说明袁晁很可能是通过象山攻陷明州。明州为了防御台州海盗，因此拥有象山县。其实象山半岛通过宁海县与大陆相连，但是宁海县一直属台州，而象山与明州之间是海，来往不便。但是明州为了防盗，还要拥有象山。宣宗大中十三年（859），裘甫陷象山，咸通元年（860）陷剡县，掠上虞，破慈溪，入奉化，抵宁海，八月平定。台州海盗数次从台州攻打明州，都是经过象山县南部。

台州的古港在今台州市椒江区椒江北岸的章安镇，西汉名为回浦县，东汉改名章安县，《宋书·州郡志一》临海郡章安县引《晋太康记》："本鄞县南之回浦乡，汉章帝章和中立。"《隋书·地理志》永嘉郡："临海，旧曰章安，置临海郡。平陈，郡废，县改名焉。"

有人说章安城在海门山下，又说就是牛头山，[②] 皆误。《嘉定赤城志》卷三十九《纪遗门》："章安城，在临海县东［南］一百一十五里。"卷十九《山水门一》临海县下说："金鳌山，在县东南一百二十里。"金鳌山即今章安镇东南的金鳌山，古今未变。而《太平寰宇记》临海县："海门山，在县东一百二十六里，在海北岸，东枕

① 鲁西奇：《隋唐五代沿海港口与近海航路（下）》，《魏晋南北朝隋唐史资料》第三十辑，第104页。

② 同上书，第105页。

海。”海门山紧邻大海，应是今前所镇以东山地，距离章安还有六里。章安城不可能在海口，否则不好停船。而前所镇是明初才设，兴起很晚。而《赤城志》十九说临海山：“在县东北二百四十里，接海。本牛头山……山下有二溪，一始丰，一乐安，至州北合流云。”此话有误，既然临海，为何又在州北？始丰、乐安二溪合流处在临海城西北内陆，《太平寰宇记》临海县说：“临海山，在县北二百四十里，山有水合成，溪自临海，一水是始丰溪，一水是乐安溪，至州北两相合，即名临海溪，山因溪名。”似乎临海山在两溪合流处为临海溪处，但是合流处靠近临海城，不可能是二百四十里，所以仍有误，但是临海山肯定不是海门山。

台州与温州之间有松门，王羲之《游四郡记》说：“永宁县界海中有松门，西岸及屿上皆生松，故名松门。”① 有人看到永宁县界，就误以为松门在瓯江口，又说松门是青澳门，在今盘山镇陡门村。② 其实这是三个地方。松门在今温岭市东部松门镇，因为温岭县是明成化五年（1469）才从温州永嘉、台州黄岩二县析出，所以东晋的松门自然在永宁县界。松门原为海峡，直到清代中期才变成陆地。

青澳在瓯江口外的海中，《资治通鉴》卷二六六：“卢佶闻钱传镣等将至，将水军拒之于青澳。”胡三省注：“青澳在温州东北海中，俗谓之青澳门，由青澳门而进舟，则入温州，其外则大洋也。”今按磐山镇应是乐清磐石镇，此镇陡门村靠近琯头，肯定不是青澳所在。《宋史》卷一九二《兵志六》有温州青奥寨，在馆头寨（在今乐清琯头）、鹿西寨（在今鹿西岛）之间，应在瓯江口外。卷四七《二王传》说陈宜中居清澳，有学者否定了七都岛、龙湾茅竹桥、后岗等说，又据龙湾青山村陈宜中家族《青山陈氏宗谱》记载青奥即青山，认为清澳在今青山村。③ 我认为，青山村不在瓯江口，不是卢佶守卫之地。《建炎以来系年要录》卷三一建炎四年（1130）正月：“癸亥，泊青澳门。甲子，泊温州港口。《日历》甲子御舟至温州馆头，今从李正民《乘桴记》。”青澳在温州港口外一日，不应在龙湾，龙湾青山在南宋早已成陆。明代郑若曾《筹海图编》卷五《温州府境图》，青澳是瓯江口外海中的一个大岛，东北是鹿西岛。清初《永嘉县图》在灵昆山（今灵昆岛）西北画出青嶴山，东南画出中界山，有学者指出青嶴山是大门岛，中界山是洞头岛。④ 唐代张又新的温州诗歌中有《青岙山》

① ［唐］欧阳询等编：《艺文类聚》卷八八《木部上》松，中华书局1965年版，第1512页。

② 鲁西奇：《隋唐五代沿海港口与近海航路（下）》，《魏晋南北朝隋唐史资料》第三十辑，第107页。

③ 潘猛补：《陈宜中遁归的清澳在何处?》，《温州日报》2015年1月28日第15版。收入《龙湾史谭》第14期《陈宜中研究专辑》，2016年，第34—35页。

④ 钟翀编：《温州古旧地图集》，上海书店出版社2014年版，第91页。

《中界山》两诗，应是两个大岛。嘉靖《永嘉县志》卷一《海中诸山》："青嶴山、中界山、黄大嶴山（二山故有人居，内多田地可垦）。"黄大嶴山是今大门岛，今大门镇原名黄岙镇，则青嶴山似乎不是大门岛。大门岛之南有青菱屿，再南是青山岛，扼守瓯江口外的主航道，但是古代地图上称青山岛为重山，而且青山岛太小。嘉靖《浙江通志》卷十二："青奥山，在县东二百里，两山峙于海中，如门，今名青奥门。宋永明中，颜守延［之］立观海亭。又一百里，曰中界山。"青奥在永嘉县东二百里，似乎是大门岛，两山如门即大门岛、小门岛。吴越进军温州，必经大门岛、小门岛之间。今大门岛东北有寨楼，或即宋代青奥寨所在。嘉靖《永嘉县志》误以为青嶴、黄大嶴为两岛。因为经过明初迁海，海岛地名出现混乱。黄大嶴在大门岛西南，青嶴在大门岛东北，不在一条海路，使人误以为黄大嶴、青嶴在两个岛。

日本僧人圆珍在大中七年从福建入温州："十月中旬入温州，过江口镇，至横阳县。"① 有人说江口镇在龙港镇，② 但是已有学者指出端平三年（1236）的江口斗门，建于明正统五年的江口城，均在北岸，鳌江镇还在海中，所以江口镇在其东北。③

有人说原丰县近闽安镇，又说闽安镇在今马尾镇，④ 大误，闽安镇在今马尾镇东北的闽安村，不在马尾镇。《宋书·州郡志二》："原丰令，晋武帝太康三年，省建安典船校尉立。"船场未必在海边，淳熙《三山志》卷二候官县："西太平乡，县西北百二十里，旧原丰。"则原丰县在今闽侯县西北，靠近山地，伐木造船。

有人说王审知整修的甘棠港在福安，不提前人对甘棠港所在地争议。⑤ 其实前人还提出在今连江黄岐港、⑥ 长乐。⑦ 甘棠港应在闽江口的长乐东北部，本文无法展开，我已有另文详考。⑧

三、江浙到岭南的航线

刘眘虚《越中问海客》诗云："风雨沧洲暮，一帆今始归。自云发南海，万里速

① 白话文、李鼎霞校注：《行历抄校注》，花山文艺出版社 2004 年版，第 132 页。

② 鲁西奇：《隋唐五代沿海港口与近海航路（下）》，《魏晋南北朝隋唐史资料》第三十辑，第 108 页。

③ 陈崇华：《日本智证大师来温记》，《温州日报》2014 年 5 月 15 日。

④ 鲁西奇：《隋唐五代沿海港口与近海航路（下）》，《魏晋南北朝隋唐史资料》第三十辑，第 110 页。

⑤ 同上书，第 111 页。

⑥ 韩振华：《五代福建对外贸易港口甘棠港考》，《航海交通贸易研究》，香港大学亚洲研究中心 2002 年版，第 398—405 页。

⑦ 高宇彤、林廉：《从长乐黄岐澳考闽国甘棠港》，《开闽文化研究》第 2 期，2014 年。

⑧ 周运中：《王闽甘棠港在闽江口考》，2014 年 8 月福州市博物馆学术会议发表。

如飞。”① 从南海到浙江，万里如飞。

元稹《和乐天送客游岭南二十韵》诗云：“贡兼蛟女绢，俗重语儿巾。”自注说：“南方去京华绝远，冠冕不到，唯海路稍通吴中，商肆多牓云：此有语儿巾。”中华书局点校本断句为：“唯海路稍通。吴中商肆多牓云。”② 这完全不通，从中原去岭南，如果走海路，必经江浙，所以原文说的是从吴中通往南方，京都不可能有海路通往岭南。而且语儿本来就是指今浙江桐乡，《越绝书·记地传》：“语儿乡，故越界，名曰就李。吴疆，越地以为战地……句践胜吴……更就李为语儿乡。”所以不是吴中的商店标榜卖语儿巾，而是岭南的商店标榜卖语儿巾。浙北是中国最重要的丝织品产地，直到明清时代仍然通过华南外销。

《太平寰宇记》卷一五八恩州说：

> 天宝元年改为恩平郡，乾元元年复为恩州，州内有清海军，管戍兵三千人。按《投荒录》云：“恩州为恩平郡，涉海最为蒸湿，当海南五郡泛海路，凡自广至勤、春、高、潘等七州，旧置传舍。此路自广州泛海，行数日方登陆，前所谓行人惮海波，不由传舍，故多由新州陆去。今此路惟健步出使与递符牒者经过耳。既当中五州之要路，由是颇有广陵、会稽贾人船循海东南而至，故吴越所产之物，不乏于斯。”③

房千里《投荒录》作于唐文宗时（826—840），恩州在今广东阳江，有很多来自扬州、越州的商船，因为地当去海南五州要道，所以设置清海军，这就印证了元稹所说江浙商品通过海路销往华南。

中唐时代的恩州还主要走陆路，晚唐的陆路唯有官军行走。张鷟《朝野佥载》卷二：“周恩州刺史陈承亲，岭南大首领也，专使子弟兵劫江。有一县令从安南来，承亲凭买二婢，令有难色。承亲每日重设邀屈，甚殷勤。送别江亭，即遣子弟兵寻复劫杀，尽取财物。将其妻及女至州，妻叩头求作婢，不许，亦缢杀之。取其女。前后官人家过亲，礼遇厚者，必随后劫杀，无人得免。”④ 有人说此处的劫江是劫海，江亭在

① 《全唐诗》卷256，第2870页。

② 《全唐诗》卷407，第4533页。

③ ［宋］乐史撰、王文楚等点校：《太平寰宇记》，中华书局2006年版，第3037—3038页。

④ ［唐］张鷟撰、赵守俨点校：《朝野佥载》，中华书局1979年版，第29页。

海边，[①] 此说大误，武周时代的恩州仍然以陆路为主，所以江亭在阳江的漠阳江边，北经新州，入西江。

扬州、镇江开辟了到岭南的航线，《旧唐书》卷十九说唐懿宗咸通三年（862）南蛮陷交阯，征兵赴岭南，湘、漓溯运，功役艰难，军屯广州乏食。润州（镇江）人陈磻石诣阙上书："臣弟听思曾任雷州刺史，家人随海船至福建，往来大船一只，可致千石，自福建装船，不一月至广州。得船数十艘，便可致三万石至广府矣。"于是以磻石为盐铁巡官，往扬州杨子院专督海运。于是康承训之军皆不阙供。咸通五年下诏："淮南、两浙海运，虏隔舟船，访闻商徒，失业颇甚，所由纵舍，为弊实深。亦有搬货财委于水次，无人看守，多至散亡，嗟怨之声，盈于道路。宜令三道据所搬米石数，牒报所在盐铁巡院，令和雇入海艑船，分付所司。通计载米数足外，辄不更有隔夺，妄称贮备。其小舸短船到江口，使司自有船，不在更取商人舟船之限。"

光启元年（885）唐僖宗《车驾还京师德音》："自蛮寇侵扰，连岁用兵，耗蠹生灵，海运为甚。驱我赤子，深入沧波，睹骇浪而魂飞，泛洪涛而心死。继有覆溺，多不上闻，仍遣赔填，急于风火。哀其已死之众，不可复追，念兹将毙之徒，用延余息。应江淮四道运粮，所有沈覆米损船纲官所由船户及元发州县合赔填者，并从放免，更不得校料追徵，应阙海运留系勘者，并一时释放。唯造船官吏须有勘覆者，不在此限。"[②]

《册府元龟》卷一八一："严怀志以泾原裨将随浑瑊，会吐蕃背盟，怀志等陷没，居吐蕃中十余年，逃入吐蕃以西诸国，为所掠卖，又脱走，经十余国，至天竺占波国，泛海而归，贞元十四年始至温州，征诣京师。"他应是乘坐来自岭南的商船到温州，占波即法显、玄奘所到的瞻波国，在今巴加尔普尔附近，靠近恒河口。[③]

郎士元《送陆员外赴潮州》诗云："楚地多归信，闽溪足乱流。今朝永嘉兴，重见谢公游。"[④] 似乎是指先到福建，再到潮州，或走海路。

四、珠江口以东的海港

唐代广东的东部沿海县治极少，潮州潮阳县与广州宝安县之间仅有一个海丰县，

① 鲁西奇：《隋唐五代沿海港口与近海航路（下）》，《魏晋南北朝隋唐史资料》第三十辑，第 120 页。
② ［清］董诰等编：《全唐文》卷 89，中华书局 1983 年版，第 926 页。
③ ［晋］法显撰、章巽校注：《法显传校注》，中华书局 2008 年版，第 123 页。［唐］玄奘、辩机著，季羡林等校注：《大唐西域记校注》，中华书局 2000 年版，第 786 页。
④ 《全唐诗》卷 248，第 2782 页。

初见于《宋书·州郡志四》，《旧唐书·地理志四》循州："南海在海丰县南五十里，即涨海，渺漫无际。"

海丰向东原来还有一个海宁县，《宋书·州郡志四》义安郡海宁县："《晋地记》，故属东官。"在东官、义安二郡之间，《南齐书·州郡志上》有此县。《太平寰宇记》卷一五八潮州潮阳县："有海宁县，在郡之东六里，西接东官县界，龙首山、龙溪山，龙蛇水，自此山而出焉。"其中有误字、脱字，应是在郡西南，也不是六里。西接东官郡界，不是东官县界。龙溪即今龙江，唐代废海宁县，《元和郡县图志》卷三四潮州潮阳县："龙溪山，今名海宁岭，在县西南一百七十里。"则海宁县在今惠来县，另外《南齐书·州郡志》的陆安县不见于《隋书·地理志》，也在隋代废除，这一带海岸政区的减少说明隋唐广东的东部航海发展停滞。

值得注意的是，海丰县的海港环境在广东的东部沿海毫无特殊之处，为何恰好是在此地出现唯一的县治呢？海丰县城恰好在潮州与广州的海岸中点，说明这个县就是作为潮州与广州的航海中转站而设置。

潮州治海阳县，西南有潮阳县，《元和郡县图志》潮州海阳县："大海，在县东南一百一十三里。西津驿，在县西六里。盐亭驿，近海。百姓煮海水为盐，远近取给。"西津驿在潮州城西六里的韩江上，远离大海，盐亭驿才近海，但是有人居然说西津驿是海港，又说盐亭驿在今汕头市，① 都是毫无根据的说法。海阳县城之南一百一十三里才是大海，真正靠海的是潮阳县城。汕头是清代兴起，原来不属海阳县，所以盐亭驿不可能在今汕头。

潮阳有白屿，《太平寰宇记》潮阳县："白屿洲，《郡国志》：潮阳白屿洲，亦自海浮来，后会稽人姓丁识之，云曾藏铜熨斗于洲上，往取，果得。"会稽郡是南朝人口之地，或有人来到潮州。但是有人说白屿在今潮阳海门镇白土、白岭一带，② 此说大误，白土、白岭在海门镇北，白屿在今海门镇东南。

潮州之北有海路通往漳州，《太平寰宇记》潮阳县引《南越志》说："又绥安县，在郡之东一千里，海道也。东接泉州晋安县界，北连山数千，日月蔽藏。昔建德伐木以为舟船之处。又云绥安县北有连山，昔越王建德伐木为船，其大千石，以童男女三百人牵之，既而船俱坠于潭，时闻附船者有唱唤督进之声，往往有青牛驰回船侧。"

① 鲁西奇：《隋唐五代沿海港口与近海航路（下）》，《魏晋南北朝隋唐史资料》第三十辑，第 116 页。
② 同上书，第 117 页。

海阳县向东一千里的绥安县（在今漳州市），接壤泉州，则在今漳州境内。① 因为最初漳泉陆路难行，所以漳州最初的县属潮州。直到唐代，陈元光还是从潮州进兵，才设漳州。有人说绥安县在南澳岛，② 毫无根据。南澳岛现在连南宋之前的文献和政和癸巳（1113年）石刻也找不到，③ 不可能在南朝就设县。南澳岛紧邻潮汕，何来千里之说？也不可能接壤泉州。

绥安县必在漳州境内，因为《隋书·地理志》建安郡龙溪县说："梁置，开皇十二年并兰水、绥安二县入焉。"《元和郡县图志》卷二九漳州："垂拱二年析龙溪县南界置，因漳水为名。初置于今漳浦县西八十里，开元四年改移就李澳川，即今漳浦县东二百步旧城是。十二年，自州管内割属福州，二十二年又改属广州，二十八年又改属福州。乾元二年缘李澳川有瘴，遂权移州于龙溪县置，即今州理是也。"又龙溪县："陈分南安县置，属南安郡，后属闽州，开元二十九年割属漳州。县东十五里至山，险绝无路，西二十里至山，南三里至山，北十六里至山。"今漳州城虽然四周也有小山，但是东面就是海，绝非险绝无路。所以原来的龙溪县不在今漳州城，很可能是并入绥安，移到绥安县城。

因为绥安城原来在今漳州，所以才能距离潮州一千里，其北正是群山。如果是在漳州南部诸县，北部不是群山。漳州最大的平原就在漳州城附近，所以最早设立的绥安县最有可能在此。漳州南部各县平原较小，唐代漳州由南而北是因为陈元光从南向北进军的特殊原因。

因为从潮州到漳州的陆路是东北走向，所以漳州最早设在漳浦县西八十里，不是漳浦县城正西，正西八十里是山地，应是西南，也即今云霄县，正是八十里。云霄县城至今仍在漳江岸边，即漳州由来。

漳州在唐代迁移三次，本来是福建地方史的常识，察看今人所编《福建省历史地图集》也可一目了然，此地图集标出唐代三个不同时期的漳州治所。④

漳州在开元四年（716）移到今漳浦县东，所以《通典》卷一八二说漳浦郡（漳州）："东至大海一百五十里，南至大海一百六十里，西至潮阳郡五百六十里……东南到黄如江一百里。西南到废怀恩县界一百里。西北到石[illegible]溪一百五十里。东北到清源

① 谭其骧主编：《中国历史地图集》第四册，中国地图出版社1982年版，第32页。

② 鲁西奇：《隋唐五代沿海港口与近海航路（下）》，《魏晋南北朝隋唐史资料》第三十辑，第117页。

③ 黄迎涛：《南澳县金石考略》，广东省地图出版社，2008年，第11页。吴榕青、李国平：《早期南澳史事钩稽》，《国家航海》第九辑，上海古籍出版社2015年版。

④ 福建省地方志编纂委员会编：《福建省历史地图集》，福建省地图出版社2004年版，第25—29页。

郡六百里。”有人误以为此处的漳州在今漳州，竟又说黄如江很可能就是明代兴起的月港。① 此说大谬，如果在今漳州，不可能距离潮州更近，今漳州更近泉州。因为在漳浦县，所以东到大海、南到大海的距离相近，如果在今漳州则不可能。黄如江，应在今六鳌半岛与古雷半岛之间。月港：“唐以前则洪荒未辟之境也，宋则芦荻中一二聚落。”② 月港是明代中期才兴起，所以不可能是唐代海港。关于月港在明代兴起，相关研究很多，本文不再赘述。

五、广东到安南的航线

张说曾流放钦州（今广西钦州），他的《入海》诗云：“乘桴入南海，海旷不可临。茫茫失方面，混混如凝阴。云山相出没，天地互浮沉。万里无涯际，云何测广深。潮波自盈缩，安得会虚心。”③ 说明他到钦州是从海路而非陆路，钦州尚且如此，安南更要通过海路。

杜审言《南海乱石山作》诗云：“涨海积稽天，群山高巃地。相传称乱石，图典失其事。悬危悉可惊，大小都不类。乍将云岛极，还与星河次。上耸忽如飞，下临仍欲坠。”④ 安南海上的乱石山，其实就是今天越南西北海上著名的景区下龙湾，有3000多个海上石岛，是中国与越南的海路必经之处。

崔致远《补安南录异图记》：“曾无亭堠，莫审涂程，跂履者计日指期，沈浮者占风定信。”⑤ 此话半真半假，渡海不假，无亭不真。安海县就是重要的中转站，沈佺期《度安海入龙编》诗云：“我来交阯郡，南与贯胸连……北斗崇山挂，南风涨海牵。”⑥ 他到安南是从安海乘船，安海是陆州安海县，在今越南芒街，紧邻中国广西东兴，龙编县在交州，在今河内东北。

安海县属陆州，《元和郡县图志》卷三八陆州：“州在穷海，不生粟，又无丝帛，惟捕海物以易衣食，盖岛夷卉服之类也。”此州无农无工，居然设州，正是因为地当安南渡海要津。因为安海位置非常重要，所以陆州治所华清县及所辖乌雷县在大历三

---

① 鲁西奇：《隋唐五代沿海港口与近海航路（下）》，《魏晋南北朝隋唐史资料》第三十辑，第114页。

② 崇祯《海澄县志》卷首王志道《初修海澄县志序》，《日本藏中国罕见地方志丛刊》，书目文献出版社1992年版。

③《全唐诗》卷86，第931页。

④《全唐诗》卷62，第731页。

⑤〔新罗〕崔致远：《桂苑笔耕集》卷16，中华书局2007年版，第544页。

⑥《全唐诗》卷97，第1052页。

年（768年）移到此县。至德二载，安海县更名宁海县。《元和郡县图志》乌雷县："总章元年置在海岛中，因乌雷州为名。"乌雷县在乌雷州，应是乌雷洲，即乌雷岛，其实是半岛，即今钦州东南的乌雷村。因为陆路不通，所以说在海中。乌雷县在廉州、陆州之间，也是因为航海中转站而设置。乌雷县是重要海港，《大唐西域求法高僧传》卷上义朗律师去印度："既至乌雷，同附商舶。挂百丈，陵万波。越舸扶南，缀缆郎迦戍。"①

乌雷县的废除，说明航路不再经过此地，或因航路改走乌雷县东南的涠洲岛，《太平寰宇记》雷州："西至海六十里，至围洲，通连安南诸蕃国路。"说明从雷州到涠洲再到安南，有条航线，这条航线比走乌雷更近。唐末陆州及安海县均废，因为安南独立，作为安南航海中转站的安海县也就随之消失。

因为陆州消失，所以原来不在边界的钦州、廉州到了宋代，居然成了天涯海角，《岭外代答》卷一《天涯海角》："钦州有天涯亭，廉州有海角亭，二郡盖南辕穷途也。"宋与交阯的贸易也以钦州一口为主，《岭外代答》卷五《钦州博易场》："凡交阯生生之具，悉仰于钦，舟楫往来不绝也。博易场在城外江东驿。其以鱼蚌来易斗米尺布者，谓之交阯蜑。其国富商来博易者，必自其边永安州移牒于钦，谓之小纲。其国遣使来钦，因以博易，谓之大纲。"

南宋周去非《岭外代答》卷一《象鼻砂》：

> 钦廉海中有砂碛，长数百里，在钦境乌雷庙前，直入大海，形若象鼻，故以得名。是砂也，隐在波中，深不数尺，海舶遇之辄碎。去岸数里，其碛乃阔数丈，以通风帆。不然，钦殆不得而水运矣。尝闻之舶商曰："自广州而东，其海易行。自广州而西，其海难行。自钦、廉而西，则尤为难行。"盖福建、两浙滨海多港，忽遇恶风，则急投近港。若广西海岸皆砂土，无多港澳，暴风卒起，无所逃匿。至于钦、廉之西南，海多巨石，尤为难行，观钦之象鼻，其端倪已见矣。

周去非说乌雷南面海中有象鼻砂，阻碍航行。海商说广州向东，海道好走，广州向西，则不好走，钦州、廉州向西最难。周去非说福建、江浙沿海多山岸海港，广西沿海是砂岸，无处避风，钦州、廉州西南的海中多巨石，最难航行。汉代的合浦是中

① ［唐］义净撰、王邦维校注：《大唐西域求法高僧传》，中华书局1988年版，第72页。

国最大的对外贸易港，六朝时期已经让位广州，所以此时广西海岸对航运的负面作用更加突出。

张鷟《朝野佥载》卷三："安南都获崔玄信，命女婿裴惟岳摄爱州刺史，贪暴，取金银财物向万贯……裴即领物至扬州。安南及问至，擒之，物并纳官，裴亦锁项至安南，以谢百姓。及海口，会赦而免。"① 他从安南到扬州是走海路，海口是红河海口，应指海门镇，即今越南的第三大城市海防市。《旧唐书·懿宗纪》说南诏攻占安南时，其安南将吏官健走至海门者人数不少，说明海门靠近交州。关于唐在安南的用兵路线，本文无法展开。

但是有人误以为这个海门是广西合浦的海门，② 今按《太平寰宇记》卷一六九太平军说："理海门，本廉州……至太平兴国八年废廉州，移就海门三十里建太平军，其廉州并入石康一县。"所谓海门，就是大海之门，本是地名通名，中国各地叫海门的地名极多。③ 此处说廉州就海门三十里，即距海口三十里处。此处海门在今广西合浦的海口，不是越南的海门镇。

光绪二十一年（1895年），广西容县出土《唐容管经略押衙安子远墓志铭》说："属地连溪洞，境接交、邕……乃命公充海门防戍军都知兵马使。"乾符二年（875年），终于海门军营官舍。王承文认为，这个海门是南流江入海口的海门镇，但是又误以为这个海门高骈进军安南的海门镇。④ 其实这个海门是容管的海门，因为容管唯有廉州临海，所以应即广西合浦县的海门。

还有很多诗歌记载走海路到安南，杨衡《送王秀才往安南》诗云："君为蹈海客，客路谁谙悉。鲸度乍疑山，鸡鸣先见日。"⑤ 熊孺登《寄安南马中丞》诗云："蕃客不须愁海路，波神今伏马将军。"⑥ 陆龟蒙《奉和袭美吴中言怀寄南海二同年》诗云：

---

① ［唐］张鷟撰、赵守俨点校：《朝野佥载》，第77页。

② 鲁西奇：《隋唐五代沿海港口与近海航路（下）》，《魏晋南北朝隋唐史资料》第三十辑，第122页。

③ 今江苏有海门市，漳州有海门岛，浙江台州市中心原名海门镇，凡是海口都可称海门。南汉的珠江口也有海门镇，《续资治通鉴长编》卷一三开宝五年五月丙寅："先是刘𬬮于海门镇募兵能采珠者二千人，号媚川都。"《岭外代答》卷7《珠池》："东广海中亦有珠池，伪刘置军采之，名媚川都。死者甚多，太祖皇帝平岭南，废其都为静江军。"方信孺《南海百咏》媚川都："至今东莞县濒海处往往犹有遗珠。"周去非前文介绍合浦，下文说在广东。方信孺也说在东莞，则媚川都在珠江口。有人以为媚川都在合浦的海门，其实合浦自古产珠，不需招募士兵采珠。而且媚川都旋废，所以不会在合浦。

④ 王承文：《晚唐高骈开凿安南天威遥运河事迹释证——以裴铏所撰天威遥碑为中心的考察》，《历史研究所集刊》第81本第3分，2010年，第624页。

⑤《全唐诗》卷465，第5282页。

⑥《全唐诗》卷476，第5421页。

“城连虎踞山图丽，路入龙编海舶遥。”[1] 李洞《送云卿上人游安南》诗云：“春往海南边，秋闻半夜蝉。鲸吞洗钵水，犀触点灯船。”[2] 浙江诗僧贯休《送僧之安南》诗云：“安南千万里，师去趣何长。鬓有炎州雪，心为异国香。退牙山象恶，过海布帆荒。”[3]

八、结论

综上所述，唐代从江淮到福建、从江南到岭南的航线非常通畅，但是很少看到从江淮到安南的直接航线。安南主要通过海路与岭南往来，可能因为安南更加遥远，气候差异更大，陆路更加难行，汉人更少，所以要通过岭南转接。这是唐代广州等地繁荣的原因之一，此时闽南尚未崛起，宋代泉州兴起，取代了广州的不少职能。交通对国家的统一至关重要，众所周知，安南在唐宋之际从中国独立出去。宋朝能统一南方，为何唯有安南不能统一呢？如果我们看到唐代安南与中原交通就不及岭南与福建密切，就不难理解其历史根源了。

另外，唐代华南与北方海域的航线较少，可能因为北方沿海经济不太发达，而且来自南方的商船可以从海口直接进入扬州，再通过运河到中原，不必再走危险的海路。而且唐代黄海的航线主要在近海，江苏沿海多沙洲，所以用平底沙船，但是南方的福船是尖底，在江苏近海沙洲极易搁浅，这也是唐代华南海船很少去山东的重要原因。顾况《苏方》诗序：“苏方，讽商胡舶舟运苏方，岁发扶南、林邑，至齐国立尽。”此处齐国不知是否有误，或释为山东，但是山东距离太远，上一句还在说扶南、林邑，下一句忽然说到山东，甚为突兀，所以只能存疑。因为华南海船很少去江浙以北，所以唐代阿拉伯人记载的四大海港有三个在华南，最北的一个是扬州。

不过还要说明的是，唐代因为扬州的崛起导致南北航线在扬州转接，不能说明此前不存在南北海域的航线。东晋孙恩部众往来山东与浙东，卢循又率余部占领岭南，说明南北海域早有航线。有人说后梁才开辟南北海域之间的航路，理由是《旧五代史·司马邺传》说后梁开平三年（909）遣司马邺使吴越，从番禺到吴越，再到山东，因为要避开杨吴，所以：“过者不敢循岸，必高帆远引海中，谓之入阳，以故多损败。邺在海逾年，漂至躭罗国，一行俱溺。”入阳应是入洋之讹，躭罗国即今济州岛。其

---

① 《全唐诗》卷 625，第 7186 页。
② 《全唐诗》卷 721，第 8271 页。
③ 《全唐诗》卷 833，第 9393 页。

实这是战争时期的特殊状态，而且是在吴越停留很久再换船北行，也不是直航。我已有文章考证，南唐和契丹往来，是从最北部的鹰游山（今连云港市东西连岛）出发。[①]

其实直到南宋，还不存在从北方到南海的直航，因为《建炎以来系年要录》卷六八绍兴三年（1133）九月乙卯记：

> 初，伪齐侍御史卢载杨上议，陈结南蛮，扰川、广之策，大略谓：今宋朝播迁，假息吴越，西失关陕之重兵，东绝齐鲁之徭赋，荆湖屯大寇，江浙防劲敌，固已颠沛矣。然而川、广交通，宝货杂遝，有金银茶马之贡，香矾缯锦之利，资其雄富，未易殒越。为今之计，莫若列其利害，表于大金，大具海舶，各遣一介之使，南通交阯，结连溪洞，讲智高之旧策，约二广以分王，侵掠其地，俾财赋不入于二浙，将穷且迫，虽不加讨，亦必鱼烂而亡矣。（刘）豫大悦，是日遣通判齐州傅维永及募进士宋囦等五十余人，自登州泛海入交阯，册交阯郡王李阳焕为广王，且结连诸溪洞酋长。金主遣使毛覩禄等二十余人偕行。此据张孝纯书增入，计未必达也，姑附见。[②]

伪齐刘豫想从登州入海，直航交阯，但是李心传说不可能到达，因为航程太远，不可能绕过南宋。南宋尚且不能从北洋直航南洋，五代更不可能。

所以唐代中国东南的近海长程航线，以江浙与福建、广东之间的航线最为繁盛，是主要的航线。而广东与安南的航线、江浙与北方的航线是次要航线，是东南主航线再向南北两端的延伸。国内主航线与海外航线也有关系，唐代前期中国与日本的交通经过朝鲜半岛与山东半岛，中晚唐则转而从江浙、福建直航。所以江浙、福建逐渐成为中国乃至东亚的航运枢纽，为宋代的经济重心转移到江浙、福建奠定了基础。

---

① 周运中：《南唐北通契丹之罾油港考》，《国家航海》第17辑，上海古籍出版社2016年版。

② ［宋］李心传撰、胡坤点校：《建炎以来系年要录》，中华书局2013年版，第1324—1325页。

丝路文脉

丝绸之路上的羊文化略论

尚永琪

（吉林省社会科学院）

【摘　要】　在贯通欧亚大陆的北方草原上，从远古到前近代的上万年间，羊之形象都是旷野岩画的主要表现对象。在古代埃及，阿蒙神就是羊头狮身的形象；古代斯基泰人把他们身穿羊皮衣裤、挤羊奶的形象镌刻或铸造在精美的黄金艺术品上，狼噬羊的场景更是斯基泰、匈奴、突厥与蒙古族等欧亚北部草原艺术中常见的图样。因而，羊才是丝绸之路上的羌人、匈奴等古代部族最具根本特色的代表性符号。

【关键词】　山羊崇拜；游牧经济；盟誓；羊文化

羊是草原游牧民族生存的根本，他们的帝国需要马背上的征服，但更需要羊背上的养育。不仅如此，羊也是农业文明定居者的重要生活资源。人类不能直接食用的野草杂树，通过羊的短期生长，迅速转化成了皮、毛、油、奶、肉等高品质的动物蛋白、胆固醇和生活资料。羊之温顺及其对于人类生活衣食住行之资源周济，使得羊由此在华夏文明中获得“吉祥”之意，甚至成为“国之重器”的象征，商代的四羊方尊等青铜器就是典型代表。

当然，在整个欧亚大陆范围内，羊都是人类文明发展进程中的重要参与者。

在贯通欧亚大陆的北方草原上，从远古到前近代的上万年间，羊之形象都是旷野岩画的主要表现对象。在古代埃及，阿蒙神就是羊头狮身的形象。古代斯基泰人把他们身穿羊皮衣裤、挤羊奶的形象镌刻或铸造在精美的黄金艺术品上，狼噬羊的场景更是斯基泰、匈奴、突厥与蒙古族等欧亚北部草原艺术中常见的图样。

据记载，波斯国王和西亚及中亚昭武九姓诸多小国的国王，都是坐在“金羊床”上处理国家政务、接待外邦来使。由此诸相可见，在欧亚大陆，羊的人文意蕴深厚绵长。

一、丝绸之路上的野羊与羊的驯化

人类驯化的家养羊包括山羊和绵羊，这两种羊都喜欢群居并且容易驯化，在人类上万年的养育过程中形成了很多亚种。但是相比较而言，山羊的抗驯化能力可能要强一些，这就是我们为什么会觉得绵羊更乖顺一些的原因。人类会说“像个小绵羊一样乖乖”，但绝不会这样说山羊，就是因为山羊是在所有的家养动物中变异最小的物种，家山羊容易退化为野山羊。

绵羊、山羊和犬是人类最早驯化的动物，也是地球上分布最广的动物，遍及世界上大多数温带地区。研究表明，位于伊拉克和伊朗之间的扎格罗斯山脉（zagros）及其附近地区可能是羊的最早驯化地。山羊的可能野生祖先是野山羊，大约是在距今10 000年前被驯化，驯化地点是在欧亚大陆的新月沃地；绵羊的可能野生祖先是亚洲盘羊，大约在距今9000年的时候在欧亚大陆的近东和印度地区驯化成功。①

在身体外形上，长有明显胡须的山羊与绵羊确实差别很大，当然它们在习性等方面也有着各自不同的特点。山羊喜好攀登陡坡和悬崖，在绵羊不能攀登的地方，山羊也能行走自如，所以山羊的觅食范围要比绵羊宽广，在险恶的地理条件下的生存能力也比绵羊要强一点。绵羊性情温顺、胆小，而山羊性情活泼、凶狠好斗，胆量较大，常可充作绵羊群的带头羊。

山羊的独立性很强，具有明显的领地占有意识，因而更具排它性。当山羊一旦意识到被侵犯或有威胁临近，就会产生强烈的打斗意识。决斗是山羊排它本能的形态，并不只发生在交配季节，但是山羊也很聪明，很少互殴，大部分交锋都利用肢体语言来解决，一般是摆出僵直而紧张的姿态来虚张声势，从而避免无谓的血战。山羊还有极强的性欲和生殖能力，在低纬度地区，山羊还能常年发情，两年三产或一年两产。在许多社会文明中，山羊即是“野性”的代名词。

丝绸之路上的动物中，无论是文献记载还是图像描绘，野羊大多都是野山羊的形

① Elizabeth J. Reitz and Elizabeth S. Wing:《动物考古学》（第2版），中国社会科学院考古研究所译，科学出版社2013年版，第240页。

象，主要有塔尔羊、盘羊、北山羊、捻角山羊。

盘羊与北山羊是最引人注目的野山羊，盘羊云卷龙腾似的巨大弯曲、北山羊长如弯刀、迎风而长的细长美角，上万年以来就是美术家们追逐的对象。

塔尔羊是群居的野山羊，栖居在陡峭和多树木的高山上，它的形态特征介于绵羊和山羊之间，更接近于山羊。全世界共有三种：喜马拉雅塔尔羊、阿拉伯塔尔羊、巨角塔尔羊。塔尔羊雌雄两性都有向后弯曲侧扁的短角，角基部宽，有一个龙骨状的突出前缘。体形最小的是阿拉伯塔尔羊，肩高约 60 厘米，体灰褐色，毛质脆，尼尔吉里塔尔羊，又叫巨角塔尔羊，主要分布在印度南部的开阔草原上，体褐色，背部有灰白花纹。

盘羊是中亚山地特有的高山有蹄类动物，主要分布在亚洲的中部。在中国，盘羊主要分布在青藏高原、蒙新高原以及邻近地区的山地，是中国羊中的一个大家族，有十几个亚种。盘羊是中国野羊中长得最为高大威猛的，因而有“亚洲巨野羊”的称号，其蒙古亚种肩高 115—120 厘米，体重可达 150 公斤。世界上最大的盘羊角长度达到 158.1 厘米，绕耳盘旋一周还有余。角基最粗处圆周达 54.6 厘米，像一个小水桶。

帕米尔高原上的盘羊是举世闻名的，其硕大而弯曲的羊角和健壮的体魄令人震惊。这一地区的岩画所表现的就是这种盘羊，它被称为“波罗羊”，因为马可·波罗曾在文献中最早描述了这种羊。13 世纪时，马可波罗在到达帕米尔高原的维多利亚湖（L. Victoria）时——当地人叫做佐尔库勒，曾见到当地的这种大角盘羊。他描写说：“那里有无数的野兽，其中有很大的野羊，光是角就有六拃长。牧羊人常常把这些角锯断加工成碗用，有时甚至用来作夜间关牛的栏圈。”1915 年 8 月，奥里尔·斯坦因也经过该地，他在湖边山谷中用枪打中一头野羊，并留下了照片（图一）。①

图一　1915 年 8 月，奥里尔·斯坦因在帕米尔高原的维多利亚湖（L. Victoria）边所猎野羊

盘羊在蒙古地区分布也非常广泛，西自阿

① 奥里尔·斯坦因：《沿着古代中亚的道路：斯坦因哈佛大学讲座》，巫新华译，广西师范大学出版社 2008 年版，第 320—323 页。

拉善额济纳旗马鬃山地区，东到锡林郭勒大草原锡林浩特南北部的广大地区都留下了盘羊的足迹。

北山羊又叫羱羊。与盘羊不同，北山羊的角并不盘旋，而是直直地向后弯成半圆或三分之二圆，好像脑门上倒插了两把长长的大刀。北山羊的角形前宽后窄，横剖面近似三角形，粗约 25—30 厘米。角的前面有明显的横棱。北山羊年龄每增长一岁，它的角就增加一个棱，随着年龄的增长北山羊角也越来越长，每年增加一个棱，像树轮一样标志着它的年龄。北山羊最长的角可达 147.3 厘米，像一个七八岁孩子的身高。

北山羊长如弯刀的角给古人留下深刻的印象，在古代典籍、古代艺术作品中都有北山羊的记载和形象。《本草纲目》："山羊即《尔雅》羱羊，出西夏，似吴羊而大角，角坠者能陡峻坂。角极长，惟一边有节，节亦疏大，不入药用。"又："山羊有两种，一种大角盘环，肉至百斤者，一种角细者，《说文》谓之莧羊。"看来在古代已经有盘羊和北山羊的识别了。在新疆古代的岩画中常常出现北山羊的形象——因为它头上的"弯刀"太有特点了。

据说在长角的动物中北山羊的雄羊争偶打斗是最激烈的："情敌"相见分外眼红，将两只前蹄抬起悬在胸前，偏着头，将角用力向着对方撞击过去。双方的角相持不下，据说力量可以达到 4 吨。角上的棱可以防止滑动而避免误伤对手。

北山羊是中亚地区典型的高山动物，过去曾经广泛分布于新疆天山和阿尔泰山地区。北山羊跟家养的山羊外貌非常像：下巴有须，腿前有鬃毛。它们之间的区别主要在角型上：北山羊的角前宽后窄，横剖面近似三角形，前面有突起的横棱十几个；而家山羊前后缘都窄，没有横棱，而是不规则的锯齿。分布于全世界的家养山羊是由分布于中亚、伊朗、亚细亚的野山羊驯化而来——公元前 7000 年最早由伊朗人开始驯化。中国家养山羊祖先也是远在中亚、伊朗和亚细亚野山羊。由此可以想见中国的家养山羊是由西域传进来的。北山羊与家养的山羊可以杂交，产下的后代比一般的家山羊个大、体壮、有更强的生命力。

捻角山羊分布于印度、巴基斯坦、阿富汗、土库曼斯坦、哈萨克斯坦等中亚地区。捻角山羊的角跟北山羊的角不同：是旋转着直直的向上——像一根拧成麻花的长棍。

家养羊的大量养殖，与自然生态环境的限制有一定关系。王明珂先生在讨论河湟地区羌人养羊的历史时认为，在公元前 2000—前 1700 年的齐家文化时期，河湟地区的先民们由主要养猪转向主要养羊。因为养羊与养猪，在人类生态上有截然不同的意义，原始农民所养的猪主要是牧养，所寻找的食物是野生古物和植物的果实与根茎，而这些也正是早期人们的食物来源之一，本来要准备为人类提供食物的猪就成了人类觅食的竞争者。而羊则不同，它们的食物是人类不能直接利用的草叶等植物，并且羊还可以突破环境的高度限制，走出河谷，到高地和山上寻觅草食。[①]

二、农耕帝国的牧羊人及其象征意义

只须仔细体味鲜、美、善、羡这些得义于“羊”的义项优美的汉字，就能直觉感触到羊之于人类社会生活的重要性和深刻影响；如果我们再看看在欧亚大陆草原地带的那些数量庞大的岩画，从青铜时代一直延续到中国隋唐时期，[②] 游牧民族刻画的这些“涂鸦”中，绝大多数都是羊尤其是大角羊的形象——虽然千篇一律，但那些在上万年中一代又一代的刻画者们却乐此不疲。由此，亦可窥见羊之魅力。

与羊最为密切者就是那些牧羊人，对于什么人能做牧羊人，中国古代文献中有着很精辟而简洁的总结：

> 牧羊，必须大老子，心性宛顺者。起居以时，调其适宜。若使急性人及小儿者，拦约不得，必有打伤之灾；或游戏不看，则有狼犬之害；懒不驱行，无肥充之理；将息失所，有羔死之患也。[③]

显然，只要耐性好、不着急、没脾气，能勤勤恳恳地照顾羊，赶着它们四处吃草，远离狼害狗灾，就能是一个好的牧羊人。

在家养动物里面，羊是相对比较弱势的动物，其抵御伤害的能力很低，并且群体庞大就需要大量的牧草，因而就要将羊群从低海拔的冬季牧场向高海拔的夏季牧场迁移，或者是在同海拔地区的不同牧场区域间实行季节性的转移，以此避免过度放牧、让牧草轮休生长。在此过程中，还要伴随着处理繁殖等问题，所以每个羊群都需要合适的牧羊人。那么身体健康、性格圆滑温润的老年男人是最合适了，估计合格的政治家也需要这样的素质，所以西汉时期那个最著名的牧羊人卜式对此理论有个精悍的评

① 王明珂：《华夏边缘：历史记忆与族群认同》，社会科学文献出版社 2006 年版，第 64 页。
② 魏佳：《新疆阿尔泰山和天山地区岩画调查与研究》，西北大学博士学位论文，2014 年，第 184 页。
③ 贾思勰著、石声汉校释：《齐民要术今释》卷 6《养羊第五十七》，中华书局 2009 年版，第 552 页。

论："牧民何异于是者?"

确实，也有很多牧羊人后来就真的成为了"牧民"的官员，由此在历史的夹缝里也留下了一点古代牧羊人的记载。最具喜剧效果的事例是，在昆仑山下塔克拉玛干沙漠深处汉代丝路的古代精绝王国，负责为国王收税的一位"司税"官员，居然同时也是一位牧羊人。①

对于定居的农业文明和城市文明来讲，牧羊人显然是一个不受待见的职业。如在古罗马时代，贵族政治的文化观念体系中，对于牧羊人或游牧部族是非常鄙视的，认为他们是又脏又臭的人，是拦路抢劫犯。正如亚里士多德所言："人类中最懒散的要算是牧人（游牧者）。"②

在古代巴勒斯坦地区，牧羊人是走在羊群前面的，③ 但是在其他地方，更多的是牧羊人走在羊群后面驱赶着，所以在《新约圣经》中，基督宣告自己是好牧人，说所有的羊都认识他，有一天所有上帝拯救的羊都归于一个牧人。新约的教会领袖们把自己比喻为牧羊人，是要像牧养和保护羊群一样保护信徒——这些上帝的羔羊。

中国古代的官职体系中，将地方长官如刺史、太守之类俗称之为"牧"，其原始意义就是来自"牧羊人"。牧羊人是一人放牧管理一大群羊，而这些羊本身是缺少自我方位感的动物——这在古代统治阶层的认同中犹如平民百姓一样，所以权倾一方的地方长官也如牧羊人般管束、驱赶着他的百姓们，是高权威、高理性的"父母官"。这种情况，同基督教兴起后新约的教会领袖将自己称之为上帝的牧羊人的比喻完全类似，反映出游牧群体对人类社会组织文化的影响所在。早在古埃及时代，"牧羊人"就被用来指代西亚地区的某些小国君主，如古埃及中王国末期曾经入侵的希克索斯（Hyksos），就曾被解读为"牧羊王"。④

中国古代最早、最著名的牧羊人应该是那个名字叫做"力牧"的将军，他是传说中"黄帝时代"的人。

据《帝王世纪》的记载，传说中的古代帝王黄帝曾"梦人执千钧之弩，驱羊万群"。梦醒后，黄帝认为这种手执利器的牧羊人形象，一定代表着一种上天对他的重大启示。他最终对此梦的解读是："夫千钧之弩，异力者也；驱羊数万群，能牧民为

---

① 王炳华：《精绝春秋：尼亚考古大发现》，浙江文艺出版社 2003 年版，第 96 页。

② 杰弗斯：《古希腊—罗马文明：历史和背景》，谢芬芬译，华东师范大学出版社 2013 年版，第 12 页。

③ 同上书，第 11 页。

④ 詹森·汤普森认为，"牧羊王"的解说存在语源学上的错误，参见詹森·汤普森《埃及史：从原初时代至当下》，郭子林译，商务印书馆 2012 年版，第 60 页。

善者也。”[①] 结果，黄帝依照这个解梦结果去寻找，在草泽之中找到了名字叫作“力牧”的牧羊人，提拔他做了大将，果真是个难得的军事人才、卓越的军队“头羊”。

在此传说中，“羊”与“牧羊人”所蕴含的古代政治文化寓意渊源有自。王者或权势者绝非一般的“牧羊人”，而是“牧民为善者”——此乃古代政治理念的精华所在。善、美，都是得义于“羊”的字，因而，官员或王者在中国的观念体系中被称之为“牧”，是内含着“为善”这个理念的，此同孔子所说的“仁者爱人”是完全一致的。

著名牧羊人力牧有什么功绩，我们不得而知，但是在此后的中国古代历史上，我们知道的著名牧羊人还有熊心、卫青、卜式、苏武等人。

熊心此人，是战国末年楚国亡国之帝楚怀王熊槐的孙子。楚国被强秦灭亡后，王室衰落，熊心也沦落为牧羊人。楚国是在公元前223年被灭国的；公元前209年，项梁、项羽叔侄起兵反抗秦王朝；公元前208年，在谋士范增的建议下，项梁从民间找到著名的牧羊人熊心，以楚国王孙的旗号，将他立为“楚怀王”，用来号召天下。[②] 从公元前223—前208年，其间整整经过了16年，楚王室子弟衰落破败，所以熊心应该是个非常资深的牧羊人了。

如果没有秦末的动乱，如果没有范增的建议，熊心这个牧羊人真就会成为一个默默无闻的“牧羊大老子”，而不为我们所知。然而，随着陈胜、吴广的揭竿而起，熊心人生的轨迹就此发生了变化，由“牧羊”一夜之间转换为“牧民”。

不过历史大势注定了，熊心的“牧民”之技可能远远没法达到他牧羊的水平。虽然是被人牵线的傀儡王，牧羊人熊心还是有弄权的大志，他招徕曾经的楚国令尹宋义，委以重任，孰料在公元前207年的率兵救援战中，作为主帅的宋义居然畏敌不前，还下令约束众军：“猛如虎，很如羊，贪如狼，强不可使者，皆斩之。”[③] 结果被暴怒的次帅项羽斩杀。公元前206年，在项羽的授意下，英布派人将熊心斩杀在长沙郴城穷泉旁。

秦末的牧羊人中，为我们所知的尚有骊山下的一位无名氏，《汉书》记载说他进入秦始皇陵寝之中寻找丢失的羊，手持的火把燃着了墓室，烧毁了秦始皇的棺椁。[④] 是否真的如此，目前尚没有确凿的考古学证据。汉代的牧羊人中，卫青是著名者之

① 《史记》卷1《五帝本纪》。
② 《史记》卷7《项羽本纪》。
③ 同上。
④ 《汉书》卷36《刘向列传》：“牧儿亡羊，羊入其凿，牧者持火照求羊，失火烧其臧椁。”

一，他在少年时代曾作过羊倌，青年时代出击匈奴，功勋盖世，官至西汉王朝的骠骑大将军。①

当然，在汉代及其后的中国古代历史上，最著名的牧羊人有两位，一是苏武，二是卜式。

苏武牧羊一事，几千年来已成忠君爱国之典。苏武（前140—前60），字子卿，杜陵（今陕西西安）人，西汉武帝时为郎。天汉元年（前100）奉命以中郎将持节出使匈奴，被扣留。匈奴贵族多次威胁利诱，欲使其投降；后将他迁到北海（今贝加尔湖）边牧羊，扬言要公羊生子方可释放他回国。② 苏武历尽艰辛，留居匈奴19年持节不屈。至始元六年（前81），方获释回汉。苏武去世后，汉宣帝将其列为麒麟阁十一功臣之一，彰显其节操。

苏武牧羊当在其40—60岁之间，正是《齐民要术》养羊篇所说的“大老子”年龄，在年龄上是最适合做牧羊人了。然匈奴将其置于无人的苦寒之地贝加尔湖，给他的全是公羊，使得苏武只能在荒原上找田鼠的洞窟残粮糊口活命。将近20年的牧羊生涯，苏武算得上是一位资深的牧羊人了。

卜式乃苏武的同时代人，这是一位真正的专家级的牧羊人，不但是当时靠养羊致富的典型，也是具有朝廷官衔的皇家牧人。

卜式是河南人，年轻时他与弟弟分家，将家财全给弟弟，自己只要100多头羊进山放牧。史载其“入山牧十余岁，羊致千余头，买田宅”③，成典型的发家致富者。此时，正是汉武帝发兵与匈奴大举作战之际，卜式上书朝廷，愿以家财之半捐公助边。汉武帝欲授以官职，辞而不受。又以20万钱救济家乡贫民，朝廷闻其慷慨爱施，赏以重金，召拜为中郎，仍布衣为皇家牧羊于山中。武帝封其为缑氏令，以试其治羊之法，有政绩，赐爵关内侯。元鼎中，官至御史大夫。后因反对盐铁官营，又兼不习文章，贬为太子太傅，以寿终。

卜式显然是个很努力的牧羊人，他也雄心勃勃地想把他的牧羊理论应用到政治生活中去。

当他第一次要捐钱给汉武帝的时候，就向汉武帝派去的使者建议说：“天子诛匈奴，愚以为贤者宜死节于边，有财者宜输委，如此而匈奴可灭也。”④ 意思是说有才能

---

①《史记》卷111《卫将军骠骑列传》。

②《汉书》卷54《苏武列传》。

③《史记》卷30《平准书》。

④ 同上。

的人都应该争先恐后地去边关送死，有钱的人都应该把钱捐给朝廷，这样就能消灭匈奴。显然，这完全就不是正常的人话，所以当汉武帝把此话转告给丞相桑弘羊时，桑弘羊很鄙夷地说："此非人情。不轨之臣，不可以为化而乱法，愿陛下勿许。"① 正是因为这个原因，所以汉武帝当时并没有召见卜式。

后来，卜式多次有捐钱的举动，汉武帝才召见他。当他在上林苑为宫廷牧羊做得很好时，得到了汉武帝的夸奖，卜式又借机推送了一下他的牧羊理论："非独羊也，治民亦犹是也。以时起居，恶者辄斥去，毋令败群。"汉武帝对此论甚感兴趣，于是让他先后担任了缑氏县和成皋县的县令，算是实践了一下"牧羊"理论。

在《隋书》卷34《经籍志》中载有《卜式养羊法》一书，隋代之前此书已经散佚不存，著者是否卜式本人则不可考，但其内容应该有卜式的养羊经验总结在内。在北魏农学家贾思勰所著的《齐民要术》中，关于养羊的部分内容也应该就来自卜式养羊的实践知识总结，如养羊篇中尚存有卜式以养羊来比喻从政治国的片言只语。由此可见，卜式虽然是个牧羊人，但确实又是一位在政治理论构建上有野心的大志青年，惜乎根基太浅，只能作奉旨牧羊大老子。

当然，卜式仅仅是汉代著名牧羊人，而具有世界声誉的牧羊人则与宗教领袖息息相关。牧羊人总是在荒野之中，而荒野乃是神秘的地方，那些静修者与领悟天启的贤人们都有着在荒野游荡的经历。由此，牧羊人往往是荒野落难人的搭救者，得其援手者，最著名的是佛陀和耶稣。

在危难之中供养帮助佛陀者，乃是"牧女"。释迦牟尼苦修经过6年，仍没有获得所期望的结果。他决定抛弃绝食和苦行，来到尼连禅河中沐浴，可是沐浴后因为身体虚弱而晕倒，一个牧女给释迦牟尼喂食一碗牛奶。跟随佛陀的那五个苦行僧认为释迦太子六年的苦行还是不能抵制女色，就弃他而去。释迦牟尼苏醒过来后，谢过牧女，来到菩提伽耶的一棵毕钵罗树下，结跏趺坐，进入静思冥想，并发出"若不证到无上大觉，宁可此身粉碎，也终身不起此座"而进入禅定阶段，经过七天七夜，最后终于觉悟成道，时年35岁。

而耶稣基督降生的消息，也是牧羊人最早知道并传出来的。据《圣经》记载，圣子耶稣诞生时，一颗耀眼的巨大新星出现在伯利恒的上空。一群牧羊人正在伯利恒城附近的田野上放牧羊群，这时上帝派的天使出现在他们眼前，周围闪耀着白光。牧羊人见天使突然降临，无不大惊失色。"别害怕，"天使说，"我向你们宣布一个和全人

①《史记》卷30《平准书》。

类息息相关的空前大喜讯。今天在大卫王的城里，有一位救主为你们降生了。他就是主基督！你们可以这样认出他，那一位包着布、卧在马槽里的婴孩就是了。”突然天空中充满了天使，她们赞美着上帝，并说：“愿荣耀归与至高的神，愿平安临到他所喜悦的人。”天使们离去后，牧羊人商量了一下，决定乘夜色赶往伯利恒城里。他们果然找到了天使所说的人——玛利亚、约瑟和躺在马槽里的婴儿。

牧羊人拯救或帮助人与神的故事有很多，譬如奥德修斯、譬如左慈。

图二　奥德修斯藏身绵羊肚子逃亡，公元前 510 年雅典式花瓶的图像

奥德修斯是荷马史诗《奥德赛》中的主人公，是希腊人的英雄，他曾在牧人的帮助下，藏身在绵羊的肚子下成功地逃亡。约公元前 510 年的一个雅典式黑色图案的花瓶上，栩栩如生地表现了这一幕（图二）。①

左慈乃东汉末年人，是有名的神通道人。他总是跟权势焰天的曹操过不去，据说曹操对他怀有必屠之心，但左慈却施展法术，隐身入墙，变幻多端，逃过劫难。最为离奇的一次，就是隐在牧羊人的羊群中逃亡：

> 左慈入走羊群。操知不可得，乃令就羊中告之曰：“不复相杀，本试君术耳。”忽有一老羝屈前两膝，人立而言曰：“遽如许。”即竞往赴之，而群羊数百皆变为羝，并屈前膝人立，云“遽如许”，遂莫知所取焉。②

摒除这些记载中神异的成分，显然可以看到，在强权的刀锋下，一个敢直言的读书士人之悲惨情状。为了活命，就不得不混在羊群中，在牧羊人的帮助下逃命而去。

因而，牧羊人是最接近自然的一个社会角色。他们在野外的长期生活，使得其具有俗世利禄之徒所不具备的一些独特认知的可能性。至少，在长久的静穆生活和与自然的亲近接触中，可能更具有悲天悯人的情怀。当然，并不是所有的牧羊人都具有让我们赞扬的情怀，但 4 世纪纳西昂的基督教教父圣格列高利（St Gregory Nazianzus）

① Beth Cohen, *The Colors of Clay: Special Techniwues in Athenian Vases*, Los Angeles: The J. Paul Getty Museum, 2006, pp. 203 - 204.

②《后汉书》卷 82 下《方术列传·左慈》。

有一首布道诗表达了这样的悲天悯人情怀，他这样写道：

昨天，我悲伤地坐在树荫下，
在痛苦中纠结
今日，我将淡出世俗，
疗治我精神的创伤，
同我哭泣的心，
作一次宁静之语。[①]

很巧合的是，大约530年在康斯坦丁堡铸造的一个铜盘上，牧羊人就是这样的一种形象（图三）。他安静地坐在野外巨石上陷入沉思，牧羊犬顽皮地卧在他的脚下。他的羊群中，有的在吃树叶，有的卧在地上。静穆的画面，衬托出牧羊人独特而神秘的精神世界，让我们读出，牧羊人正在同自己的心灵作“宁静之语”。[②]

图三　530年在康斯坦丁堡铸造的铜盘上的牧羊人形象

三、占卜、祭祀等仪式中的羊

在古代生活中，自然与人的关系比现代世界更为密切，不但生活必需品与主要的食物直接来自自然，民众日常生活的绝大部分劳作都是直接与自然相联系，所以动物尤其是野生动物的行为往往被视为某种征兆，如阿拉伯人的一位叫伊本·阿拔斯的先知在临终前预示他的重生，就是以野驴群出现在墓前为征兆的。[③] 而体态优美、奔跑矫健的羚羊如果以自左向右“令人不快”的动作越过骑士的面前，也被阿拉伯人当做一种凶兆。[④] 所以对与羚羊生活在同一自然世界里的古代草原或沙漠地区的居民而言，羚羊奔驰中的某些动作可能具有非常特别的含义。

---

① Frank Althaus and Mark Sutcliffe, *The Road to Byzantium: Luxury Arts of Antiquity*, London: Fontanka, 2006, p. 53.

② ibid.

③ 马苏第：《黄金草原》，耿昇译，青海人民出版社、人民出版社2013年版，第78页。

④ 同上书，第624页。

在人类没有足够的复杂知识认识世界、把握生活的时代，对自然现象和生活事件的观察，总是被赋予解读过往和预知未来的功能。一些大概率发生的经常性事件和不常发生的小概率事件都有可能被古人“灵机一动”纳入其解读体系，来为生活提供一种行动指南或决策坐标。

《周易》第三十四卦：“羝羊触藩，不能退，不能遂，无攸利，艰则吉。”对圈养羊的农业定居者来讲，这应该是个常见的大概率事件，公羊用头角撞篱笆，角被卡住，进退不得，这预示着什么？现代人不会寻思这个问题，但2000多年前的古人就会期望从这种事件中获得预兆，并希望这种偶然陷于困顿的事件本身成为一种象征，为可能出现的各种进退不得的事情提供一个形象的说明或启示。事实上，这个2000年前的羊角卡在篱笆中前后挣扎的生动活泼的卦象，也确实成为几千年来的古代中国人不断循环预言各种境况、讲述高深哲理的一个范例或喻体。

占卜乃人类预测未来之事的古老方法，其路径繁多复杂，都是试图从天地气象、草长莺飞、牛奔鸦鸣等日常生活诸相中，寻求命运把握之道。今人知道，天地宇宙之复杂神秘，远非简单的生活百相就能参悟透彻的，但是古人不明白这个道理，深信云飞霞举、鸡鸣狗吠都蕴含着可以解读的神意。此即所谓“杂占”，可以“纪百事之象，候善恶之征”①，羊也赫然在其列。远在《诗经》之中，就有与羊相关之梦征，《无羊》一诗云：

谁谓尔无羊？三百维群。
谁谓尔无牛？九十其犉。
尔羊来思，其角濈濈。
尔牛来思，其耳湿湿。
或降于阿，或饮于池，或寝或讹。
尔牧来思，何蓑何笠，或负其餱。
三十维物，尔牲则具。
尔牧来思，以薪以蒸，以雌以雄。
尔羊来思，矜矜兢兢，不骞不崩。
麾之以肱，毕来既升。
牧人乃梦，众维鱼矣，旐维旟矣，大人占之；

① 《汉书》卷30《艺文志》。

众维鱼矣，实维丰年；旐维旟矣，室家溱溱。

此诗以诗者对牧羊人的口气吟诵而出，意境优美，吟诵牧羊人所赶众羊之奔跑、聚群、饮水之百态，最后以“牧人之梦”寄寓吉兆。

《无羊》中的这个“蝗虫化作鱼，旗画龟蛇变为鹰”的牧人之梦，《汉书》卷三十《艺文志》中将之列为“杂占”的一个典型事例，并有“众占非一，而梦为大”① 的说法。可见，此“牧人之梦”可以称之为古代羊倌第一梦了。

此种将羊与鱼联系起来的梦征，后来的文献中也有记载。据《晋书》记载，后赵统治者石虎曾做过群羊驮鱼的怪梦：

季龙尝昼寝，梦见群羊负鱼从东北来，寤以访澄。澄曰：“不祥也，鲜卑其有中原乎!”后亦皆验。②

以羊负鱼，为什么就是鲜卑占有中原的征兆呢？可能跟鲜卑之“鲜”的字形有关。当然，用羊来占卜不仅仅是占梦或解字，羊胛骨占卜在石器时代就存在，商代王室占卜即有用羊胛骨的例子。而更特殊的是，在草原民族或西北地区的养羊部落中，还可以通过观察羊胃来占卜。西夏人出兵之前所行的“羊占”即此类：

凡出兵先卜，有四：一炙勃焦，以艾灼羊胛骨；二擗算，擗竹于地以求数，若揲蓍然；三咒羊，其夜牵羊，焚香祷之，又焚谷火于野，次晨屠羊，肠胃通则吉，羊心有血则败。③

这是一种很复杂的占卜仪式，其四个环节中三个环节都是以羊为主，用烧灼羊的肩胛骨来占卜，用竹片作数字占，周代王室也用此术；唯前夜牵羊祷告、次日屠羊观察羊胃的这种占卜法比较独特。

同占卜一样充满神秘气息的，就是祭祀了。

祭祀是重要的通神仪式，是人与神、人与祖先沟通的一种庄严手段。羊之肥美，

---

① 《汉书》卷 30《艺文志》。

② 《晋书》卷 95《佛图澄列传》。

③ 《辽史》卷 115《二外国记列传・西夏》。

人喜欢，自然就可以推断神也喜欢，所以在古代欧亚世界的祭祀礼仪中，羊是少不了的隆重而肥美的祭祀品。

用羊来做祭祀品，在用羊的数目和颜色方面也有一些特别的规定。譬如新疆东黑沟匈奴遗址的祭祀高台上，相邻的两个羊骨坑，所埋葬的羊的数量都是七，羊头骨均朝着一个方向。① 春秋战国时期，偏居西北一隅的秦人在祭祀白帝时用“骝驹黄牛羝羊各一”。②

纯黑色的羊比较少，其毛皮没有白色的好看，但是在祭祀中黑羊却有着其独特的神秘意义。

在整个欧亚大陆的北部地带，祭祀用黑羊说明是规格很高的仪式。祆教在祭祀蒂什塔尔神时，要烤制一只纯黑或纯白的绵羊；③ 据《辽史》的记载，契丹人也是“以黑白羊祭天地”。④

在中国先秦以来的文化解释系统中，祭祀中使用黑色毛的家养动物，与“阴祀”有关。《周礼·地官·牧人》：“凡阳祀用骍牲毛之，阴祀用黝牲毛之，望祀各以其方之色牲毛之。”显然，契丹祭天地所用的黑羊就是专门针对“地神”的，是所谓的“阴祀”。

这种特别看重用黑羊祭祀或施行某种神秘仪式的文化，起源应该是很早的。司马迁在《史记》中记载春秋时期宋国国君宋元王曾做过一次神秘而隆重的龟占，其具体步骤有“刑白雉及与骊羊，以血灌龟”⑤ 的细节，用白色的野鸡和纯黑色羊的鲜血浇在老龟身上，行占卜之仪式。虽然其含义若何，不得而知，但其使用黑羊与白雉相配的细节却提示我们，这同天地、阴阳这样的文化元素是息息相关的。

用家畜做祭品，在古代中国祭祀礼中有太牢、少牢之分，所谓太牢，是古代帝王祭祀社稷时，牛、羊、豕三牲全备。就是为神或祖先供养牛、羊、猪三种牺牲；而少牢则是只有羊、豕，没有牛。此处所谓“牢”即是圈养家畜的棚圈，养牛的棚圈大，自然称之为太牢；养羊的棚圈小，就称之为少牢。

当然并不是只要称之为太牢就三牲具备，事实上，只要有牛做祭品，就可以称之为太牢。《大戴礼记》第五十八《曾子天圆》载：“诸侯之祭，牲牛，曰太牢；大夫之

① 田旭东、彭建英：《新疆巴里坤县东黑沟遗址所见匈奴人信仰初探》，《汉代西域考古与汉文化》，科学出版社2014年版，第94页。

②《史记》卷28《封禅书》。

③ 贾利尔·杜斯特哈赫选编：《阿维斯塔——琐罗亚斯德教圣书》，元文琪译，商务印书馆2010年版，第196页。

④《辽史》卷1《太祖本纪》。

⑤《史记》卷128《龟策列传》。

祭，牲羊，曰少牢；士之祭，牲特豕，曰馈食。”可见，根据贵族身份地位的不同，诸侯王用牛来做祭祀品，称为太牢；一般士大夫用羊来做祭祀品，称之为少牢。

羊在巫术或祭祀等宗教性活动中的象征性意义，图像上我们能找到的最早源头是在西亚。西亚是羊之神秘文化的集大成之地，在公元前3000多年前的西亚出土物中，山羊的造型几乎是无处不在，其活泼而神秘的眼神直逼千年后的我们，似乎传达着来自远古的绵绵长音。

用羊来做祭祀，在不同的文化体系中的意义有较大的差别。

在中原传统文化中，则主要寓意于羊之“美”——肉与奶之鲜美、皮与毛之温暖，人喜欢，送给神，神也会喜欢，即所谓“娱神”。

古代西亚文明中，公山羊与生命树的图像比较常见，这同山羊繁殖力强有关，因而其崇拜或祭祀的寓意核心就是性与繁殖。在来自西域而定居中原的胡人家族或北方草原民族中，源于西亚的此种文化有明显的痕迹遗留。如据《高僧传》的记载，于阗僧人于法开就目睹过这种实例：

> 于法开妙通医法，尝乞食投主人家，值妇人在草危急，众治不验，举家遑扰。开曰：“此易治耳。”主人正宰羊欲为淫祀，开令先取少肉为羹，进竟，因气针之，须臾，羊膜裹儿而出。①

此例中所谓“主人正宰羊欲为淫祀”，显然是用羊来催产的一种巫术。佛史文献中之所以称之为“淫祀”，强调的就是其与中原之不同。将公羊同性、生殖相联系起来的事例，尚有《魏书》中的一则记载可以佐证：

> （高车）妇人以皮裹羊骸，戴之首上，萦屈发鬓而缀之，有似轩冕。②

高车作为漠北游牧部落，因其“车轮高大，辐数至多”而被北朝时期的中原王朝如此称呼。高车妇人头上所戴“羊骸”，乃是他们的部落在用公羊祭祀后的羊头，这种奇异的冠冕具体如何整治加工，不得而知。但是将公羊头骨戴在女人头上做装饰品，显然其寓意乃在于激发繁殖力。

① 释慧皎：《高僧传》卷4《于法开传》。
② 《魏书》卷103《高车列传》。

高车女人头戴公羊头骨的动机，还与“闪电雷击”密切相关。高车人是喜欢听到打雷的，所以《魏书》云其“俗不清洁，喜致震霆”，然而，一旦听到打雷，他们则立马拔帐离开：

> 每震则叫呼射天而弃之移去。至来岁秋，马肥，复相率候于震所，埋羖羊，然火，拔刀，女巫祝说，似如中国祓除，而群队驰马旋绕，百匝乃止。人持一束柳桋。回竖之，以乳酪灌焉。妇人以皮裹羊骸，戴之首上，萦屈发鬓而缀之，有似轩冕。①

这是一种非常奇特的习俗，综合上下文阅读可以看出来，他们妇人头上所戴的羊头骨应该是祭祀雷神的公羊头骨，将这样的羊头骨戴在女神头上，除了激发繁殖力的寓意，可能还会有更为深层的与天神相连接的念头，羊应该是天神与人种之间的一个媒介。

正因为羊所具有的神秘性，所以古代原始巫术中也是使用羊作媒介的。

“巫蛊”是施展巫术祈求鬼神加害于人，历代王朝对巫蛊罪都是严刑惩治的，一般是处死或流放——这是一种正常的以刑法来处理的办法。然而，鲜卑人对于所谓巫蛊者的惩治，则是使用了同“巫蛊”相同的一种巫术手段。《魏书》载：“巫蛊者，负羖羊抱犬沉诸渊。”② 让实施巫蛊的人同公羊与狗绑在一起沉入水潭溺毙，这显然也是一种巫术。之所以让巫蛊者背负上公羊，其用意可能是要用公羊之神力压制巫蛊者，使之死后也不能作恶。

在草原民族的巫术中，羊是每个人都会密切接触的动物，羊之命运遭际则预示着人之命运遭际，所以在盟誓中用很残忍的方式来屠杀羊，所谓“先折其足而杀之，继裂其肠而屠之”③，其盟誓辞则是“若心迁变，怀奸反复，神明鉴之，同于羊狗”④。这是一种残暴的赤裸裸的恐吓，其目的就在于使得参与盟誓者时时刻刻后背发凉，因为羊时时刻刻都在游牧部落每一个人的身边，从鲜美的奶茶到“咩咩”的叫声——这是最好的提醒和震慑。

吐蕃王与其臣下的盟誓，一年一小盟，是杀“羊、狗、猕猴”⑤ 来作盟誓之牲；三

① 《魏书》卷 103《高车列传》。
② 《魏书》卷 111《刑罚志》。
③ 《旧唐书》卷 196 上《吐蕃列传》。
④ 同上。
⑤ 同上。

年一大盟，则是以“杀犬马牛驴以为牲”[①]；显然，马和牛这样的较大的家畜在其盟誓中比羊更为重要。《旧唐书》所载建中四年（783）正月的一次汉蕃盟誓也能说明这一点：

> 初约汉以牛，蕃以马，（张）镒耻与之盟，将杀其礼，乃谓结赞曰：“汉非牛不田，蕃非马不行，今请以羊、豕、犬三物代之。”结赞许诺。塞外无豕，结赞请出羝羊，镒出大白羊，乃于坛北刑之，杂血二器而歃盟。[②]

陇右节度使张镒与吐蕃大相尚结赞的此次盟誓，本来约好的盟誓之礼是汉人以牛、吐蕃出马来做牺牲，但是张镒就是想压低此次盟誓的规格，以此来藐视吐蕃，所以找借口，最后以羝羊和大白羊作牺牲进行了盟誓。可见在盟誓等活动中，羊的规格还是低于牛马的，但用杀羊来表示相互的忠诚许诺，其意义则是一致的。

与“盟誓”活动相似者，尚有“投降仪式”，羊在此仪式中也是表示屈服与忠诚的一种道具。

“肉袒牵羊”是古代文献记载中的一种投降仪式，其具体形象是投降者光着上身将自己用绳子绑起来，手里牵着一头绵羊，到城门或军营之外迎接敌方统帅或国王。

按《旧唐书》的记载，这种“肉袒牵羊”的仪式乃是“亡国之礼”。[③] 所以，“肉袒牵羊”的投降仪式，并不完全适用于一般统帅或官员的投降，而只有国王或能代表王室的贵族才能使用此种仪式。因为这种仪式表达的不仅仅是屈服于对方，还表达了将江山社稷拱手相送的意思。

公元前1057年，周武王伐纣克殷商，商王朝大臣、王族微子启就“肉袒面缚，左牵羊，右把茅，膝行而前以告”[④]。微子启是时任商王纣王的庶兄，在文献记载中是商纣末年的贤臣，因而他作为殷商王族，以如此仪式来迎接周武王，就意味着将殷商江山社稷奉献给周武王的意思。

这种“左牵羊，右把茅”的仪式，其代表意义如何解读？

在上古王室宫廷礼仪中，茅草有着两重意义，其一乃“朝会束茅表位”，是指诸侯在王庭朝会时，用一把茅草来标记不同邦国或王侯之所站立或坐卧的位置；其二则

---

① 《旧唐书》卷196上《吐蕃列传》。

② 同上。

③ 《旧唐书》卷182《王重荣列传》。

④ 《史记》卷38《宋微子世家》。

“束茅而立之，所以缩酒”，①是指王在祭神、祭祖时要束茅立之祭前，沃酒其上，酒渗下，若神饮之，故谓之缩酒。因而，此处微子向周武王投降而手持茅草，既是表示将其“朝会束茅”的位置拱手相让，也可能是表示将商王室祭祀所用茅草奉上，表示献出江山。最重要的是，微子之牵羊，可能同“牵羊示于丛社”的祭礼相关，羊是社祭中最肥美的牺牲，在六畜之中又是乖顺的动物象征，因而古人选择用牵羊来表示投降。

中古时代，皇帝或诸侯王的投降仪式中，虽然手持茅草的这个细节没了，但是“肉袒牵羊”则在几千年的岁月中始终如一地保留了下来，直至《辽史》尚有“稿索牵羊”②的记载。

四、羊与游牧民的世界

远在殷商时期，在中国的西部就有着庞大的牧羊部落，他们动辄就赶着几十万只羊的羊群，在草原、戈壁与高山森林间飘来荡去。

如果他们仅仅是牧羊人，历史就不会那么波澜壮阔了。

这些牧羊人还有风一样疾驰的骏马，当肥美的羊肉、羊奶提供给他们足够的卡路里时；或者当严酷的自然使草枯雪暴、羊群锐减时；他们就会骑着马向东、向南冲向定居的农业世界，实施掠夺。历史，由此而充满了张力。

我想那些最早的甲骨文的刻画者和对草原部族名称的记录者，不是过于随意懒惰，就是非常激情四射。他们几乎没有严肃地考虑一下给这个牧羊人群体一个更为正式的名称，而是直接把羊的形象同这些牧羊人熔铸为一体，称之为“羌”。

更有过之而无不及的是，到中古时期，当匈奴的分支部落纵横在北部草原时，中原农业定居文明的统治者们，厌于这些部族粗鄙鲁莽的打家劫舍行为，干脆将这些赶着大群绵羊的部族称之为“羯”或“羝”，而羝、羯都是动辄发情的公羊之意。这样的称呼，蕴含着深深的歧视，是农业文明与游牧文明生存冲突中的必然偏见。

然而，这些不雅名称背后所蕴含的，却是古代农业定居者对草原游牧部族的最精确的认识——羊才是羌人、匈奴等古代部族最具根本特色的代表符号，是他们生存的根基所在。后代的人称这些民族为“马背上的民族”，真的是皮相之见！只看到了他们骑着马呼啸往来的影子，而忽视了他们穿着短打扮的羊皮袄、住着羊毛做成的毡

① 《墨子间诂》卷8《明鬼下》。

② 《辽史》卷2《太祖本纪》。

帐、坐着黑白诸色的毛毡、喝着膻味十足的羊奶、吃着鲜嫩肥美的羊肉。

当然，羊不仅仅是游牧民族主要肉食和奶制品及衣物材料的来源，也是可以作为驮兽的，譬如北方游牧民族的儿童在不能骑马的年龄，就开始练习骑射，羊就是最合适的坐骑——这种骑羊练习射猎的说法，在游牧射猎生活方式逐渐消亡的当代，已经不可能得到生活的证实。

有趣的儿童骑羊场景，是司马迁在2000多年前在《史记》中记载的匈奴孩子的童年生活：

> 匈奴……逐水草迁徙，毋城郭常处耕田之业，然亦各有分地。毋文书，以言语为约束。儿能骑羊，引弓射鸟、鼠；少长，则射狐、兔用为食。士力能弯弓，尽为甲骑。①

此种“儿能骑羊，引弓射鸟”的生活，可能是一种传说，目前我们掌握的资料中，还没有生活的实例来支撑这个说法。哈萨克斯坦的考古学家用绘图的形式所呈现的这种“匈奴儿童骑羊射猎”的形象，可以帮助我们直观地回味古代草原的生活场景（图四）。

图四　匈奴儿童骑羊射鸟鼠图，现代哈萨克斯坦考古学家绘制

唐代贞观十六年（642），玄奘法师在从印度归国途中，② 在从兴都库什山的塔瓦

---

① 《史记》卷110《匈奴列传》。

② 杨廷福：《玄奘年谱》，上海古籍出版社2011年版，第211—212页。

克山口翻山后，在一山村中曾见到过一种羊“大如驴”[①]，应该即是此类可以供成人骑乘的绵羊。需要提及的是，在藏北地区，盐的运输是靠羊驮来完成的，这虽然不是“乘羊”，但乃是羊用于驮运的一个典型实例。

在西藏自治区的古格王国早期佛教石窟东嘎1号窟南壁，绘有一位身穿藏服的男人骑着公羊的画面（图五），这位男人梳着辫子，手抓长长的缰绳，一条狗在身边疾驰，一类似猎鹰的鸟在其眼前飞翔，其前后有兽面人相伴。托马斯·J. 贝恩佳认为这应该是一位猎人。[②]

图五　古格王国石窟壁画中的贵族骑羊射猎图

相对来讲，羊的饲养和放牧成本最低，牛的成长需要较长的时间，要耗费的饲料成本远远超过羊，牛对于草原牧草的要求也要比羊更为严苛。而羊肉之鲜美、羊毛之细腻柔软与保暖、羊皮之易于加工缝合，对匈奴的生活都是必不可少的。所谓“自君王以下咸食畜肉，衣其皮革，披旃裘。壮者食肥美，老者食其余”[③]，指的主要就是羊。

马虽然是游牧民族得以快速移动的最佳伙伴，但是羊却是部落得以存活的命根子，是移动中的生命之粮。

张骞第二次出使西域，“将三百人，马各二匹，牛羊以万数，赍金币帛值数千巨

① 慧立本、释彦悰笺：《大唐大慈恩寺三藏法师传》卷5，中华书局2000年版，第115页。

② Peter Van Ham, *Guge: Ages of Gold—The West-Tibetan Masterpieces*, Munich: Hirmer Verlag, 2016, pp. 204 - 205；《西藏艺术：1981—1997年ORIENTATIONS文萃》，熊文彬译，文物出版社2012年版，第220页。

③《史记》卷110《匈奴列传》。

万，多持节副使，道可使，使遗之他旁国”①，这些羊不但是路途中肉、奶的供应者，还是张骞一路可以奉送的礼品。

承安元年（1196），金国大将完颜安国出征平叛追击残敌，但是由于运粮之道不通，军粮一时之间难以到达，遂携带羊群，作为会自己走路的军粮，所谓“人得一羊可食十余日，不如驱羊以袭之便”，② 以此而解决了问题。

在游牧经济中，羊是具有统计学价值的重要经济指标。

在古代王权体制社会里，源源不断地征收徭役赋税是朝廷存在的主要职能之一。由此，羊的头数也是衡量个体或群体经济承受能力的重要指标之一。如北魏时期明元帝规定：

> 六部民，羊满百口输戎马一匹。③

这是针对北方以游牧为主的部族而言，养羊 100 口以上就有能力承担贡献 1 匹战马的索取。至少在朝廷来看，这是一个经过评估或斟酌的合理索取标准。这种以羊的头数来确定战马征收标准的算法，确实是很有特色的。

同时，北魏明元帝针对农业定居者的战马征收标准则是：

> 调民二十户输戎马一匹，大牛一头。④

此乃以民户数为征收标准，因为户数与土地大小有关。那么，游牧者的羊只数量犹相当于农耕者的土地大小一样。

我们注意到，羊还是贵族阶层与平民阶层之间的一种缓冲。农业定居国家是将徭役赋税落实到户数与人头上，只要有张吃饭的口，就免不了被勒在官府摊派的绳索下。而游牧经济则不是这样，将这种摊派与贡献落实在羊的头数上，显然就减轻了一般平民的经济压力，所以在汉唐之间的古代中国，有许多农耕人口逃入匈奴，并有“匈奴中乐”⑤ 的宣说，就是这个原因。

---

①《史记》卷 123《大宛列传》。

②《金史》卷 94《完颜安国列传》。

③《魏书》卷 3《太宗明元帝帝纪》。

④ 同上。

⑤《汉书》卷 94《匈奴传》。

游牧民族建立的北魏王朝，当然会特别注意到这种不同于农耕的北方草原经济形态，将羊的头数作为一个主要经济指数来使用。在农耕地区，羊显然就不会有这么重要的统计价值。如按《汉书·食货志》对民之富足的考察，云：

> 陆地牧马二百蹄，牛千蹄角，千足羊，泽中千足彘，水居千石鱼波，山居千章之萩。此其人皆与千户侯等。①

此云陆地养马 50 匹，养牛 167 头，养羊 250 只，沼泽养猪 210 口，陂塘养鱼 1 000石，山中种植成材大树 1 000 棵。这样的人家才是和千户侯同样富有的。在这里，羊仅仅是其中一个小指标。

正是因为羊对于游牧经济有着如农耕经济的土地一样的重要作用，是奶和皮毛的主要产出者。因而，任何一个部落，其部民、马匹、牛羊三者之间一定是要保持一个数量上的适当比例的。这就像农耕民族的土地规模与粮食储存一样，只有拥有了一定数量的羊的种群，才能为部族生活、战斗提供必要的生存资源支持。

西汉本始二年（前 72），西汉校尉常惠——此人乃苏武出使西域的同伴之一，他率领 5 万余乌孙骑兵出击匈奴，“获单于父行及嫂居次，名王骑将以下三万九千人，得马牛驴赢橐驼五万余匹，羊六十余万头”。② 在这个记载中，以小王“父行单于”为头目的这个匈奴部落部民、马牛驴骆驼、羊三者之间的比例，以万为单位约为 4：5：60。那么羊的头数是马、牛、驴、骡子、骆驼总数的 12 倍，是部落民数量的 15 倍。

西晋太康八年（287），北方匈奴都督大豆得一育鞠等率其部落来归附西晋王朝，其“种落大小万一千五百口，牛二万二千头，羊十万五千口”③，此部人口 11 500 口，牛 22 000 头，养 155 000 只。按万为单位，其部民、牛、羊的比例约为 1：2：15，羊的数目也是部民的 15 倍。R. Cribb 的游牧考古调查数据也证实了这个估算的可信度，他指出，游牧核心家庭生存至少需要 60 只羊。④

由此，可以基本断定，在古代游牧部落，人口与羊的数量比例应该在 1：15 左右方为正常，这样才能保证毛、皮、奶的供应。

---

① 《汉书》卷 91《货殖列传》。

② 《汉书》卷 70《常惠列传》。

③ 《晋书》卷 97《四夷列传·北狄》。

④ 〔澳〕罗杰·克里布：《游牧考古学——在伊朗和土耳其的田野调查》，李莎等译，郑州大学出版社 2015 年版，第 33—34 页。

羊对于游牧民族是如此重要，以至于佛教僧人在传教过程中，也被寄予能让牛羊繁殖旺盛的厚望。

564 年，北周僧人释道判与同伴西行去印度佛国瞻仰佛迹，然而丝路不通，在过了高昌国之后，就被突厥人围困了起来。突厥人不信佛教，对这些僧人有加害之心，既不给他们粮食，也不许他们出外挖野菜、寻柴火，就想饿死他们。危难之际，北周的使者对突厥西面可汗说："此佛弟子也，本国天子大臣敬重供养，所行之处能令羊马孳多。"[①] 可汗听到这般利好的消息，于是"日给羊四口以充恒食"[②]。道判等人哪能吃羊肉，于是放了羊吃野菜。突厥人见他们行为如此怪异，就是不放他们西行，最后还是把他们送回了长安。

说佛教僧人"所行之处能令羊马孳多"[③]，不过是急中生智糊弄突厥可汗以保命的权宜之计，但是突厥可汗闻此则大喜，可见羊之繁育对于游牧部族是何等的重要。

与古代游牧部族生活息息相关的羊，当然不仅仅是他们成群放牧的绵羊，还包括那些野羊，如野羚羊、北山羊、马可波罗羊、黄羊等。

图六　公元前 3800—3700 之间伊朗高原的陶罐上所绘制的野山羊

这些野羊是骑马民族狩猎的对象，其中的羚羊、北山羊还可能是他们崇拜的灵物——古代岩画中大量表现它们的灵巧姿态，是具有一定的宗教崇拜意义的。在中亚地区的岩画中，北山羊是最常被表现的动物形象，无论是狩猎的场景还是刻画有国王与英雄的场景，都会有北山羊优美的身影与之并列。[④] 我们在这里列举的公元前 3 800—3 700 之间伊朗高原的陶罐上所绘制的野山羊，就是这种文化的典型例证（图六）。[⑤]

---

① 释道宣：《续高僧传》卷 12《隋终南山龙池道场释道判传》。

② 同上。

③ 同上。

④〔巴基斯坦〕艾哈默德·哈桑·达尼：《喀喇昆仑公路沿线人类文明遗迹》，赵俏译，中国国际广播出版社 2011 年版，第 47、73、77、79、81 页；在 2014 年 11 月份的中亚考察中，看到在伊塞克湖畔天山山麓的岩画中，北山羊也是其中主要的动物形象。

⑤ Storage jar decorated with mountain goats，Period：Chalcolithic，Date：ca. 3800 - 3700 B. C.，Accession Number：59. 52，The Metropolitan Museum of Art，http：//www. metmuseum. org/collection.

大量塑造以野羊、鹿等为中心的动物形象，是草原游牧民族一个古老的传统，古代草原民族如斯基泰人、鲜卑及大夏的月氏人和在漠北高原的突厥人，都在不同程度上继承了这一传统。

图七 乌克兰境内出土的斯基泰人祭祀用银制角杯

在古代斯基泰游牧风格的动物形象艺术品中，羚羊或山羊是被重点表现的动物之一，在其服装、毛织品、日用器物和宗教用品中都会有羚羊或山羊的造型。如角杯是中亚及欧亚草原文化遗物中常见的饮器，而古代斯基泰人的角杯尾端则往往以公羊的头来装饰。如1830年在乌克兰境内出土的一件银制角杯就非常典型（图七），它是公元前4世纪的器物。这种角杯应该是斯基泰人在祭祀中使用的重要礼器，并且只有特定的人才能使用。[①] 因而，象牙这样的珍稀材料和黄金、白银这样的贵重金属才被用来加工此器，而上面装饰的狮子头、公羊头、狮鹫则不是一般意义上的动物形象，而是具有一定的宗教寓意和通神功能。

在古代中亚地区，文献记载中的金羚羊总是被置于重要建筑物如“天房”的门扇或建筑的顶部，[②] 而萨珊波斯王朝的第一位王者向麦加的“天房”贡献的珍宝中，最引人瞩目的也就是金羚羊了：

> 在这个遥远的时代，波斯人的习惯是向克尔白供奉丰富的礼品和宝石。所以贝克尔的儿子萨珊也向它奉献了两只金羚羊和珍宝、大刀以及相当数量的黄金，这些贡品都埋在宰姆宰姆井中。[③]

其吉祥或神圣的象征意义自不待言。出土的草原文物金羚羊总是呈现一种四蹄攒中、背部拱起的姿势——这种姿势应该是羚羊跃起时最优美、最有张力、最接近天空

① 张文玲：《黄金草原：古代欧亚草原文化探微》，上海古籍出版社2012年版，第57—58页。

② 马苏第：《黄金草原》，第575页。

③ 同上书，第286页。

和最具有吉祥意义的姿势。

在文献记载中，蒙古部落首领的毡帐中也有一种山羊崇拜的偶像。1245 年，意大利人普兰·迦尔宾带着罗马教会英诺森四世给蒙古大汗的书信，前往伏尔加河的拔都大营，但是拔都没有接受这封信，而是让普兰·迦尔宾带领的传教使团继续向蒙古进发，由此，普兰·迦尔宾见到了蒙古大汗贵由，在那里住了 4 个月，得以了解了蒙古的一些情况，1247 年返回后，他给教皇写了一份报告——《蒙古人的历史》。在此书中，普兰·迦尔宾记载："在首领、千户长、百户长的帐幕中央常有一只山羊形状的偶像。"①

羚羊是瑞兽，曾作为贡品被西域国家不远万里奉献到中原来。唐代开元七年（719），东罗马帝国派遣吐火罗大首领向唐王朝贡献狮子、羚羊各 2 头。② 不仅仅是羊，那种用金银铸造的具有神圣意义羊之造像，也被作为高贵的贡品送到中原的皇家宫廷。据《旧唐书》的记载，唐代长庆四年（824），吐蕃在进贡牦牛给唐朝廷时，还同时进贡来"铸成银犛牛、羊、鹿各一"③。

关于用贵金属如金、银和铜所铸造的这种动物立像的使用等问题，陈凌先生曾作过讨论，他认为："公元前 1 世纪到公元 1 世纪的阿姆河宝藏中有不少动物立像，这些立像大致可以分为两类，一类是直接焊接在平板之上，一类是四蹄有榫或圆环可固定于某物体之上。这两类动物立像的四蹄都采用分立姿势。毗伽可汗陵园发现的金翼银鹿与阿姆河宝藏中一件大角金羊尤其相似，两件立像动物的四蹄都略向内攒聚。毗伽可汗陵园出土银鹿与阿姆河宝藏动物立像在样式和工艺如此的相似，再次说明了这两个地区的文化有某种承继关系。"④

图八 Tillya Tepe，Tomb Ⅳ出土的阿姆河大角金羊

出土于 Tillya Tepe，Tomb Ⅳ，现藏于阿富汗国家博物馆的阿姆河大角金羊（图八），其塑造原型可能是东方盘羊（*Ovis vignei*），它应该是固定在皮革或木质的基座之上的装饰性标志，譬如在游牧民族首领的头冠前

① 〔日〕内田吟风：《北方民族史与蒙古史译文集》，余大钧译，云南人民出版社 2003 年版，第 352 页。

② 《旧唐书》卷 198《西戎列传·拂菻》。

③ 《旧唐书》卷 17 上《敬宗本纪》。

④ 陈凌：《突厥汗国与欧亚文化交流的考古学研究》，上海古籍出版社 2013 年版，第 180 页。

方，以此来表示其领袖的地位与荣耀。[①] 用羊和类似的具有神圣意义的动物形象放在领导者如王或王子头冠的显眼位置，来表示其特殊的身份，中亚出土的塞人头冠上有此实例。

不仅如此，羊的生理生长周期还可以作为一种时间度量的单位，如野公羊一般在阴历的九月份进入交配发情期，那么这个月份就被称之为“公羊月”，[②] 这是一种自然崇拜型历法。

在中国古代十二生肖中，羊占其一。在商代，羊之形象就成为青铜重器着力表现的对象，有其独特的象征意义。如著名的四羊方尊即以四羊、四龙相对的造型展示了酒礼器中的至尊气象。

先秦时期，人们对羊的个性有两个归纳：善良知礼、外柔内刚。羊“跪乳”的习性，被视为善良知礼，甚至被后世演绎为孝敬父母的典范；外柔内刚也被引申出许多神圣的秉性，传说的始祖皋陶敬羊，《诗经·召南》中也有“文王之政，廉直，德如羔羊”的说法。

羊最通俗或民间化的象征意义便是“吉祥”，至少从汉代开始，羊就与吉祥联系在一起，汉代瓦当、铜镜等铭刻中多见“宜侯王，大吉羊（祥）”铭文，吉祥有时直接写成“吉羊”。东汉许慎在《说文解字》卷四云：“美，甘也。从羊，从大。羊在六畜主给膳也。美与善同意。”因而，美、善这些从羊的字词都饱含吉祥之意。

---

① Fredrik Hiebert and Pierre Cambon，*Afghanistan：Hidden Treasures from the National Museum，Kabul*，Washington：Nationan Geographic，2008，p. 108.

②〔法〕路易·巴赞：《古突厥社会的历史纪年》，耿昇译，中国藏学出版社 2014 年版，第 473 页。

唐诗咏丝绸之路的盛衰※

石云涛

（北京外国语大学）

【摘　要】　唐代是丝绸之路的黄金时代，唐代又是中国古典诗歌发展的辉煌时期，唐诗是唐代社会生活和唐人心路情感的反映和记录。丝绸之路的盛衰、中外关系的变化和中外文化交流的发展在唐诗中得到生动的表现。关于贞观之治、开元盛世、安史之乱、元和中兴和唐朝的衰亡对丝绸之路和中外关系的影响，唐诗中有丰富的资料。

【关键词】　唐诗；丝绸之路；贞观之治；开元盛世；中外关系

唐朝政治、经济和文化的发展都达到历史上的鼎盛，这一时期也是中外文化交流的高潮时期。从丝绸之路的发展变化来看，大致可以安史之乱为界，分为两个时期，前期是陆上丝路的黄金时代，后期则是陆上丝路迅速衰落和海上丝路开始兴盛的时期。唐诗是唐代社会生活的壮丽画卷，丝绸之路的盛衰变化受到诗人的密切关注。作为唐代历史和社会文化生活的反映，唐诗中有对丝绸之路的开拓和盛衰的歌咏。疏理唐诗中反映丝绸之路和中外文化交流的变迁，为我们认识唐代丝绸之路的发展变化提供了新材料和新视角。本文试作尝试，求教于方家。

※ 本文为国家社会科学基金后期资助项目（项目编号：17ZFS001）阶段性成果。

一、唐前期陆上丝路的发展和中外交流的盛况

（一）“贞观之治”与唐初中外关系新局面

“贞观之治”指唐初出现的太平盛世。唐太宗知人善任，广开言路，虚心纳谏，政治上出现了清明气象。唐王朝根据社会发展需要，采取了一系列开明政策，推动了社会经济快速发展。贞观时唐王朝先后击灭东突厥和西突厥，解除了北方游牧民族长期对中原地区的威胁，大唐帝国巍然崛起于世界东方。唐朝注意发展与世界上各个国家和各个民族的关系，唐朝政治上的强盛和经济、文化上的繁荣吸引了域外国家和周边民族的向往和仰慕，中外文化交流出现了空前的盛况。

丝绸之路的发展进入历史上最为辉煌的时期。首先，唐在征服吐谷浑，击灭东、西突厥之后，其疆域扩展到中亚地区，绿洲之路空前畅通，一度与波斯、东罗马进行直接交往。其次，由天山以北经咸海、里海和黑海西行的草原之路也空前兴盛。这条路线上出现了许多新兴的商业城市，如庭州、弓月、轮台、热海、碎叶、怛罗斯等。第三，中西之间陆上丝路的三条干线都畅通无阻，而且支线错出，形成交通网络。三条干线每条干线都要经过若干国家和地区，而这些国家和地区之间又互有道路可通。这种交通网络在隋代时已大体形成，裴矩《西域图记》就说，“凡为三道，各有襟带”，“其三道诸国，亦各自有路，南北交通”，“并随其所往诸外得达”。[①] 这种情况到贞观时期征服了东西突厥后更加发展。四通八达的交通网络，是唐朝与域外国家和地区交往和交流的前提，是唐代中外文化交流辉煌局面的必要基础。

唐太宗武功显赫，先后平定突厥、薛延陀、回纥、高昌、焉耆、龟兹、吐谷浑等，由是唐帝国声威远播。太宗被北方和西北方各草原族共尊为“天可汗”。[②] 唐诗反映唐灭东、西突厥后，丝绸之路与中外交通和交往盛况空前。唐朝在世界上享有崇高威望，周边各族和世界各国纷纷朝贡进献，这是太宗的光荣，也是整个唐王朝的光荣。最高统治者有最深切的体会，李世民《执契静三边》诗云：

执契静三边，持衡临万姓。玉彩辉关烛，金华流日镜。

① 《隋书》卷 67《裴矩传》，第 1579—1580 页。

② ［宋］王溥《唐会要·杂录》云：“贞观四年，诸蕃君长诣阙，请太宗为天可汗。乃下制，令后玺书赐西域北荒之君长，皆称皇帝天可汗。”

无为宇宙清，有美璇玑正。皎佩星连景，飘衣云结庆。
戢武耀七德，升文辉九功。烟波澄旧碧，尘火息前红。
霜野韬莲剑，关城罢月弓。钱缀榆天合，新城柳塞空。
花销葱岭雪，縠尽流沙雾。秋驾转兢怀，春冰弥轸虑。
书绝龙庭羽，烽休凤穴戍。衣宵寝二难，食旰餐三惧。
翦暴兴先废，除凶存昔亡。圆盖归天壤，方舆入地荒。
孔海池京邑，双河沼帝乡。循躬思励己，抚俗愧时康。
元首伫盐梅，股肱惟辅弼。羽贤崆岭四，翼圣襄城七。
浇俗庶反淳，替文聊就质。已知隆至道，共欢区宇一。①

这首诗歌咏击灭突厥后天下太平的景象。“书绝龙庭羽，烽休凤穴戍”写的就是对突厥的战争结束了，而“花销葱岭雪，縠尽流沙雾”二句既是写景，又包含着西域局势安定、丝绸之路畅通的寓意。“三边”是用典，汉代时幽、并、凉三州因位于边疆，谓之三边，后世泛指边疆。“契”即协议和约，诗题“执契静三边”的意思是唐王朝不是靠武力而是凭与各民族友好和约而使边境安定的。在击灭突厥后唐王朝与周边民族建立起友好关系，这首诗就是这种形势的反映。在这种环境下，周边民族和域外各国纷纷入唐朝贡，这种盛况进入唐诗的歌咏中。李世民《正日临朝》诗：“条风开献节，灰律动初阳。百蛮奉遐赆，万国朝未央。”② 他的《幸武功庆善宫》诗云：“寿丘惟旧迹，酆邑乃前基。粤予承累圣，悬弧亦在兹。弱龄逢运改，提剑郁匡时。指麾八荒定，怀柔万国夷。梯山咸入款，驾海亦来思。单于陪武帐，日逐卫文檍。端扆朝四岳，无为任百司。”③ 其《春日玄武门宴群臣》云：“韶光开令序，淑气动芳年。驻辇华林侧，高宴柏梁前。紫庭文珮满，丹墀衮绂连。九夷簉瑶席，五狄列琼筵。娱宾歌湛露，广乐奏钧天。清尊浮绿醑，雅曲韵朱弦。粤余君万国，还惭抚八埏。庶几保贞固，虚己厉求贤。”④《元日》诗云：“高轩暧春色，邃阁媚朝光。彤庭飞彩旆，翠幌曜

① 吴云、冀宇编辑校注：《唐太宗集》，陕西人民出版社1986年版，第16页。

② 同上书，第19页。

③ 同上书，第20页。此诗为唐郊庙歌辞“舞曲歌辞”。《全唐诗》题为“功成庆善乐舞词”，题注：“一曰九功舞，殿庭朝会所奏，文舞也。《新唐·礼乐志》曰：‘太宗生于武功之庆善宫。贞观六年，幸之，宴从臣，赏赐闾里，同汉沛宛。帝欢甚。赋诗，吕才被之管弦，名曰《功成庆善乐》。以童儿六十四人，冠进德冠，紫袴褶，长褒漆髻，屣履而舞。’《旧书·乐志》曰：‘庆善乐，太宗所造也。名《九功之舞》，舞蹈安徐，以象文德洽而天下安乐也。冬正享讌及国有大庆，与七德舞偕奏于庭。’”

④ 同上书，第34页。

明珰。恭己临四极，垂衣驭八荒。霜戟列丹陛，丝竹韵长廊。穆矣熏风茂，康哉帝道昌。继文遵后轨，循古鉴前王。草秀故春色，梅艳昔年妆。巨川思欲济，终以寄舟航。”① 这些诗都表达了太宗面对国家安定四夷臣服的局面欣然自得之情，其中不免有夸耀，但在一定程度上也是贞观时期社会局面的真实反映。

贞观时期是一个高度开放的时代，外国人入境和中国人出境没有严格的限制，既不担心中国人出去后忘本忘祖，也不担心外国人进来后喧宾夺主。唐人对外国侨民既不歧视也不奉迎，一幅不卑不亢的大国气象。外国人在中国不但可以发财致富，还可以从政当官。来自朝鲜半岛、阿拉伯帝国和日本的侨民有不少人在中国担任官职，有的甚至在朝廷担任高级官员。唐帝国除了接收大批的外国移民外，还接收一批又一批的外国留学生来中国学习先进文化。与唐太宗一样经历了隋末战乱，又共同缔造了贞观时期政治辉煌局面的大臣们对唐帝国声威远被和丝绸之路通畅的局面也有很深的观感和体会。在他们的诗中歌咏了这一良好局面，当然也包含着对最高统治者李世民功德的歌颂。魏征《奉和正日临朝应诏》诗云：

百灵侍轩后，万国会涂山。岂如今睿哲，迈古独光前。
声教溢四海，朝宗引百川。锵洋鸣玉珮，灼烁耀金蝉。
淑景辉雕辇，高旌扬翠烟。庭实超王会，广乐盛钧天。
既欣东日户，复咏南风篇。愿奉光华庆，从斯亿万年。②

这是正日贺正时魏征的奉和之作，其中“百灵”“万国”包括国内外各民族和各国，“声教溢四海”则歌颂唐王朝声威远被。颜师古《奉和正日临朝》诗应是与魏征同时之作：“七府璿衡始，三元宝历新。负扆延百辟，垂旒御九宾。肃肃皆鸳鹭，济济盛缨绅。天涯致重译，日域献奇珍。”③ 诗描写九宾会同重译来献的昌盛局面。在唐皇室太庙祭礼上，理当把辉煌的功业向祖先神灵汇报。魏征在为高祖大武皇帝酌献时的《享太庙乐章·大明舞》写的歌词有云：“上纽天维，下安地轴。征师涿野，万国咸服。偃伯灵台，九官允穆。殊域委赆，怀生介福。”④ 其为《享太庙乐章·舒和》舞写

① 《唐太宗集》，第 45 页。
② 周勋初等主编：《全唐五代诗》卷 7，陕西人民出版社 2014 年版，第 147 页。
③ 《全唐五代诗》卷 8，第 169 页。
④ 《全唐五代诗》卷 7，第 145 页。

的歌词云："圣敬通神光七庙，灵心荐祚和万方。"① 袁朗《饮马长城窟行》云："朔风动秋草，清跸长安道。长城连不穷，所以隔华戎。规模惟圣作，荷负晓成功。乌庭已向内，龙荒更凿空。玉关尘卷静，金微路已通。汤征随北怨，舜咏起南风。画野功初立，绥边事云集。朝服践狼居，凯歌旋马邑。山响传风吹，霜华藻琼钑。属国拥节归，单于款关入。"② 其中"金微"即金微山，今称阿尔泰山，这里代指西域。"金微路已通"直接反映了丝绸之路通畅的现实。他在《和洗掾登城南坂望京邑》诗中写道："万国朝前殿，群公议宣室。"③ 中唐诗人柳宗元《唐铙歌鼓吹曲·高昌》歌颂唐太宗："文皇南面坐，夷狄千群趋。咸称天子神，往古不得俱。献号天可汗，以覆我国都。"④ 张祜《大唐圣功诗》歌颂唐太宗的功业："甲子上即位，南郊赦宪瀛。八蛮与四夷，朝贡路交争。"⑤ 八蛮四夷朝贡之路即丝绸之路。这些诗确有为统治者歌功颂德的溢美之嫌，但客观上反映了丝绸之路的兴盛局面，而且当时确有功可歌，有德可颂。

在唐代诗人看来，贞观之治那良好的政治局面和唐朝在世界上的崇高威望，是当时君臣共治取得的成果，良臣辅佐功不可没。房玄龄的良谋、杜如晦的决断曾为唐太宗的政治决策发挥了重要作用，世称"房谋杜断"。《旧唐书·房玄龄杜如晦传论》云："房、杜二公，皆以命世之才，遭逢明主，谋猷允协，以致升平。议者以比汉之萧、曹，信矣。……世传太宗尝与文昭（房玄龄）图事，则曰：'非如晦莫能筹之。'及如晦至焉，竟从玄龄之策也。盖房知杜之能断大事，杜知房之善建嘉谋。"⑥ 柳宗元《视民诗》热情赞颂了房玄龄、杜如晦治国安民的功劳：

> 帝视民情，匪幽匪明。惨或在腹，已如色声。亦无动威，亦无止力。弗动弗止，惟民之极。帝怀民视，乃降明德，乃生明翼。明翼者何？乃房乃杜。惟房与杜，实为民路。乃定天子，乃开万国。万国既分，乃释蠹民，乃学与仕，乃播与食，乃器与用，乃货与通。有作有迁，无迁无作。士实荡荡，农实董董，工实蒙蒙，贾实融融。左右惟一，出入惟同。摄仪以引，以遵以肆。其风既流，品物载

① 《全唐五代诗》卷7，第145页。
② 《全唐五代诗》卷1，第11页。
③ 同上书，第12页。
④ ［唐］柳宗元：《柳宗元集》卷1，中华书局1979年版，第24页。
⑤ 孙望辑录：《全唐诗补逸》卷11，《全唐诗补编》，中华书局1990年版，第216页。
⑥ 《旧唐书》卷66《房玄龄杜如晦传论》，第2472页。

休，品物载休，惟天子守，乃二公之久；惟天子明，乃二公之成；惟百辟正，乃二公之令；惟百辟谷，乃二公之禄。二公行矣，弗敢忧纵，是获忧共，二公居矣，弗敢泰止，是获泰已。既柔一德，四夷是则。四夷是则，永怀不忒。①

房、杜的成功使唐朝政治“四夷是则”——唐王朝的典章制度礼乐文明成为周边和域外民族学习的楷模。《旧唐书》房杜传论赞语云：“肇启圣君，必生贤辅。猗欤二公，实开运祚。文含经纬，谋深夹辅。笙磬同音，唯房与杜。”② 这与柳宗元的诗异曲同工。

唐高宗和武后时期，社会保持着国力强盛政治安定经济持续繁荣的局面，疆域进一步开拓，中外关系和文化交流继续发展。高宗时政治有贞观遗风，武则天称帝，改国号曰周，仍然延续着唐朝的制度，继续把国家推向强盛。这一时期诗作有不少歌咏这一盛世局面的内容。则天皇后《唐明堂乐章·迎送王公》诗云：“千官肃事，万国朝宗。载延百辟，爰集三宫。君臣德合，鱼水斯同。睿图方永，周历长隆。”③ 诗写官员们都恪尽职守，许多国家都臣属唐朝，歌咏了君臣和睦、君民一心、万国入贡、歌舞升平的景象。唐高宗时无名氏《杂曲歌辞·太和第五彻》诗云：“我皇膺运太平年，四海朝宗会百川。自古几多明圣主，不如今帝胜尧天。”④ 张说《破阵乐》：“汉兵出顿金微，照日明光铁衣。百里火幡焰焰，千行云骑骈骈。蹙踏辽河自竭，鼓噪燕山可飞。正属四方朝贺，端知万舞皇威。”⑤ 张仲素《圣明乐》云：“玉帛殊方至，歌钟比屋闻。华夷今一贯，同贺圣明君。”⑥ 杜审言《和李大夫嗣真奉使存抚河东》诗称颂当时的政治：“八荒平物土，四海接人烟。”⑦ 沈佺期《守岁应制》诗：“南渡轻冰解渭桥，东方树色起招摇。天子迎春取今夜，王公献寿用明朝。殿上灯人争烈火，宫中侲子乱驱妖。宜将岁酒调神药，圣祚千春万国朝。”⑧ 这些诗一方面有夸张其事润色鸿业之用意，一方面也在某种程度上反映了当时社会繁荣的客观现实，“万国朝宗”“玉帛殊方至”云云并非全是虚谈。

---

①《柳宗元集》卷 1，第 39—40 页。

②《旧唐书》卷 66《房玄龄杜如晦传赞》，第 2472 页。

③《全唐诗》卷 5，中华书局 1960 年版，第 54 页。

④《全唐诗》卷 27，第 382 页。

⑤［宋］郭茂倩编：《乐府诗集》卷 80，中华书局 1979 年版，第 1127 页。

⑥《乐府诗集》卷 80，第 1134 页。

⑦《全唐五代诗》卷 43，第 843 页。

⑧《全唐五代诗》卷 68，第 1330 页。

（二）“开元盛世”与中外关系的发展

玄宗即位，治国以道家清静无为思想为宗，励精图治，任用贤能，开元年间政治清明，经济迅速发展，天下大治，唐朝进入全盛时期，史称“开元盛世”。强盛的唐朝吸引着世界上各个国家和民族对中华帝国的向往，诗人们在不同场合用诗歌反映了这一伟大的时代。

唐玄宗的文治武功受到诗人的赞颂。开元十三年（725）为了“答厚德，告成功”，玄宗举行“封泰山，禅梁父”的盛典。① 为封禅大典使用的乐章谱写的歌词，当然要极力渲染唐王朝的文治武功，昭告上天。四面八方万国入贡是唐王朝皇威远被的典型表现，因此成为这些乐章的重要内容。张说《唐封泰山乐章·豫和六首》其三：“相百辟，贡八荒。九歌叙，万舞翔。”② 其六：“华夷志同，笙镛礼盛。明灵降止，感此诚敬。”③ 《唐封泰山乐章·肃和》：“奠祖配天，承天享帝。百灵咸秩，四海来祭。”④ 在祭祀祖先的仪式中，要把文治武功告慰祖先。张说《唐享太庙乐章·永和三首》其三：“信工祝，永颂声。来祖考，听和平。相百辟，贡九瀛。神休委，帝孝成。”⑤ “贡九瀛”即令九瀛入贡。在各种节庆活动中，玄宗君臣喜欢唱和赋诗。在臣下的奉和之作中，免不了称颂玄宗的功德和盛业，其中包括万国来朝的盛况。张说《奉和圣制春中兴庆宫酺宴应制》诗：“千龄逢启圣，万域共来威。”⑥ 唐玄宗的生日被称为千秋节、开长节。⑦ 王维《奉和圣制天长节赐宰臣歌应制》：“太阳升兮照万方，开阊阖兮临玉堂，俨冕旒兮垂衣裳。金天净兮丽三光，彤庭曙兮延八荒。德合天兮礼神遍，灵芝生兮庆云见。唐尧后兮稷契臣，匝宇宙兮华胥人。尽九服兮皆四邻，乾降瑞兮坤降珍。”⑧ 唐玄宗喜作诗，臣下奉和成为常态。张说奉使巡边，玄宗赋诗送行，贺知章《奉和圣制送张尚书巡边》诗：“荒憬尽怀忠，梯航已自通。”⑨ 梯航，即梯山航海，形容来自自古未曾通使的域外的使臣，歌咏唐王朝对外交往的扩大。地方朝集

---

①《旧唐书》卷23《礼仪志》三，中华书局1974年版，第891页。

②《全唐诗》卷85，第918页。

③ 同上书，第919页。

④ 同上书，第919页。

⑤ 同上书，第920页。

⑥《全唐五代诗》卷88，第1793页。

⑦《旧唐书·玄宗纪》记载，开元十七年“八月癸亥，上（玄宗）以降诞日，燕百僚于花萼楼下。百僚表请以每年八月五日为千秋节”。天宝七年“秋八月己亥朔，改千秋节为天长节”。

⑧［清］赵殿成笺注：《王右丞集笺注》卷1，上海古籍出版社1984年版，第1页。

⑨《全唐五代诗》卷78，第1602页。

使人京述职，归郡时玄宗写诗送行，王维《奉和圣制暮春送朝集使归郡应制》诗："万国仰宗周，衣冠拜冕旒。"① 唐玄宗时经营西域的巨大成就受到诗人的热情歌颂。杜甫《遣怀》诗："先帝正好武，寰海未凋枯。猛将收西域，长戟破林胡。百万攻一城，献捷不云输。"②

唐玄宗时对外交往扩大，与更多的国家建立了友好关系。"万国来朝"的景象频频出现在诗人的吟咏中。王维《和贾舍人早朝大明宫之作》："绛帻鸡人送晓筹，尚衣方进翠云裘。九天阊阖开宫殿，万国衣冠拜冕旒。"③ 卢象《驾幸温泉》诗："千官扈从骊山北，万国来朝渭水东。"④ 杜甫《奉赠太常张卿垍二十韵》："方丈三韩外，昆仑万国西。建标天地阔，诣绝古今迷。……能事闻重译，嘉谟及远黎。"⑤ 李肱《省试霓裳羽衣曲》："开元太平时，万国贺丰岁。"⑥ 樊珣《忆长安·十月》："忆长安，十月时，华清士马相驰。万国来朝汉阙，五陵共猎秦祠。昼夜歌钟不歇，山河四塞京师。"⑦ 李岑《玄元皇帝应见贺圣祚无疆》："皇纲归有道，帝系祖玄元。运表南山祚，神通北极尊。大同齐日月，兴废应乾坤。圣后趋庭礼，宗臣稽首言。千官欣肆觐，万国贺深恩。"⑧ 谢良辅《忆长安·正月》："忆长安，正月时，和风喜气相随。献寿彤庭万国，烧灯青玉五枝。"⑨ 鲍防《杂感》写得最为具体："汉家海内承平久，万国戎王皆稽首。天马常衔苜蓿花，胡人岁献葡萄酒。五月荔枝初破颜，朝离象郡夕函关。雁飞不到桂阳岭，马走先过林邑山。"⑩ 开头两句说，天下承平日久，外夷臣服。接着历数万国戎王入贡物品，有良马、葡萄酒、荔枝等。唐诗中常以汉代唐，字面上写汉，实际指唐，这首诗也是写唐事。唐玄宗天宝三载（744），唐朝改其大宛国号为宁远，并封宗室女为和义公主，嫁给宁远王。这首诗当做于安史之乱之前，反映的是盛唐时万国称臣纳贡局面。

开元盛世社会安定万国来朝的局面，令唐后期的诗人深情追忆而形诸笔端。韦应物《骊山行》诗写安史之乱前后社会形势的变化，其中歌颂开元盛世："君不见开元

① 《王右丞集笺注》卷 11，第 200 页。
② 《杜诗详注》卷 16，第 1449 页。
③ 《王右丞集笺注》卷 10，第 177 页。
④ 《全唐五代诗》卷 188，第 3976 页。
⑤ 《杜诗详注》卷 3，第 220 页。
⑥ 《全唐诗》卷 542，第 6260 页。
⑦ 《全唐诗》卷 307，第 3489 页。
⑧ 《全唐诗》卷 258，第 2881 页。
⑨ 《全唐诗》卷 307，第 3484 页。
⑩ 同上书，第 3485 页。

至化垂衣裳，厌坐明堂朝万方。……英豪共理天下晏，戎夷詟伏兵无战。时丰赋敛未告劳，海阔珍奇亦来献。”① 元稹《代曲江老人百韵》诗借一位老人之口回忆玄宗时的社会状况：“万方来合杂，五色瑞轮囷”；“文物千官会，夷音九部陈。鱼龙华外戏，歌舞洛中嫔”；“山泽长孳货，梯航竞献珍。翠毛开越嶲，龙眼弊瓯闽。玉馔薪燃蜡，椒房烛用银。铜山供横赐，金屋贮宜颦。”② 通过今昔对比，诗人们对安史之乱后江河日下的局面表达惋惜。

二、唐后期政治形势的变化与陆上丝路的衰落

陆上丝路到唐代前期发展到黄金时代，但是到唐代中后期就迅速衰落了，时间上大致可以玄宗天宝时为转折点。陆上丝路衰落的原因，首先是与当时国内外的政治形势有关，其次是由于陆路交通自身的弱点不能适应中西之间经济文化交流的发展。

（一）大食人的扩张、安史之乱与陆上丝路的衰落

唐朝在中亚地区的统治以及唐与中亚诸国的宗藩关系由于种种原因而走向瓦解，同时伴随着陆上丝绸之路走向衰落。由于阿拉伯势力的兴起和对外扩张，导致了唐朝在中亚地区势力的收缩。唐时称阿拉伯为大食，大食人生活在阿拉伯半岛上，隋唐之际，穆罕默德创立了伊斯兰教，并统一了阿拉伯半岛。穆罕默德死后，其继位者称为“哈里发”。初期四任哈里发通称“四大哈里发”。阿拉伯人在四大哈里发时期开始了向东西方的扩张。四大哈里发之后的伍麦叶王朝（又称倭马亚王朝）继续扩张，移都于大马士革。向东阿拉伯人先后进入西亚，灭波斯萨珊王朝，染指中亚地区，并有继续东进中国的欲望。公元 750 年，伍麦叶王朝灭亡，代之而起的阿拔斯王朝移都巴格达。

唐朝对中亚地区恩威并施，极力维持着对这一地区的控制。开元元年（713）唐任命突骑施部落首领苏禄为左羽林军大将军、金方道经略大使，赐号忠顺可汗。苏禄在唐与后突厥、吐蕃之间摇摆。唐以阿史那怀道女为金河公主妻之，苏禄又娶于后突厥、吐蕃，三女并为可敦（皇后）。唐经营西域，置安西四镇，最远的是碎叶镇。开元七年（719），玄宗接受汤嘉惠的建议，以焉耆镇取代碎叶镇。这个事件显示出唐朝

① 陶敏、王友胜：《韦应物集校注》卷 10，上海古籍出版社 1998 年版，第 580 页。

②《元稹集》卷 10，中华书局 1982 年版，第 109—111 页。

势力在中亚的退却。唐朝不甘心在中亚宗主国地位的丧失，对于其地的离心和叛乱不断进行军事的征服。玄宗天宝时期，为了挽回颓势，唐曾数度出兵葱岭以西。根据杜环《经行记》记载："碎叶城，天宝七载，北庭节度使王正见薄伐，城壁摧毁，邑居零落。"① 不久又发生著名的怛逻斯之战，唐将高仙芝率军进入中亚，与大食军队发生激战，败绩。天宝十载（751），阿拉伯军队与唐军在怛罗斯交战获胜，但却没有能力继续东进。一般认为，怛罗斯之战导致了唐朝在中亚势力的全面退却和穆斯林在中亚取得优势地位。

导致唐朝对中亚地区和西域的统治瓦解的原因，还有国内爆发了安史之乱。唐玄宗时，为了防御东北的奚、契丹，北方的后突厥、回纥，西部的吐蕃和控制西域，唐王朝沿边设置了八个大军区，每一个大军区的长官称节度使。安禄山出身杂胡，因军功升任边帅，身兼平卢、范阳、河东三镇节度使。于天宝十四载（755）冬在范阳起兵叛乱，率军南下，占领唐两都长安、洛阳。为了应付国内的事变，唐王朝抽调安西、陇右、河西边防军入中原平乱，西北边防空虚。吐蕃乘机北上，侵占西域、陇右、河西。同时回纥亦南下控制了阿尔泰山一带。安史之乱持续了七八年，唐朝国势一蹶不振，无力收复失地。唐朝失去对陇右、河西和西域地区的控制，丝绸之路遭受严重阻碍。唐德宗《慰问四镇北庭将吏敕书》云："自禄山首乱，中夏不安，蕃戎乘衅，侵败封略，道路梗绝，往来不通，哀我士庶，忽如异域，控告无所，归还莫从。"② 即这种形势的真实反映。

（二）唐诗中对丝绸之路衰落的反映

大食人的扩张造成唐朝在中亚势力的收缩，碎叶镇的设立和丧失，是时代变迁的标志。当唐军驻守碎叶置镇的时候，它成为大唐盛世的象征，显示着唐朝的强大国力，在唐代诗人笔下，它是大唐西部边境的象征，诗人多有吟咏。遥远的碎叶是诗人们足迹未至之处，因此唐诗中"碎叶"一词多是虚指和象征意义。王昌龄《从军行七首》之六："胡瓶落膊紫薄汗，碎叶城西秋月团。明敕星驰封宝剑，辞君一夜取楼兰。"③ 戎昱《塞上曲》："胡风略地烧连山，碎叶孤城未下关。山头烽子声声叫，知是将军夜猎还。"④ 张乔《赠边将》："将军夸胆气，功在杀人多。对酒擎钟饮，临风拔剑

① 《通典》卷 193《边防》引，中华书局 1988 年版，第 5275 页。
② 《全唐文》卷 464，上海古籍出版社 1990 年版，第 2098 页。
③ 《王昌龄集编年校注》卷 1，巴蜀书社 2000 年版，第 50 页。
④ 《全唐诗》卷 270，第 3023 页。

歌。翻师平碎叶，掠地取交河。应笑孔门客，年年羡四科。”[①] 碎叶作为唐诗意象，是边塞将士建功立业的地方。唐后期随着陇右、河西和西域陷于吐蕃，碎叶城成为失地的象征。刘商《胡笳十八拍》写汉地妇女被掠胡地：“龟兹筚篥愁中听，碎叶琵琶夜深怨。”[②] 张籍《征西将》诗：“黄沙北风起，半夜又翻营。战马雪中宿，探人冰上行。深山旗未展，阴碛鼓无声。几道征西将，同收碎叶城。”[③] 在诗人笔下，这座丝绸之路上的重镇已经成为失地，诗人们盼望着唐军收复失地。

安史之乱发生，唐朝的西部边境大大内缩。吐蕃占领河西走廊和西域，长安以西不远便成为边境，吐蕃逼近都城。对于这种形势，敏感的诗人立刻在自己的作品中进行了描写，唐诗中不少作品反映了这一局面。杜甫《喜闻盗贼总退口号五首》其三：“崆峒西极过昆仑，驼马由来拥国门。逆气数年吹路断，蕃人闻道渐星奔。”[④] 在杜甫的其他作品中也表示了对天下动荡丝路衰落的忧伤和叹惋。《有感五首》其一：“白骨新交战，云台旧拓边。乘槎断消息，无处觅张骞。”[⑤] 其二：“幽蓟余蛇豕，乾坤尚虎狼。诸侯春不贡，使者日相望。慎勿吞青海，无劳问越裳。”[⑥] 杜甫对国家残破边事危急感到痛心，对胡虏猖獗、西戎侵逼和国家危亡的形势感到忧虑。《偶题》云：“两都开幕府，万宇插军麾。南海残铜柱，东风避月支。”[⑦]《诸将五首》其四对四夷断绝了对唐的入贡表达了伤感：“回首扶桑铜柱标，冥冥氛祲未全销。越裳翡翠无消息，南海明珠久寂寥。”[⑧]

安史之乱造成的西北疆域丧失令唐人痛心疾首。杜甫《诸将五首》其一：“汉朝陵墓对南山，胡虏千秋尚入关。昨日玉鱼蒙葬地，早时金碗出人间。见愁汗马西戎逼，曾闪朱旗北斗殷。多少材官守泾渭，将军且莫破愁颜。”[⑨] 长安附近的泾水、渭水成为唐军戍守之地。杜甫漂泊西南时期写的《忆昔二首》其一：“为留猛士守未央，致使岐雍防西羌。犬戎直来坐御林，百官跣足随天王。”[⑩] 地近长安的岐州、雍州已经成为防备敌人的前线。杜甫《冬晚送长孙渐舍人归州》云：“参卿休坐幄，荡子不还

① 《全唐诗》卷638，第7036页。
② 《全唐诗》卷23，第301页。
③ 《全唐诗》卷384，第4308页。
④ 《杜诗详注》卷21，第1858页。
⑤ 《杜诗详注》卷11，第971页。
⑥ 同上书，第972页。
⑦ 《杜诗详注》卷18，第1544页。
⑧ 《杜诗详注》卷16，第1368页。
⑨ 同上书，第1363页。
⑩ 《杜诗详注》卷13，第1162页。

乡。南客潇湘外，西戎鄠杜旁。”① 西戎即吐蕃，鄠杜即长安附近的鄠县、杜陵县。白居易《西凉伎》诗痛感大片国土丧失：“自从天宝兵戈起，犬戎日夜吞西鄙。凉州陷来四十年，河陇侵将七千里。平时安西万里疆，而今边防在凤翔。”② 顾非熊《出塞即事二首》其二对萧关道路荒芜，城池失陷，多少人沦为胡人统治的异乡进行了描述，表达了忧国忧民的心情：“贺兰山便是戎疆，此去萧关路几荒。无限域池非汉界，几多人物在胡乡。诸侯持节望吾土，男子生身负我唐。回望风光成异域，谁能献计复河湟。”③ 舒元舆《坊州按狱》：“中部接戎塞，顽山四周遭。”④ 唐初高祖武德二年（619），分鄜州设置坊州，治所在中部县，州城位于今陕西省延安市黄陵县上城。《元和郡县图志》记载，坊州“东至上都三百五十里”。⑤ 这样一处距长安仅三百五十里的地方，如今却“接戎塞”，成为边境地区。

通向西域的丝绸之路昔盛今衰正是唐王朝局势的缩影，诗人们感叹盛世不再。权德舆《朝元阁》诗：“缭垣复道上层霄，十月离宫万国朝。胡马忽来清跸去，空余台殿照山椒。”⑥ 开元盛世时万国来朝的局面，随着安禄山叛军南下，玄宗仓惶出逃而告结束。元稹《和李校书新题乐府十二首·西凉伎》诗：“吾闻昔日西凉州，人烟扑地桑柘稠。葡萄酒熟恣行乐，红艳青旗朱粉楼。楼下当垆称卓女，楼头伴客名莫愁。乡人不识离别苦，更卒多为沉滞游。哥舒开府设高宴，八珍九酝当前头。前头百戏竞撩乱，丸剑跳踯霜雪浮。狮子摇光毛彩竖，胡腾醉舞筋骨柔。大宛来献赤汗马，赞普亦奉翠茸裘。一朝燕贼乱中国，河湟没尽空遗丘。开远门前万里堠，今来蹙到行原州。去京五百而近何其逼，天子县内半没为荒陬，西凉之道尔阻修。连城边将但高会，每听此曲能不羞。”⑦ 诗的写作是由观看西凉伎的表演而引起的，由西凉乐引起诗人对盛世的缅怀，当年哥舒翰担任河西、陇右节度使驻守凉州时，那一派歌舞升平、丝路通畅和异域入贡的景象一去不复返了。河湟之地沦于敌手，离京城五百里便是敌人的营垒。西凉之道——那通往西域的丝路要道被阻隔，诗人愤怒地指斥那些边将饮酒作乐却无心收复失地。晚唐诗人吴融《岐州安西门》：“安西门外彻安西，一百年前断鼓鼙。犬解人歌曾入唱，马称龙子几来嘶。自从辽水烟尘起，更到涂山道路迷。今日登

---

①《杜诗详注》卷23，第2033页。

②《白居易集》卷4，中华书局1979年版，第76页。

③《全唐诗》卷509，第5790页。

④《全唐诗》卷489，第5546—5547页。

⑤［唐］李吉甫：《元和郡县图志》卷3，中华书局1983年版，第72页。

⑥《全唐诗》卷325，第3651页。

⑦《元稹集》卷24，中华书局1982年版，第281页。

临须下泪，行人无个草萋萋。”① 诗表达了跟白居易同样的痛心。

安史之乱后唐王朝在中西交通上失去了昔日的支配地位和主动权。安史之乱结束后，唐王朝内忧外患严重，无力收复陇右、河西和西域失地。自古以来中西间交通的丝绸之路沿线被吐蕃人和回纥（回鹘）控制，丝路贸易和经过丝绸之路进行的文化交流受到严重阻碍。吐蕃的军事威胁逼近唐朝首都长安。中唐诗人对国土丧失丝路中断感到叹惋和忧伤。王建《送衣曲》：“去秋送衣渡黄河，今秋送衣上陇坂。妇人不知道径处，但问新移军近远。”② 西北边防军的驻地由渡过黄河以西收缩到陇坂，反映的是唐王朝对吐蕃的进攻步步退守的形势，前线已经由西域、河西、陇右退守到陇山，这一带正是传统丝路的咽喉要道。张籍《陇头行》写河西和陇右的失陷：“陇头路断人不行，胡骑已入凉州城。汉家处处格斗死，一朝尽没陇西地。驱我边人胡中去，恣放牛羊食禾黍。去年中国养子孙，今著毡裘学胡语。谁能还使李轻车，收取凉州属汉家。”③ 由于河西、陇右的失陷，吐蕃的军队逼近长安，一方面造成长安以西广大地区农业生产的破坏，一方面造成朝廷连年征发兵役防备吐蕃人的入侵。边境地区的动乱造成边州地区的荒芜。耿湋《酬张少尹秋日凤翔西郊见寄》写长安之西的凤翔：“远恨边笳起，劳歌骑吏闻。废关人不到，荒戍日空曛。草木凉初变，阴晴景半分。叠蝉临积水，乱燕入过云。丽藻终思我，衰髯亦为君。闲吟寡和曲，庭叶渐纷纷。”④ 当年从长安西出，一路上驿站相连绿树成荫的大道，如今一派荒凉。

与吐蕃人的战争不断，战士们战死沙场，为了供应边地的战事，内地则增加了百姓的租税负担，临近边地的地区农业生产被破坏，广大人民热切盼望唐军收复失地。张籍《西州》诗反映的就是这种局面和这种心情：“羌胡据西州，近甸无边城。山东收税租，养我防塞兵。胡骑来无时，居人常震惊。嗟我五陵间，农者罢耘耕。边头多煞伤，士卒难全形。郡县发丁役，丈夫各征行。生男不能养，惧身有姓名。良马不念秣，烈士不苟营。所愿除国难，再逢天下平。”⑤ 吐蕃人的入侵往往在秋天，朝廷调发军队往长安西北驻防称为“防秋”。诗人不满足于防敌进攻，寄希望于边防将士收复失地。张籍《送防秋将》：“白首征西将，犹能射戟支。元戎选部曲，军吏换旌旗。逐

① 《全唐诗》卷 687，第 7892 页。

② 王宗堂：《王建诗集校注》卷 2，中州古籍出版社 2006 年版，第 92 页。

③ 徐礼节、余恕诚：《张籍集系年校注》卷 7，中华书局 2011 年版，第 803 页。

④ 《全唐诗》卷 269，第 2994 页。

⑤ 《张籍集系年校注》卷 1，第 3 页。

虏招降远，开边旧垒移。重收陇外地，应似汉家时。”① 周贺《送陆判官防秋》：“匹马无穷地，三年逐大军。算程淮邑远，起帐夕阳曛。瀑浪行时漱，边笳语次闻。要传书札去，应到碛东云。”② 陆判官从淮邑赶往长安西北边防前线参与防秋，而且已经连续三年从事这种征行。马戴笔下的“淮南将”也来自淮邑，其《赠淮南将》：“何事淮南将，功高业未成。风涛辞海郡，雷雨镇山营。度碛黄云起，防秋白发生。密机曾制敌，忧国更论兵。塞色侵旗动，寒光锁甲明。自怜心有作，独立望专征。”③ 项斯《边游》写身临边地见闻：“古镇门前去，长安路在东。天寒明堠火，日晚裂旗风。塞馆皆无事，儒装亦有弓。防秋故乡卒，暂喜语音同。”④ 所谓“边游”，其实就是来到离长安之西不远的地方，诗人在这里遇到了防秋兵中的同乡。项斯，浙江仙居县人。从此诗可知，参与防秋的战士有来自今浙江籍的士兵。防秋造成士兵久戍不归。鲍溶《塞下》云：“北风号蓟门，杀气日夜兴。咸阳三千里，驿马如饥鹰。行子久去乡，逢山不敢登。寒日惨大野，虏云若飞鹏。西北防秋军，麾幢宿层层。匈奴天未丧，战鼓长登登。汉卒马上老，繁缨空丝绳。诚知天所骄，欲罢又不能。”⑤ 在长期的防秋中士兵们消磨了青春，但战事没有结束的日子，士兵们只能徒叹奈何。

这种失地万里中外交通阻绝的局面，是由唐王朝整个国家形势造成的，但诗人把批判的矛头主要指向了那些腐化的边将，认为是他们荒淫腐败误国。元稹《和李校书新题乐府十二首·缚戎人》：

> 边头大将差健卒，入抄禽生快于鹘。但逢赪面即捉来，半是边人半戎羯。大将论功重多级，捷书飞奏何超忽。圣朝不杀谐至仁，远送炎方示微罚。万里虚劳肉食费，连头尽被毡裘暍。华裀重席卧腥臊，病犬愁鸪声咽嗢。中有一人能汉语，自言家本长城窟。少年随父戍安西，河渭瓜沙眼看没。天宝未乱犹数载，狼星四角光蓬勃。中原祸作边防危，果有豺狼四来伐。蕃马膘成正翘健，蕃兵肉饱争唐突。烟尘乱起无亭燧，主帅惊跳弃旌钺。半夜城摧鹅雁鸣，妻啼子叫曾不歇。阴森神庙未敢依，脆薄河冰安可越。荆棘深处共潜身，前困蒺藜后鞔尰。平明蕃骑四面走，古墓深林尽株榾。少壮为俘头被髡，老翁留居足多刖。乌鸢满野

① 《张籍集系年校注》卷 2，第 190 页。
② 《全唐诗》卷 503，第 5721 页。
③ 《全唐诗》卷 555，第 6435 页。
④ 《全唐诗》卷 554，第 6411 页。
⑤ 《全唐诗》卷 485，第 5511 页。

尸狼藉，楼榭成灰墙突兀。暗水溅溅入旧池，平沙漫漫铺明月。戎王遣将来安慰，口不敢言心咄咄。供进腋腋御叱般，岂料穹庐拣肥腯。五六十年消息绝，中间盟会又猖獗。眼穿东日望尧云，肠断正朝梳汉发。近年如此思汉者，半为老病半埋骨。常教孙子学乡音，犹话平时好城阙。老者傥尽少者壮，生长蕃中似蕃悖。不知祖父皆汉民，便恐为蕃心矻矻。缘边饱喂十万众，何不齐驱一时发。年年但捉两三人，精卫衔芦塞溟渤。[1]

写那些畏战而又贪功的边头大将，竟然活捉“边人”充作俘虏，邀功请赏。白居易《西凉伎》主旨用意与元稹同题诗相同：

西凉伎，假面胡人假狮子。刻木为头丝作尾，金镀眼睛银帖齿。奋迅毛衣摆双耳，如从流沙来万里。紫髯深目两胡儿，鼓舞跳梁前致辞。应似凉州未陷日，安西都护进来时。须臾云得新消息，安西路绝归不得。泣向狮子涕双垂，凉州陷没知不知。狮子回头向西望，哀吼一声观者悲。贞元边将爱此曲，醉坐笑看看不足。娱宾犒士宴监军，狮子胡儿长在目。有一征夫年七十，见弄凉州低面泣。泣罢敛手白将军，主忧臣辱昔所闻。自从天宝兵戈起，犬戎日夜吞西鄙。凉州陷来四十年，河陇侵将七千里。平时安西万里疆，今日边防在凤翔。缘边空屯十万卒，饱食温衣闲过日。遗民肠断在凉州，将卒相看无意收。天子每思长痛惜，将军欲说合惭羞。奈何仍看西凉伎，取笑资欢无所愧。纵无智力未能收，忍取西凉弄为戏。[2]

诗表达了陇右、河西之地多年未能收复，关河阻隔的痛心，指斥边将误国。这首诗的小序云：“刺封疆之臣也”，他愤怒指斥那些无意收复失地的边将。姚合《穷边词二首》字面上写的是边地和平景象，其实暗含着深刻的讽刺。其一：“将军作镇古汧洲，水腻山春节气柔。清夜满城丝管散，行人不信是边头。”将军镇守在古时的汧州地面，在春光明媚的日子里，山青水腻，和风条畅，将军尽情享受这大好美景。风清月朗的夜里，伴随着轻歌曼舞的丝管声传遍全城。如此美景好乐，行人到此，怎信这是边城呢？歌舞升平，边备松弛，不思进取，唯图寻欢作乐。将军们忘记了西北大片疆土沦

① 《元稹集》卷 24，第 289 页。
② 《白居易集》卷 4，第 75 页。

于敌手，与长安近在咫尺的汧州已为边城，谁会想到收复失地呢？字里行间透露出诗人强烈的愤恨情绪。其二：“箭利弓调四镇兵，蕃人不敢近东行。沿边千里浑无事，唯见平安火入城。”① 四镇兵即安西四镇的边防军，他们本来驻守在西域，由于安史之乱爆发被调回中原平叛。安史之乱平息后，河西走廊被切断，西域落入吐蕃人之手，他们被安排在汧州驻防。汧州一带竟成为“沿边千里”，虽然不见战争的烽火，山河沦陷已然成为常态。字面上写和平，其实隐含着诗人的痛心。

诗人们关心着西边的战事，对吐蕃的入侵表示担忧。李敬方《近无西耗》诗：“远戎兵压境，迁客泪横襟。烽候惊春塞，缧囚困越吟。自怜牛马走，未识犬羊心。一月无消息，西看日又沈。”② 虽然诗人负罪遭贬，却关心国家局势，尤其是与吐蕃交接的边境形势。当他在贬地一个月没有听说西边的消息，便不自觉地举目西望，但只看到夕阳西下，西边局势令人揪心。薛逢《感塞》诗：“满塞旌旗镇上游，各分天子一方忧。无因得见哥舒翰，可惜西山十八州。”③ 哥舒翰是天宝年间唐朝名将，长期镇守陇右、河西，屡立战功，令吐蕃人闻风丧胆，西部边境有歌谣：“北斗七星高，哥舒夜带刀。至今窥牧马，不敢过临洮。”④ 意谓哥舒翰携刀夜巡，令敌人闻风远遁。至今胡骑只能远远地窥探，却不敢轻易地越过临洮。薛逢感叹国土沦丧，时无良将能像当年哥舒翰那样威慑敌人，收复西山十八州之失地。

西北广大地区长期沦于敌手，久而久之，人们的边地观念便发生了变化。长安之西不远处的邠州、宁州、泾州、陇山和之北的渭北成为边境地区，这一带不断遭到吐蕃、回鹘的侵扰，故被视为边地。项斯《泾州听张处士弹琴》：“边州独夜正思乡，君又弹琴在客堂。仿佛不离灯影外，似闻流水到潇湘。”⑤ 马戴《夕发邠宁寄从弟》：“半酣走马别，别后锁边城。日落月未上，鸟栖人独行。方驰故国恋，复怆长年情。入夜不能息，何当闲此生。”⑥ 李端《边头作》：“邠郊泉脉动，落日上城楼。羊马水草足，羌胡帐幕稠。射雕过海岸，传箭怯边州。何事归朝将，今年又拜侯。”⑦ 在这些诗里，诗人们都直接把这些本来属唐王朝内地都城近郊之地称为“边城”“边州”“边头”。喻凫《送武彀之邠宁》云：“戍路少人踪，边烟淡复浓。诗宁写别恨，酒不上离容。

①《全唐诗》卷502，第5709页。
②《全唐诗》卷508，第5774页。
③《全唐诗》卷548，第6334页。
④《全唐诗》卷784，第8850页。
⑤《全唐诗》卷554，第6422页。
⑥《全唐诗》卷555，第6431页。
⑦《全唐诗》卷285，第3249页。

燕拂沙河柳，鸦高石窟钟。悠然一睽阻，山叠虏云重。”① 从武毂之郊宁，都在离长安不远的地方，描写其景物却用“边烟”二字。马戴《陇上独望》：“斜日挂边树，萧萧独望间。阴云藏汉垒，飞火照胡山。陇首行人绝，河源夕鸟还。谁为立勋者，可惜宝刀闲。”② 站在陇坂上西望，所看到树称为“边树”，又看到“汉垒”与“胡山”相对，那与敌手对峙的边地，本来是唐王朝首都长安的近畿。李频《送姚侍御充渭北掌书记》：“北境烽烟急，南山战伐频。抚绥初易帅，参画尽须人。书记才偏称，朝廷意更亲。绣衣行李日，绮陌别离尘。报国将临虏，之藩不离秦。豸冠严在首，雄笔健随身。饮马河声暮，休兵塞色春。败亡仍暴骨，冤哭可伤神。上策何当用，边情此是真。雕阴曾久客，拜送欲沾巾。”③ 渭北，指渭河以北，特指西起宝鸡，东至黄河，南与渭河平原相连，北接黄土高原丘陵沟壑区这一区域，这一带与唐首都长安仅一水之隔。安史之乱后这一带置渭北节度使，姚某赴渭北掌书记之任，李频赋诗送行。诗中称这一带为“北境”，说姚某“报国将临虏”，说他未离秦却已“之藩”，又把这一带的形势称为“边情”，都是把长安之北不远的地区视为边境临戎地区。薛能《送李殷游京西》：“投刺皆羁旅，游边更苦辛。岐山终蜀境，泾水复蛮尘。埋没餐须强，炎蒸醉莫频。俗徒欺合得，吾道死终新。展分先难许，论诗永共亲。归京稍作意，充斥犯西邻。”④ 李殷仅仅是“游京西”，薛能诗中却云“游边”，而且说“泾水复蛮尘”，意谓京西之地泾水河畔已成夷蛮之地。张蠙《过萧关》：“出得萧关北，儒衣不称身。陇狐来试客，沙鹘下欺人。晓戍残烽火，晴原起猎尘。边戎莫相忌，非是霍家亲。”⑤ 提到萧关，让人想起盛唐时王维的著名诗句：“萧关逢侯骑，都护在燕然。”那时诗人路过萧关，向更远的边境地区行发。如今萧关已成边地，那里看到的是烽火、猎尘。生活在那里的人们被称为“边戎”，都说明今非昔比，这里已经沦为战争的前沿。

三、唐王朝的中兴与中外交往的恢复

（一）安史之乱后与中外交往的恢复

经过七八年之久的斗争，唐朝赢得了战争的胜利。安史之乱结束以后，唐朝恢复

①《全唐诗》卷 543，第 6272 页。
②《全唐诗》卷 555，第 6439 页。
③《全唐诗》卷 589，第 6840 页。
④《全唐诗》卷 559，第 6489 页。
⑤《全唐诗》卷 702，第 8068 页。

了统一的局面。由于唐朝长期形成的国际威望，周边国家和民族认同李唐皇室的正统地位，唐王朝与域外的交往逐渐恢复。

日本在唐代前期多次派遣唐使到中国，起初多经陆路入华。安史之乱后，“新罗梗海道，更由明、越州朝贡。”① 林邑国古称越裳，周时曾献白雉。李白《放后遇恩不沾》诗写当时的形势：“天作云与雷，霈然德泽开。东风日本至，白雉越裳来。”② 日本国、林邑国入贡被李白写入诗中。杜甫《喜闻盗贼蕃寇总退口号五首》其五：“今春喜气满乾坤，南北东西拱至尊。大历二年调玉烛，玄元皇帝圣云孙。”③ 大历二年，吐蕃寇灵州，唐将路嗣恭大破吐蕃。安史之乱中杜甫流落蜀中，其时由蜀沿江东下，听闻这一消息，写下这组诗，第一首写的就是唐军的胜利。在后面的四首诗里，杜甫回顾了唐王朝与吐蕃关系的变化。唐太宗时文成公主入藏和亲，唐蕃之间关系和好。后来关系破裂，唐蕃之间展开了反复的争夺，战事不断。安史之乱发生，吐蕃人占领河西走廊和西域，造成了丝绸之路的阻断。原来西域各国纷纷入唐朝贡，如今那些奔波在丝路上的“蕃人”都被战争吓得四处奔亡不见影踪。往年勃律、坚昆等西域国家都遣使入贡，他们的使节随着唐使入唐，进贡“千堆宝”——珍宝无数，而唐朝回赠的丝绸数量并不多。那种盛况因战乱而中断了。但现在安史之乱结束了，唐军又大败吐蕃，唐王朝又恢复了和平安定的局面，恢复了在周边世界的“至尊”地位。诗人为唐代宗时的政治局面而欢欣鼓舞。

安史之乱后，唐朝始终未能恢复元气，贞观之治和开元盛世的局面一去不复返。但毕竟是大乱夷平，与周边的国家和域外民族恢复了正常的交往和交流。所以在中唐诗人笔下又出现了蛮夷入贡万国朝正的景象。耿湋《元日早朝》：“九陌朝臣满，三朝候鼓赊。远珂时接韵，攒炬偶成花。紫贝为高阙，黄龙建大牙。参差万戟合，左右八貂斜。羽扇纷朱槛，金炉隔翠华。微风传曙漏，晓日上春霞。环珮声重叠，蛮夷服等差。乐和天易感，山固寿无涯。渥泽千年圣，车书四海家。”④ 常衮《奉和圣制麟德殿燕百僚应制》：“云辟御筵张，山呼圣寿长。玉阑丰瑞草，金陛立神羊。台鼎资庖膳，天星奉酒浆。蛮夷陪作位，犀象舞成行。”⑤ 萧华《扈从回銮应制》：“粤在秦京日，议乎封禅难。岂知陶唐主，道济苍生安。惟彼烈祖事，增修实荣观。声名朝万国，玉帛

①《新唐书》卷220《东夷传》，中华书局1975年版，第6209页。
② 瞿蜕园、朱金城：《李白集校注》卷25，上海古籍出版社1980年版，第1461页。
③《杜诗详注》卷21，第1860页。
④《全唐诗》卷269，第2997页。
⑤《全唐诗》卷254，第2858页。

礼三坛。纂圣德重光，建元功载刊。仍开旧驰道，不记昔回銮。”[①] 卢纶《元日早朝呈故省诸公》：“万戟凌霜布，森森瑞气间。垂衣当晓日，上寿对南山。济济延多士，跹跹舞百蛮。”[②] 张莒《元日望含元殿御扇开合（大历十三年吏部试）》：“万国来朝岁，千年觐圣君。辇迎仙仗出，扇匝御香焚。”[③] 李益《登长城》：“汉家今上郡，秦塞古长城。有日云长惨，无风沙自惊。当今圣天子，不战四夷平。”[④] 王建《元日早朝》：“大国礼乐备，万邦朝元正。东方色未动，冠剑门已盈。帝居在蓬莱，肃肃钟漏清。将军领羽林，持戟巡宫城。翠华皆宿陈，雪仗罗天兵。庭燎远煌煌，旗上日月明。圣人龙火衣，寝殿开璇扃。龙楼横紫烟，宫女天中行。六蕃倍位次，衣服各异形。举头看玉牌，不识宫殿名。左右雉扇开，蹈舞分满庭。朝服带金玉，珊珊相触声。泰阶备雅乐，九奏鸾凤鸣。裴回庆云中，竽磬寒铮铮。三公再献寿，上帝锡永贞。天明告四方，群后保太平。”[⑤] 权德舆《德宗神武孝文皇帝挽歌词三首》其二：“梯航来万国，玉帛庆三朝。湛露恩方浃，薰风曲正调。”[⑥] 在这些歌功颂德的诗里，“蛮夷服等差”“蛮夷陪作位”“声名朝万国”“万邦朝元正”“六蕃倍位次”“梯航来万国”等，成为天下太平皇威远被的象征。其中固然有溢美之词，但也毕竟有一定的社会基础，反映了安史之乱后中唐时期中央政权与域外国家、边疆民族的正常交往局面的恢复。

（二）“元和中兴”与中外关系的发展

“元和”是唐宪宗的年号。宪宗即位后励精图治，重用贤良，改革弊政，削平藩镇，从而重振中央政府的权威，史称“元和中兴”。元和年间，中央财政有所好转，同时吐蕃势衰，各地藩镇在长时间的战乱中实力也有所削弱，借助这大好形势，唐政府“以法度裁制藩镇”，陷于强藩多年的河南、山东、河北等地区重归中央政府管辖。

随着削藩战争的胜利，中央权威的增长，唐朝与周边民族和域外国家的交往进入一个新时期。刘禹锡《贺收蔡州表》歌颂唐宪宗削藩的胜利：“临御以来，天人协赞。削平吴、蜀，扫荡塞垣。车书大同，夷狄来贡。”[⑦] 这种大好局面在当时的诗人笔下得到反映。杨巨源《春日奉献圣寿无疆词十首》歌颂唐宪宗辉煌功业，全面描写当时的

① 《全唐诗》卷 258，第 2881 页。
② 《全唐诗》卷 280，第 3188 页。
③ 《全唐诗》卷 281，第 3193 页。
④ 《全唐诗》卷 282，第 3203 页。
⑤ 《王建诗集校注》卷 3，第 131—132 页。
⑥ 《全唐诗》卷 327，第 3660 页。
⑦ 《刘禹锡集》卷 14，上海人民出版社 1975 年版，第 124 页。

和平安定局面，其五："垂拱乾坤正，欢心品类同。紫烟含北极，玄泽付东风。珠缀留晴景，金茎直晓空。发生资盛德，交泰让全功。间气登三事，祥光启四聪。遐荒似川水，天外亦朝宗。"其六："代是文明昼，春当宴喜时。垆烟添柳重，宫漏出花迟。汉典方宽律，周官正采诗。碧霄传凤吹，红旭在龙旗。造化膺神契，阳和沃圣思。无因随百兽，率舞奉丹墀。"① "遐荒似川水，天外亦朝宗"是其时天下太平的征象之一；"百兽率舞"就是万国来朝的代名词。武元衡是宪宗时宰相，是"元和中兴"局面的开创者之一，他的诗歌咏当时的中兴局面。其《奉和圣制重阳日即事》云："玉烛降寒露，我皇歌古风。重阳德泽展，万国欢娱同。"② 其《途次》诗云："去国策羸马，劳歌行路难。地崇秦制险，人乐汉恩宽。御沼澄泉碧，宫梨佛露丹。鼎成仙驭远，龙化宿云残。不问三苗宠，谁陪万国欢。"③ 其中"重阳德泽展，万国欢娱同"；"不问三苗宠，谁陪万国欢"都反映了当时与周边民族的友好关系。彭伉《青云干吕》诗："远示无为化，将明至道君"；"自使来宾国，西瞻仰瑞云。""圣布中区化，祥符异域云"。④ 林藻同题诗云："作瑞来藩国，呈形表圣君。"⑤ 权德舆《奉和郑宾客相公摄官丰陵扈从之作》："遐荒七月会，肸蠁百灵奔。"⑥ 柳宗元《同刘二十八院长述旧言怀感时书事奉寄澧州张员外使君五十二韵增至八十通赠二君子》："三载皇恩畅，千年圣历遐。朝宗延驾海，师役罢梁溠。"⑦ 刘禹锡《奉和淮南李相公早秋即事寄成都武相公》："远夷争慕化，真相故临边。"⑧ 张仲素《献寿词》云："玉帛殊方至，歌钟比屋闻。华夷今一贯，同贺圣朝君。"⑨ 诗人把这种圣明景象归功于宪宗的英明。

唐与吐蕃进行了长期的军事斗争，互有胜负，双方都付出巨大代价。至宪宗时，唐对吐蕃取得一定的军事上的优势。为了缓和与唐朝的关系，吐蕃主动提出归还一部分所占领的唐朝秦陇失地。《新唐书·吐蕃传》记载："宪宗初，遣使者修好，且还其俘。又以使告顺宗丧，吐蕃亦以论勃藏来。后比年来朝。……五年，以祠部郎中徐复往使，……复至鄯州擅还，其副李逢致命赞普。……虏以论思邪热入谢，且归郑叔

①《全唐诗》卷 333，第 3735 页。
②《全唐诗》卷 317，第 3564 页。
③ 同上书，第 3568 页。
④《全唐诗》卷 319，第 3595 页。
⑤ 同上书，第 3596 页。
⑥《全唐诗》卷 325，第 3646 页。
⑦《柳宗元集》卷 42，中华书局 1979 年版，第 1113 页。
⑧《刘禹锡集》卷 22，第 198 页。
⑨《全唐诗》卷 367，第 4136 页。

矩、路泌之柩，因言愿归秦、原、安乐州。……自是朝贡岁入。又款陇州塞，丐互市，诏可。”① 唐与西域的交通出现新的转机。张籍《送李仆射愬赴镇凤翔》：“由来勋业属英雄，兄弟连营列位同。先入贼城擒首恶，尽封筦库让元公。旌幢独继家声外，竹帛新添国史中。天子新收秦陇地，故教移镇古扶风。”② 李愬在宪宗时削藩战争中立有大功，赴镇凤翔，张籍写诗相赠。所谓“天子新收秦陇地”，即指吐蕃归还秦、原、安乐诸州。令狐楚《圣明乐》：“海浪恬月徼，边尘静异山。从今万里外，不复锁萧关。”③《宫中乐五首》其一：“楚塞金陵靖，巴山玉垒空。万方无一事，端拱大明宫。”④ 所咏大约也是此事。

在元和中兴的时代里，四面八方的国家和民族积极向唐朝入贡。欧阳詹《元日陪早朝》诗：“斗柄东回岁又新，邃旒南面挹来宾。和光仿佛楼台晓，休气氛氲天地春。仪籥不唯丹穴鸟，称觞半是越裳人。江皋腐草今何幸，亦与恒星拱北辰。”⑤ 李沛《海水不扬波》：“明朝崇大道，寰海免波扬。既合千年圣，能安百谷王。天心随泽广，水德共灵长。不挠鱼弥乐，无澜苇可航。化流沾率土，恩浸及殊方。岂只朝宗国，惟闻有越裳。”⑥ 在朝廷贺正的仪式上，许多来自南海之外的国家和民族向唐天子奉觞称臣。石倚《舞干羽两阶》：“干羽能柔远，前阶舞正陈。欲称文德盛，先表乐声新。肃肃行初列，森森气益振。动容和律吕，变曲静风尘。化美超千古，恩波及七旬。已知天下服，不独有苗人。”⑦ 有苗即三苗，古代南方的一个部落，尧、舜、禹时南方较强大的部族，这里代指边疆民族。吕温《风咏》：“一朝乘严气，万里号清霜。北走摧邓林，东去落扶桑。扫却垂天云，澄清无私光。悠然返空寂，晏海通舟航。”⑧ 王卓《观北番谒庙》：“肃肃层城里，巍巍祖庙清。圣恩覃布濩，异域献精诚。冠盖分行列，戎夷变姓名。礼终齐百拜，心洁尽忠贞。”⑨ 中唐时期所谓“北番”通常指回鹘。殷尧藩《帝京二首》其二：“龙虎山河御气通，遥瞻帝阙五云红。英雄尽入江东籍，将相多收蓟北功。礼乐日稽三代盛，梯航岁贡万方同。都将俭德熙文治，淳俗应还太古风。”⑩ 殷尧藩，元和

---

①《新唐书》卷 216 下《吐蕃传》，第 6100 页。
②《全唐诗》卷 385，第 4345 页。
③《全唐诗》卷 334，第 3748 页。
④ 同上书，第 3748 页。
⑤《全唐诗》卷 349，第 3908 页。
⑥《全唐诗》卷 780，第 8820 页。
⑦《全唐诗》卷 781，第 8830 页。
⑧《全唐诗》卷 371，第 4174 页。
⑨《全唐诗》卷 781，第 8830 页。
⑩《全唐诗》卷 492，第 5566 页。

九年（814）进士，其诗歌创作活动主要在元和年间，此诗当是歌颂宪宗的功业而作。

随着社会的安定，各种游宴节赏活动也恢复了。在这种节庆活动中，诗酒唱和成为君臣间娱乐生活的重要内容，其中免不了歌功颂德粉饰太平，万国朝正、恩流海外是皇威远被的表现。赵良器《三月三日曲江侍宴》："圣祖发神谋，灵符叶帝求。一人光锡命，万国荷时休。雷解圜丘毕，云需曲水游。岸花迎步辇，仙仗拥行舟。睿藻天中降，恩波海外流。"① 包佶《元日观百僚朝会》："万国贺唐尧，清晨会百僚。花冠萧相府，绣服霍嫖姚。寿色凝丹槛，欢声彻九霄。"② 僧人广宣在元和、长庆两朝并为内供奉，其《降诞日内庭献寿应制》诗为宪宗歌功颂德："庆寿千龄远，敷仁万国通。"③ 地方上各地方镇大员节庆宴游亦为常事，在整个社会爱好诗歌的风气中，席间往往附庸风雅，诗歌唱和。那些享受到地方官员热情招待的诗人们，酒足饭饱之际不免在诗中替官员们评功摆好，其中也涉及唐政府文治武功的辉煌。卢群《淮西席上醉歌》："祥瑞不在凤凰麒麟，太平须得边将忠臣。卫霍真诚奉主，貔虎十万一身。江河潜注息浪，蛮貊款塞无尘。"④ 意谓这周边民族款塞入贡边境无尘的社会环境是"边将忠臣"辅助君王治理天下的良好效果。

在皇帝晏驾中国举行大丧时，周边民族和异域国家也遣使参与祭奠和送葬活动。元稹《顺宗至德大圣大安孝皇帝挽歌词三首》其一："不改延洪祚，因成揖让朝。讴歌同戴启，遏密共思尧。雨露施恩广，梯航会葬遥。号弓那独切，曾感昔年招。"⑤ "梯航"是梯山航海的省略，指异域远方的国家和民族跋山涉水远道而来。"梯航会葬遥"，就是说许多国家的使臣是从遥远的地方赶来，吊唁去世的顺宗。元稹《宪宗章武孝皇帝挽歌词三首》其二："天宝遗余事，元和盛圣功。二凶枭帐下，三叛斩都中。始服沙陀虏，方吞逻逤戎。狼星如要射，犹有鼎湖弓。"⑥ 这首诗把唐宪宗与唐玄宗的功业相提并论，把北服沙陀、西胜吐蕃作为宪宗的辉煌武功歌颂。

唐宪宗以后，唐王朝虽然每况愈下，仍然保持了相当长时期的安定局面，仍然保持着东亚大国的地位，与周边民族和域外国家的交往仍能保持着一种大国姿态。唐王朝在世界上的这种地位仍见诸诗人的吟咏。白居易《开成大行皇帝挽歌词四首奉敕撰

---

①《全唐诗》卷203，第2117页。

②《全唐诗》卷205，第2143页。

③《全唐诗》卷822，第9269页。

④《全唐诗》卷314，第3534页。

⑤《元稹集》卷8，第90页。

⑥ 同上书，第91页。

进》写唐文宗："御宇恢皇化，传家叶至公。华夷臣妾内，尧舜弟兄中。制度移民俗，文章变国风。开成与贞观，实录事多同。"① 他把唐文宗与唐太宗相提并论，他们皆视华夷为一家，华夷臣服，蔚为盛世。李德裕《奉和圣制南郊礼毕诗》歌颂唐武宗："昌运岁今会，王猷从此新。三臣皆就日，万国望如云。"②《寒食日三殿侍宴奉进诗一首》又云："天颜欢益醉，臣节劲尤高。楛矢方来贡，雕弓已载櫜。英威扬绝漠，神算尽临洮。"③ "楛矢""雕弓"都是来自其他民族的贡物。"英威扬绝漠"是说对北方游牧的战争取得胜利；"神算尽临洮"是说对吐蕃人的战争表现出超人的智慧。马植《奉和白敏中圣道和平致兹休运岁终功就合咏盛明呈上》歌颂大中年间唐宣宗时的君臣贤明和文治武功云："舜德尧仁化犬戎，许提河陇款皇风。指挥貔武皆神算，恢拓乾坤是圣功。四帅有征无汗马，七关虽戍已弢弓。天留此事还英主，不在他年在大中。"④ 厉玄《元日观朝》诗："玉座临新岁，朝盈万国人。"⑤ 这些诗虽然有歌颂溢美之词，但在一定程度上也反映了唐王朝对外关系中的真实状况，反映了当时中国与域外的交往和交流在继续进行。

"元和中兴"只是唐中期政治上的一时振作，所谓"中兴"与"贞观之治"、"开元盛世"相去甚远，安史之乱中丢失的国土并未得到收复，路经陇右、河西的丝路并未复通。中唐诗人李涉《奉使京西》诗云："卢龙已复两河平，烽火楼边处处耕。何事书生走羸马，原州城下又添兵。"⑥ 李涉约 806 年前后在世，正是德宗和宪宗时，诗前两句反映的是宪宗时平藩取得胜利的历史事实。但长安以西的局势并没有改善，陇右、河西一带被吐蕃人占领，那里成为唐与吐蕃、回鹘人对抗的前线。因此当诗人奉使至京西时，便看到唐朝增援原州的部队。宣宗时张议潮起义，驱逐了吐蕃人在河西、陇右的势力，并表示归顺唐朝，中西交通曾出现复兴的希望。但由于朝廷措置失当，朝廷与沙州政权的矛盾错综复杂，唐后期丝绸之路的利用并没有好转。

四、唐朝的衰亡与丝路的衰落

宪宗死后，各跋扈藩镇重又变乱或不禀朝命，宦官专权的局面日益加深，党争激

① 《全唐诗》卷 458，第 5204 页。
② 《全唐诗》卷 475，第 5387 页。
③ 同上书，第 5388 页。
④ 《全唐诗》卷 479，第 5455 页。
⑤ 《全唐诗》卷 884，第 9986 页。
⑥ 《全唐诗》卷 477，第 5433 页。

烈的内耗。唐朝自宣宗时起，天下已乱，农民起义此起彼伏，终于酿成黄巢大起义。黄巢军辗转作战，最后攻入长安，唐王朝已经奄奄一息，自身难保，再无力经营陇右、河西和西域。罗隐《即事中元甲子》诗："三秦流血已成川，塞上黄云战马闲。只有羸兵填渭水，终无奇事出商山。田园已没红尘内，弟侄相逢白刃间。惆怅翠华犹未返，泪痕空滴剑文斑。"① 许棠《塞下二首》其一："胡虏偏狂悍，边兵不敢闲。防秋朝伏弩，纵火夜搜山。雁逆风鼙振，沙飞猎骑还。安西虽有路，难更出阳关。"其二："征役已不定，又缘无定河。塞深烽砦密，山乱犬羊多。汉卒闻笳泣，胡儿击剑歌。番情终未测，今昔谩言和。"② 当年唐人向往的"愿今日入处，亦似天中央"；"若纵干戈更深入，应闻收得到昆仑"，已经化为泡影。

在古代诗歌领域里有替统治阶级粉饰太平歌功颂德的传统，这种歌功颂德有时在无功可歌无德可颂时仍在进行。在唐王朝已经江河日下日落西山之际，仍有人不顾实际地颂扬大唐的"辉煌"。齐已《煌煌京洛行》云："圣君垂衣裳，荡荡若朝旭。大观无遗物，四夷来率服。清晨回北极，紫气盖黄屋。双阙耸双鳌，九门如川渎。梯山航海至，昼夜车相续。我恐红尘深，变为黄河曲。"③ 齐已（约 860～约 937）是晚唐著名诗僧，潭州益阳（今属湖南宁乡）人。他一生经历了唐朝和五代中的三个朝代，都难已称得上"圣君"，国家也不曾出现"四夷来率服"、"梯山航海至"的盛况。这位被称为"性放逸"的诗僧却对世俗政权极尽溢美颂德之能事。唐人尚颜《读齐己上人集》评论他："诗为儒者禅，此格的惟仙。古雅如周颂，清和甚舜弦。"④ 可见，他是继承了儒家诗教传统的。

又如司空图《丁巳元日》诗："禀朔华夷会，开春气象生。日随行阙近，岳为寿觞晴。作睿由稽古，昭仁事措刑。"⑤ 司空图笔下的"丁巳"年应该是昭宗乾宁四年（897），那时唐天子大权旁落，社会处于极度动荡之中，他居然还称颂说："禀朔华夷会，开春气象生。"罗邺《岁仗》诗："玉帛朝元万国来，鸡人晓唱五门开。春排北极迎仙驭，日捧南山入寿杯。歌舜薰风铿剑佩，祝尧嘉气霭楼台。可怜四海车书共，重见萧曹佐汉材。"⑥ 罗邺，约唐僖宗乾符中前后在世。他的诗中写"玉帛朝元万国来"，

①《全唐诗》卷 660，第 7577 页。
②《全唐诗》卷 603，第 6967 页。
③《全唐诗》卷 847，第 9588—9589 页。
④《全唐诗》卷 848，第 9602 页。
⑤《全唐诗》卷 885，第 10000 页。
⑥《全唐诗》卷 654，第 7506 页。

落脚到“重见萧曹佐汉材”，很明显是把其时把持了朝政的朱温比成萧何、曹参加以歌颂。王贞白《长安道》诗：“晓鼓人已行，暮鼓人未息。梯航万国来，争先贡金帛。”[①] 天复二年（902），王贞白授校书郎，正式步入仕途，此时距他考中进士已经七年。仅在朝廷中担任闲职的王贞白在盘桓数年后，终于无法忍受尔虞我诈、人心惶惶的官场生活，趁唐昭宗赴岐山狩猎之时，愤而返乡归隐。在这样的时代里，他还在歌颂“梯航万国来，争先贡金帛”，显然是言不由衷。

总之，丝绸之路的盛衰变化在唐诗中得到了直接的或间接的反映。唐代诗人大都关注时事，丝绸之路和中外关系是他们始终关注的重要领域，也是他们诗歌创作的重要主题。唐王朝开拓陇右、河西和西域，唐代与域外国家和周边民族的交往，唐王朝在世界上举世钦仰的崇高地位，丝绸之路为唐王朝带来的辉煌等等，时时激发着他们的诗情和灵感，他们在诗里表达了他们的自豪和激动。当大唐盛世一去不返，丝绸之路遭受严重阻碍，国威受损，国土沦丧之际，他们在诗里表达了他们的痛心和遗憾。诗是社会生活的反映，更是心灵的历史。唐诗为我们提供的有关丝路盛衰和唐人情感的资料，其独特价值是其他历史文献无法代替的。当然，诗是文学作品，描写中有艺术表现，甚至有夸张和想象，不像史著那样客观；在那些替最高统治者歌功颂德的诗作中不免有很大的溢美成分。但从总体上来看，唐诗的描写通常都有一定的现实基础，具有重要的认识价值。

① 《全唐诗》卷 701，第 8058 页。

玉门关在唐诗中的歌唱及其文学意义

王志鹏

（敦煌研究院）

【提　要】　玉门关是我国古代西北的一座著名军事关塞，地当丝路之交通要道。而玉门关在汉代和隋唐时期所指并不相同。笔者通过集中对唐诗中有关玉门关的诗歌及其作者进行了较为全面的考察，指出这批有关玉门关的诗歌，内容广泛，色彩鲜明，不仅是唐代边塞诗的重要组成部分，而且对后代诗歌发生了深远的影响。唐代诗歌对玉门关的歌唱，赋予玉门关更为丰富的象征意蕴。

【关键词】　玉门关；唐诗；歌唱；文学意义

在我国辽阔广袤的西北大地，保存有不少古代的长城、烽燧、关隘、边城、塞垣、台墩等遗迹，这是古代人们用于防守、警情、战争、屯垦、劳作、生活等的真实记录，凝聚着古代人的聪明智慧，虽非完整，也很残破，但它几千年以来一直顽强挺立在戈壁大漠深处，长期承受着历史风雨的无情冲刷及严酷自然的侵凌摧残，以饱经沧桑、满布创痕却坚毅挺立的身姿，仿佛在向人们诉说着漫长岁月中所经历过的无数次血与火的洗礼，人间惨烈的阵前厮杀，惊心动魄的生死较量，以及种种悲壮热烈的古老故事……过去的这一切，像一位老人孤独寂寞的身影，在晚风夕阳中逐渐模糊、消逝。它又像一首失却歌词的古老曲调，缓慢、悠长、深沉、悲凉，飘溢着一种不屈不挠、努力向命运抗争的愤激情绪，最后又无可奈何地淹没于岁月的长河，而在依稀仿佛而又屈曲缭绕的声音中，透出浑厚深沉的悲叹，暗中涌动着一股穿越古今、超迈绝尘的强大力量，苍劲激越，雄浑慷慨，在苍茫的历史深处回荡飘响，令人难以释怀，久久回味，引发后人的无限遐思。

玉门关是我国古代西北的一座著名军事关塞，地当丝路交通要道。汉代“玉门关”又称小方盘城，位于敦煌市西北约90公里处。“玉门”一名或与古代玉石有关①。我国古代著名的昆山之玉，即昆仑山玉石，包括西域的和田玉，往往均由此而进入中原内地。据考古出土和先秦文献记载，我国制作和使用玉器的历史相当悠久。古代先民很早就开始使用玉石，而到商代玉石已经十分流行。商代晚期的玉器以妇好墓出土玉器为代表。在河南安阳殷墟妇好墓出土玉器达755件，按用途可分为礼器、仪仗、工具、生活用具、装饰和杂器六大类，造型多样，品种齐全，而且其中有不少玉雕动物，反映出当时琢玉工艺已经达到很高的水平。② 而妇好墓出土物中就有和田玉，由此可以知道，至迟在商代人们就开始使用和田玉。到春秋战国时期，和田玉大量输入中原内地，王室诸侯竞相使用。玉石作为一种宝器、财富的象征，往往也与主人的权贵、身份联系在一起。有人认为丝绸之路的前身就是“玉石之路”③。司马迁的《史记》、班固的《汉书》等我国早期史书，都记载有昆仑山多玉石之说。秦代李斯《谏逐客书》有云：“今陛下致昆山之玉，有随和之宝，垂明月之珠。”其中将“昆山之玉”与“随和之宝”、“明月之珠”并称，说明古代西北很早就有玉石的流通，并且昆仑山之玉石在我国享有盛名。南朝梁代周兴嗣编《千字文》，其中有句云“金生丽水，玉出昆冈”，玉即指和田玉，昆冈指昆仑山，把玉与昆仑山联系在一起。同时，玉石也是甘肃古代特产之一④。

需要指出的是，汉代的“玉门关”和隋唐时期所指的“玉门关”并不相同。陈梦家在《玉门关与玉门县》一文中对此作了详细考释，指出河西地区称玉门与玉门关的约有四处：1. 汉玉门都尉和玉门关。2. 汉玉门县。《汉书·地理志》属酒泉郡。3. 隋唐玉门关。据《元和郡县志》卷十瓜州晋昌县下曰“玉门关在县东二十步”，而

① 孟凡人在《玉石之路刍议》中认为玉门关当与于阗玉有着密切关系，这是玉石之路出现的先声。参见杨伯达主编《玉文化玉学论丛》三编下，紫禁城出版社2005年版，第617页。但李正宇先生认为“玉门”一名与西域贡玉无关，又说：“玉门”一词最早的古义为“玉饰之门”，“玉门关”乃是取古之成词“玉门”作关名，与张掖肩水都尉之“金关”相匹配，分寓武拒、仁怀之义，浸透着“天命”“王道”的深刻思想。参见李正宇、李树若《玉门关名义新探》，《敦煌学辑刊》2005年第1期。

② 中国社科院考古研究所编著：《殷墟妇好墓》，文物出版社1980年版，第115—116页。

③ 叶舒宪：《“丝绸之路”的前身为“玉石之路”》，《中国社会科学报》2013年3月8日。

④ 甘肃在古代属雍州，而雍州自古以产玉擅名。《尚书·禹贡》载：雍州“厥贡惟球、琳、琅玕。”《史记》卷2《夏本纪》载雍州“贡璆、琳、琅玕。”《汉书》卷28《地理志》也谓雍州“贡球、琳、琅玕。”许慎《说文·玉部》云：“球，玉也。从玉，求声。璆，球或从翏。”是球、璆为一字，均指玉石或美玉。《尔雅·释地》也云：“西北之美者，有昆仑虚之璆琳、琅玕焉。”

唐晋昌县在今安西县西双塔堡附近。4. 今玉门县，系清初改称，在隋唐玉门县之东，汉玉门县之西。① 在此基础上，李正宇、李并成等先生对此也有不少更为具体深入的考证②，限于篇幅，此不赘述。下文拟集中对唐诗中所描写的玉门关进行考察，进而揭示其文学意义。

一、唐代诗人对玉门关的歌咏

玉门关在唐代诗人笔下，表现出深厚的历史文化内涵，具有鲜明的时代特征。唐代诗人们发挥丰富的想象，以饱满的热情创作了大量的诗歌，从各个方面热烈讴歌“玉门关”这一人文景观，对玉门关进行了多方面的描绘和吟咏，赋予它动人的情感和永恒的魅力。《汉书·地理志》中玉门关属酒泉郡，注引阚骃《十三州志》云：“汉罢玉门关屯，徙其人于此。”据此，玉门县的设置是由迁徙玉门关屯垦的兵民而命名的，其名称与玉门关有关。据笔者粗略统计，仅《全唐诗》中包含“玉门”或“玉关”的诗歌大约有一百多首，不仅有李白、王之涣、王昌龄、李颀、岑参、高适、白居易、李贺等唐代杰出的大诗人，还有陈子昂、虞世南、卢照邻、骆宾王、刘希夷、崔湜、李昂、徐彦伯、胡皓、戎昱、戴叔伦、武元衡、令狐楚、宋济、皮日休、胡曾、唐彦谦、胡宿、贯休、上官仪、袁朗、刘元济、王建、赵嘏、来济、李峤、刘允济、苏颋、李华、崔液、张谓、王涯、柳中庸、可止、杨凭、陈羽、鲍溶、朱庆馀、马戴、翁绶、林宽、罗隐、吴融、王贞白、徐铉、吴商浩、虞羽客、李士元、卿云、温庭筠、韦庄等一大批诗人，他们运用生花之妙笔，充分发挥各自的创作才能和艺术想象，结合边关玉门，或描绘荒远景象，或抒发报国情怀，或叙写生活感受，情景交融，虚实互应，壮烈与愤懑相糅，快乐与辛苦并陈，豪情与悲思俱发，形成了唐诗中

① 陈梦家：《玉门关和玉门县》，《考古》1965 年第 8 期。关于汉唐玉门关的遗址及历史变迁，历来众说纷纭，很不一致，先后有法国汉学家沙畹《奥莱尔·斯坦因在东土耳其斯坦沙漠中所获汉文文书考释》（又称《斯坦因在东突厥斯坦沙漠中发现的汉文文书》）（英国伦敦牛津大学出版社，1913 年版）、向达《玉门关阳关杂考》（《真理杂志》1944 年 1 月）、劳干《两关遗址考》（《中央研究院历史语言研究所集刊》1943 年第 1 期）、吴礽骧《玉门关与玉门关候》（《文物》1981 年第 10 期）、赵评春《西汉玉门关、县及其长城建置时序考》（《中国地理历史论丛》1994 年第 2 期）、李正宇《新玉门关考》（《敦煌研究》1997 年第 3 期）等多种。

② 参见李正宇《新玉门关考》（《敦煌研究》1997 年第 3 期）、《玉门关名义新探》（《敦煌学辑刊》2005 年第 1 期），李并成《新玉门关位置再考》（《敦煌研究》2008 年第 4 期）、《东汉中期到宋初新旧玉门关并用考》（《西北师范大学学报》2003 年第 4 期）、《五代宋初的玉门关及其相关问题考》（《敦煌研究》1992 年 2 期）、《玉门关历史变迁考》（《石河子大学学报》2015 年第 3 期）等。

一道亮丽的文学画卷，展现出玉门关独特的历史风貌。

从诗歌作品的具体内容来看，唐代诗人所创作的涉及玉门关的诗歌，大致可以分为以下四类：

1. 表现从军征战及其相关的诗歌作品

玉门关作为边塞关城，与军事战争有着密切的关系。因此，唐代歌咏玉门关的诗歌，有不少都涉及从军征战，宣扬大唐国威，抒写从军报国、保疆卫国的壮志豪情。《旧唐书》卷84《刘仁轨传》载刘仁轨上表有云："见百姓人人应募，争欲征行，乃有不用官物，请自办衣粮，谓之义征。"[①] 这种对功名的热切向往，无疑是大唐国力强盛的表现，也是盛唐时代人们精神风貌的集中反映。这在歌咏玉门关的诗歌中，表现也很突出。既有表现渴望从军边塞，"勤王度玉关"（张谓《送青龙一公》），表达奋勇杀敌，立功报国的豪迈情怀，抒发尚武轻生、慷慨赴死的壮烈情怀，也有描写从军、观兵、出征等宏壮场面。如：

从军玉门道，逐虏金微山。（李白《从军行》）

观兵洪波台，倚剑望玉关。（李白《登邯郸洪波台，置酒观发兵》）

誓将绝沙漠，悠然去玉门。（虞世南《出塞》）

扬鞭玉关道，回首望旌旗。（李华《奉使朔方赠郭都护》）

金埒乍调光照地，玉关初别远嘶风。（翁绶《白马》）

谁见鲁儒持汉节，玉关降尽可汗军。（赵嘏《送从翁中丞奉使黠戛斯六首》之四）

天兵照雪下玉关，虏箭如沙射金甲。（李白《胡无人行》）

相逢唯死斗，岂易得生还。……男儿今始是，敢出玉关门。（贯休《横吹曲辞·出塞曲》）

百战沙场汗流血，梦魂犹在玉门关。（唐彦谦《咏马二首》之二）

愿得此身长报国，何须生入玉门关。（戴叔伦《塞上曲二首》之二）

还有表现凯旋归来时的诗作，如"汉将归来虏塞空，旌旗初下玉关东"（戎昱《塞下曲》），"歌吹金微返，振旅玉门旋"（虞羽客《结客少年场行》）等。这类作品对从军边塞、立功报国的热情讴歌，表达积极追求建功立业的理想壮志，洋溢着一种昂

① 《旧唐书》，中华书局1975年版，第2793页。

扬向上、奋发有为、战胜一切困难的乐观精神。

同时，也有反映长期征战、边地辛苦，以及功名不遂，渴望早日结束战争，回归故乡的诗作。如：

何惭班定远，辛苦玉门关。（武元衡《元和癸巳余领蜀之七年奉诏征还…途经百牢关因题石门洞》）

西戎不敢过天山，定远功成白马闲。半夜帐中停烛坐，唯思生入玉门关。（胡曾《咏史诗·玉门关》）

夜救龙城急，朝焚虏帐空。骨销金镞在，鬓改玉关中。（马戴《塞下曲二首》之一）

此外，有的诗歌还表达了对功名失望、进而反思战争，乃至反对战争，希望过上和平安定生活的愿望。如：

函谷如玉关，几时可生还。（李白《奔亡道中》）

可怜班定远，生入玉门关。（令狐楚《从军词五首》之五）

归去朝端如有问，玉关门外老班超。（武元衡《送张六谏议归朝》）

敛辔遵龙汉，衔凄渡玉关。今日流沙外，垂涕念生还。（来济《出玉关》）

汉家神箭定天山，烟火相望万里间。契利请盟金匕酒，将军归卧玉门关。（胡宿《塞上》）

胡马悠悠未尽归，玉关犹隔吐蕃旗。老臣一表求高卧，边事从今欲问谁。（王建《朝天词十首寄上魏博田侍中》之八）

封侯十万始无心，玉关凯入君看取。（贯休《塞上曲二首》之二）

以上诗歌代表了当时社会的另一种呼声，这类诗歌的代表作有李颀的《古从军行》，其云：

白日登山望烽火，黄昏饮马傍交河。行人刁斗风沙暗，公主琵琶幽怨多。野云万里无城郭，雨雪纷纷连大漠。胡雁哀鸣夜夜飞，胡儿眼泪双双落。闻道玉门犹被遮，应将性命逐轻车。年年战骨埋荒外，空见蒲桃入汉家。

此诗在形式上为七言歌行体，用乐府古题写当代之事，慷慨激昂，奔放流畅，总体上却是悲多于壮。对当代帝王的好大喜功，穷兵黩武，视人民生命为草芥的行径，进行了深刻的揭露和讽刺。诗歌从紧张的从军生活写起，着意渲染严酷的边地环境。长期置身于边地的广大将士，已经深深厌倦了无尽的征战生活，内心都怀有对故乡亲人的深刻思念之情，渴望早日返乡，过上安定和平的生活。但因烽烟不断，战事吃紧，他们的归期一拖再拖，遥遥无期。全篇一句紧似一句，句句蓄意。结尾四句，画龙点睛，直抒戍卒的怨愤，对好战的帝王、不义的战争进行了讽刺和愤怒的斥责，具有深刻的艺术感染力。

2. 念远思亲之作

这类作品数量较多，有思乡，也有怀人，还有闺怨之作。玉门关作为边关，僻处西陲塞外，关山万里，音尘阻绝。“一上玉关道，天涯去不归。”（李白《王昭君二首·其一》）无论是客子还是征人，抛家别子，远赴边关，久不能归，就会产生两地相思及哀怨之声。因此，唐人对玉门关的歌咏，有不少思亲怀乡之作。这类诗歌率多文字清浅，情思悠长，哀怨缠绵。如：

玉关征戍久，空闺人独愁。（白居易《山鹧鸪》）

金屋梦初觉，玉关人未归。（罗隐《莺声》）

玉关遥遥戍未回，金闺日夕生绿苔。（崔液《代春闺》）

良人征绝域，一去不言还。百战攻胡虏，三冬阻玉关。（赵嘏《昔昔盐·一去无还意》）

玉关遥隔万里道，金刀不翦双泪泉。（王建《秋夜曲》）

魂迷金阙路，望断玉门关。（骆宾王《在军中赠先还知己》）

相思在万里，明月正孤悬。影移金岫北，光断玉门前。（卢照邻《关山月》）

看花无语泪如倾，多少春风怨别情。不识玉门关外路，梦中昨夜到边城。（戴叔伦《闺怨》）

玉关去此三千里，欲寄音书那可闻。（李白《思边》）

玉关芳信断，兰闺锦字新。愁来好自抑，念切已含颦。虚牖风惊梦，空床月厌人。归期倘可促，勿度柳园春。（刘元济《怨诗》）

玉关春色晚，金河路几千。琴悲桂条上，笛怨柳花前。雾掩临妆月，风惊入鬓蝉。缄书待还使，泪尽白云天。（上官仪《王昭君》）

频想玉关人，愁卧金闺里。（刘希夷《春女行》）

魂飞沙帐北，肠断玉关中。（赵嘏《昔昔盐·风月守空闺》）
玉关殊未入，少妇莫长嗟。（李白《塞下曲六首》之五）
玉关音信断，又见发庭梅。（王涯《春闺思》）
寒山秋浦月，肠断玉关声。（李白《清溪半夜闻笛》）

特别是李白《子夜吴歌四首·秋歌》，描写征人思妇之情，风格哀怨，意境悠远，颇具特色。其云：

长安一片月，万户捣衣声。秋风吹不尽，总是玉关情。何日平胡虏，良人罢远征。

诗人继承我国古典诗歌传统中见月怀人的表现手法，运用六朝乐府抒写女子对边关征夫的思念，同时又富有时代新意。诗歌将玉门关的征人与都城长安的思妇通过天空的月亮巧妙地联系在一起，长安的明月和塞外的关城组成一幅对比鲜明的画面：一轮明月当空高悬，遍地的捣衣声此起彼伏，微风吹送，勾起少妇内心深处思念玉关征人的悠悠深情，这剪不断、理还乱的思绪与一阵紧似一阵的捣衣声交汇在一起，内心越来越乱，思念之情越来越强烈，以至无法排遣。诗歌想象丰富，情景交融，动静结合，诗句虽短，韵味深长。

3. 表现边地荒寒、久戍边关之辛苦的作品

戍守边关的将士担负着防守的重任，不仅要密切注意边情，提防敌人来犯，紧急时还要出征作战，四周危机密布，险象环生，要时刻保持着高度警惕，以防随时可能发生的意外。由于玉门关地处塞外，周边遍布戈壁沙漠，植被稀少，千里茫茫，满眼都是戈壁黄沙，枯黄的白草飞蓬点缀其间，自然条件十分恶劣。生活在这里的人们，不仅要面对征战厮杀时的生命危险，而且在日常生活中还要经受严寒与酷热的考验，大漠风沙的侵袭。因此，在唐代诗人笔下，就有不少表现边地荒寒、草木凋枯，以及戍边士卒万里从军，多年不归，充满厌倦之情的作品。如：

玉门关城迥且孤，黄沙万里白草枯。（岑参《玉门关盖将军歌》）
心知玉关道，稀见一花开。（朱庆馀《送李侍御入蕃》）
玉关寒气早，金塘秋色归。（骆宾王《秋晨同淄川毛司马秋九咏·秋露》）
千里玉关春雪，雁来人不来。（温庭筠《定西番》）

去去玉关路，省君曾未行。塞深多伏寇，时静亦屯兵。（卿云《送人游塞》）

胡兵沙塞合，汉使玉关回。征客无归日，空悲蕙草摧。（李白《秋思》）

戍卒泪应尽，胡儿哭未终。争教班定远，不念玉关中。（王贞白《胡笳曲》）

玉关西望堪肠断，况复明朝是岁除。（岑参《玉关寄长安李主簿》）

酒泉西望玉关道，千山万碛皆白草。（岑参《赠酒泉韩太守》）

玉关一自有氛埃，年少从军竟未回。……万里寂寥音信绝，寸心争忍不成灰。（胡曾《独不见》）

岁岁金河复玉关，朝朝马策与刀环。（柳中庸《征怨》）

君不见玉关尘色暗边亭，铜鞮杂虏寇长城。（骆宾王《从军中行路难》）

唐代著名诗人王昌龄的《从军行七首》之四，道出了当时戍边士卒的心声。其云：

青海长云暗雪山，孤城遥望玉门关。黄沙百战穿金甲，不破楼兰终不还。

诗歌次第展现出广阔的地域空间画面：青海湖上空，长云密布；湖的北面，横亘着绵延千里的雪山；越过雪山，是矗立在荒漠中的一座孤城；再往西，就是和孤城遥遥相对的军事关塞——玉门关。阴云笼罩下的塞外孤零零的一座关城，危机四伏，戍守在城楼上的士卒，长久地凝望着玉门关，凸显出戍边将士内心的孤独和忧虑。这首诗歌像一幅生动的图卷，形象表现了当时西北边塞戍边将士的生活情景，可谓是特定时空环境与人物情感高度统一。明唐汝询《唐诗解》卷26有云：“哥舒翰尝筑城青海，其地与雪山相接，戍者思归，故登城而望玉关，求生入也。因言冒风沙而苦战久矣，然不破楼兰，终无还期，悲何如耶。”清人吴昌祺谓此诗“似壮而实悲”。最后一句此诗有两种解读：前人理解是终不能回还，无限怨愤；今人理解为绝不回还，无比豪壮。从整体来看，似应以前人解释较为公允，此诗抒写戍边士卒塞外多年苦战，历尽艰辛，心中盼望结束战争，早日与家人团聚，但铁甲已经磨穿，归乡仍遥遥无期。怨愤之情，溢于言表。

4. 描写边地奇异景色及塞上民族风情的诗歌

在唐代诗歌中，有些诗歌描写边地荒远壮阔的景色以及塞上多民族生活风情习惯，极富奇情异彩，创造出的色彩鲜明、形象生动的艺术画廊，在我国古代诗歌中闪射着夺目的光辉。如高适的《和王七玉门关听吹笛》颇有边地情味：

胡人吹笛戍楼间，楼上萧条海月闲。借问落梅凡几曲，从风一夜满关山。

诗中把月夜关城吹奏的《梅花落》如泣如诉的悠扬笛声，在想象化为遍满关山的落梅，借以表现守边士卒心中无处不在的浓郁乡思。明净辽阔的背景，深婉悠长的情思，创造出阔大高远的意境。

又如王之涣《凉州词二首》之一，云：

黄河远上白云间，一片孤城万仞山。羌笛何须怨杨柳，春风不度玉门关。

诗歌描写辽远壮阔的边塞山河。由近及远抒写远眺黄河的特殊感受，展示出边地雄伟壮阔的风光。而在此辽阔的背景中，出现了塞上孤城，在远山长河的反衬下，益见此城地势险要、处境孤危，寄托着诗人的复杂情感。最后一句“春风不度玉门关”有两种解释：一说边地荒寒，尽管春风遍地，但塞上的杨柳却未能发芽变绿；一说以春风喻指皇恩，暗含尽管皇恩浩荡，但不施于远在玉门关外的征人戍卒。明杨慎《升庵诗话》卷9云：“此诗言恩泽不及于边塞，所谓君门远于万里也。”① 此诗气象开阔，神思飞跃，悲壮苍凉，含不尽之意于言外。

绘写边地民族风情，岑参的诗歌最具奇异色彩，如《玉门关盖将军歌》云：

盖将军，真丈夫，行年三十执金吾，身长七尺颇有须。玉门关城迥且孤，黄沙万里白草枯。南邻犬戎北接胡，将军到来备不虞。五千甲兵胆力粗，军中无事但欢娱。暖屋绣帘红地炉，织成壁衣花氍毹。灯前侍婢泻玉壶，金铛乱点野酡酥。紫绂金章左右趋，问著只是苍头奴。美人一双闲且都，朱唇翠眉映明肱。清歌一曲世所无，今日喜闻凤将雏。可怜绝胜秦罗敷，使君五马谩踟蹰。野草绣窠紫罗襦，红牙缕马对樗蒱。玉盘纤手撒作卢，众中夸道不曾输。枥上昂昂皆骏驹，桃花叱拨价最殊。骑将猎向城南隅，腊日射杀千年狐。我来塞外按边储，为君取醉酒剩沽。醉争酒盏相喧呼，忽忆咸阳旧酒徒。

此诗大概为岑参在天宝十四年时行役经玉门关时所作②。诗歌赞扬镇守玉门关的

① ［明］杨慎著，王仲镛笺证：《升庵诗话笺证》，上海古籍出版社1987年版，第267页。
② ［唐］岑参著，陈铁民、侯忠义校注：《岑参集校注》，上海古籍出版社1981年版，第166页。

盖将军，并生动描绘了军中无事时欢歌娱乐的情景。开头称扬盖将军正当有为之年，安边保国，镇守玉门雄关，兵强马壮，声威慑人，充满勇武豪放之气。然后笔锋一转，极写盖将军豪奢放逸的生活："暖屋绣帘红地炉，织成壁衣花氍毹。灯前侍婢泻玉壶，金铛乱点野酡酥。"装饰精美、豪华舒适的温暖屋子，香气四溢的边地盛宴，多彩多姿的美妙歌舞，纵情豪饮的自在洒脱，以及樗蒲得胜时的喧闹情景，驰骋射猎的欢腾场面，无不尽收笔底，淋漓尽致地描绘出边地生活的特有风情。在形式上，此诗句句押韵，或三句一顿，或两句一顿，既富有音乐感，又穷极抑扬顿挫变化，特具一种声情效果。明末清初时邢昉《唐风定》云："豪情壮采，横绝毫端，快意顷写，皆人所未道，而音节之妙，细入微芒。"诚为的评。

此外，唐代其他诗人也有不少描写玉门关及边地新奇景色的诗歌，如：

花明玉关雪，叶暖金窗烟。（李白《折杨柳》）

玉关晴有雪，砂碛雨无泥。（陈羽《冬晚送友人使西蕃》）

玉关尘似雪，金穴马如龙。（李峤《道》）

风吹云路火，雪污玉关泥。（李贺《送秦光禄北征》）

路沿葱岭去，河背玉关流。（李士元《登单于台》）

出户望北荒，迢迢玉门关。（戎昱《苦哉行五首》之五）

明月出天山，苍茫云海间。长风几万里，吹度玉门关。（李白《关山月》）

暗碛埋砂树，冲飙卷塞蓬。方随膜拜入，歌舞玉门中。（徐彦伯《胡无人行》）

身似星流迹似蓬，玉关孤望杳溟濛。（吴商浩《塞上即事》）

接影横空背雪飞，声声寒出玉关迟。（林宽《闻雁》）

玉门山嶂几千重，山北山南总是烽。人依远戍须看火，马踏深山不见踪。（王昌龄《从军行七首》之七）

需要指出的是，唐诗中还有结合玉门关来写"和亲"政策等其他方面的诗歌，如鲍溶《寄李都护》有云："去年河上送行人，万里弓旌一武臣。闻道玉关烽火灭，犬戎知有外家亲。"由此也见出唐诗中玉门关诗歌内容的丰富广泛。

从以上可以看出，在唐代创作有关玉门关诗歌的诗人中，李白、岑参、王之涣、王昌龄、高适、李颀等一批唐代著名诗人，不仅作品数量较多，而且也表现出较高的艺术水平。而唐代歌唱玉门关的这批诗歌，或是描写玉门关及其周边环境，或是结合玉门关，对其他相关的山川风物从不同方面进行歌咏，内容广泛，色彩鲜明，形式多样，体现出唐诗丰富多彩的特征。

二、玉门、玉门关在唐诗中的文学意义

玉门关，唐诗中经常省称为“玉关”或“玉门”，有时也称“玉塞”。唐诗中的“玉门”很少指玉门县，而一般都是用来代指玉门关。玉门作为在唐代诗人笔下经常描写或涉及的对象，包含有丰富的文化意蕴。

前面已经说过，在汉代和隋唐时期的“玉门关”所指并不相同，汉代玉门关又称小方盘城，大致位于敦煌西北 90 公里处，而隋唐时期的玉门关是在今安西县（又称瓜州）双塔堡附近①。尽管同在西北，但二者之间相距尚远，难以混同。在唐代诗人笔下，这种区别似乎并不重要，唐诗对此不大关注，尽管我们有时可以通过诗歌的内容或背景来判断其中所写的“玉门关”究竟应该是哪一个，但仍有不少诗歌，我们从中很难看出其间的区别。可以说，在唐人诗歌中更为关注的是玉门关在塞外的特殊地理位置，从汉代以来一直都是通往西域的重要门户，这座耸峙于大漠戈壁深处的雄关，同时防守着祖国的西北大门，与许多将士的从军、征战、驻屯、防守，以及国家安全都有着一定的关系，这对当时社会和人们生活带来了种种影响。在此基础上，诗人展开丰富的想象，绘写边关景物或抒发生活感受。总的说来，唐代涉及玉门关的诗歌，有写景，有抒情，以抒情为主，多情景交融之作；少实写，多想象，而且有时仅仅是将“玉门关”作为起兴、对比的对象引入诗歌。而“玉门关”已经逐渐成为唐诗中一种具有固定内涵的特定意象，唐人结合其他情景或事物对之所进行的一系列歌咏，赋予玉门关更为丰富的象征意义。

玉门关地处塞外，荒远苦寒，春风不到，极目四望，连天接云的戈壁大漠，只有塞草飞蓬点缀其间，缺少生机，凄凉无比。生活在这片不毛之地的人们，无疑十分辛苦。但它作为祖国西北的一处著名关城，不仅是丝绸之路通往西域北道的咽喉要隘，也是初盛唐时代人们投身边塞，报效祖国、杀敌立功之所在，是无数士子赴边从军成就英雄梦想的地方。因此，玉门关同当时人们心中向往的功名理想紧密联系在一起，这也是唐人边塞诗歌往往表现出一种以苦为乐、充满雄豪的丈夫气概的主要原因

---

① 李正宇先生认为唐代玉门关当在唐瓜州城（即锁阳城）西北之马圈小城，设置于东汉永平十七年（74）。参见李正宇《新玉门关考》，《敦煌研究》1997 年第 3 期。

之一。

从诗歌本身来看，有关玉门关的这批唐人诗歌，基本没有超出唐代边塞诗的范畴，应该说是唐代边塞诗的组成部分。唐代边塞诗的兴盛，受唐代政治、军事、经济、文化诸因素的影响。唐代国力强大，中外交往密切，边塞战争频繁，特别是在初盛唐时期，大批士子纷纷从军入幕，走向边疆，立功边塞成为一时之风尚。他们结合自己的从军经历，以及急于建功立业、报效祖国的热烈情怀，或叙写征战生活，或描绘异域景色，或抒发理想壮志，或记述奇异见闻，或表达思乡之情，或总结历史经验，或议论时下边策之得失，等等。同时，由于长期置身塞外，难免会对多年紧张辛苦、风尘仆仆的军旅生活产生厌倦之情，久戍不归的怨思，功名不遂的愤懑，将帅腐败、赏罚不公、苦乐悬殊等军中矛盾现实问题，这些都成为盛极一时的唐代边塞诗歌的创作源泉，形成唐代边塞诗歌的丰富多彩的思想内容。其中既有慷慨激昂、从军报国的时代强音，又有低沉抑郁、倾诉战争灾难的曲折心声，既有壮阔瑰丽的边地风光图画，也有深沉细腻、哀怨缠绵的深致情思，多侧面地反映了唐代文人从军、将士赴边的广阔生活内容和复杂情感体验。这在唐人所写的涉及玉门关的诗歌中也多有反映。

需要注意的是，唐人所写的玉门关诗歌，对汉代玉门关的历史典故运用十分广泛，尤其是有关李广利、班固和玉门关的典故，经常歌咏。据《汉书》卷 61《张骞李广利列传》载，李广利太初元年（公元前 104）出兵不利，退回敦煌。天子闻之，大怒，使使遮玉门关，曰："君有敢入，斩之。"贰师恐，因留屯敦煌。[①] 可见，玉门关是国家的西大门，贰师兵败，不得入玉门关。《后汉书》卷 47《班梁列传》又云：汉和帝永元十二年（100），时任西域都护的班超久在绝域，年老思土，上疏乞归，有云："臣不敢望到酒泉郡，但愿生入玉门关！"[②] 班超希望能够在有生之年进入玉门关，对于久居塞外的人来说，竟然成为一种奢望。此"玉门关"无疑成为家国故乡的象征，进入玉门关，才是真正回到祖国的怀抱。由此可见，在唐代诗人笔下的"玉门关"所包含的深情意蕴，已经远远超出仅仅作为汉唐关城的玉门关，它可以代指祖国的边关、荒远的塞外，思念的处所，同时也是祖国的大门，是祖国和家乡的象征，其所包含的历史文化意蕴十分丰厚。

① 《汉书》，中华书局 1964 年版，2699 页。

② 《后汉书》，中华书局 1965 年版，第 1583 页。

“唐代边塞诗是大西北的歌，也是大西北的骄傲。”[①] 唐代边塞诗是唐代诗歌苑囿里的一朵奇葩，闪耀着夺目的光辉。玉门关作为唐代边塞诗中一种较为普遍的创作题材或诗歌意象，具有鲜明的西北地域特色。唐诗中这批有关玉门关的诗歌，不仅是唐代边塞诗的重要组成部分，在我国边塞诗歌中有着突出地位，而且对后代诗歌发生了深远影响。历代诗人对玉门关歌咏不绝，经两千多年而一直传唱不衰，由此也可以见出玉门关在我国古代诗歌中的永恒魅力。可以说，在诗人笔下，玉门关就像一块精工雕琢的美玉，被打磨得越来越晶莹剔透，越来越明彻光亮。

① 胡大浚主编：《唐代边塞诗歌选注·前言》，甘肃教育出版社 1990 年版。

丝路宗教

兰州金天观道教研究

周雷杰　刘永明

（兰州大学）

【摘　要】　明清以来，金天观是兰州地区规模最大的道观和祭祀场所，并深刻影响着兰州道教的发展。本文通过对现存史料梳理考察，勾勒了金天观的道教历史，金天观与肃王及地方官府之间的密切关系。同时也揭示了金天观道教所承担的多重社会功能。其不仅在满足民众精神需求方面有助于地方的治理，同时也有助于汉民族的文化认同，也促进着各民族宗教间的文化交流，并在深层次反映着统治者政权合法性的追求。

【关键词】　兰州；金天观；道教

金天观位于兰州城西郭外，在今西津东路东段，现为兰州市工人文化宫。金天观是明清时期兰州地区规模最大的道观和祭祀场所，也是当代学者研究兰州道教的最常关注点。近现代以来，最早对金天观进行记录研究的是道门中人，其著述成果收录于《甘肃文史资料》和《兰州文史资料》①，这也成为我们研究金天观的重要史料。近年来，陆续有学者对金天观进行研究探讨，樊光春《西北道教史》主要考察道观建置沿革和教派传承②，胡春涛《老子八十一化图研究》将金天观壁画作为重

① 柳风：《兰州道教胜地——金天观》，《兰州文史资料选辑》第5辑，1986年，第179—198页；程时雨、王克江、李建基《兰州地区主要道观礼巡》，《甘肃文史资料选辑》第31辑，甘肃人民出版社1990年版，第112—122页；程时雨、王克江、李建基《兰州道教活动史上的两个重要人物》，《甘肃文史资料选辑》第31辑，第123—127页。

② 樊光春：《西北道教史》，商务印书馆2014年版，第511—514页。

要个案加以分析[①]，王超《兰州金天观古建筑群分析》则探讨金天观古建筑群的重要价值[②]。

其实，仔细梳理金天观历史，会发现很多耐人寻味之处。在弘道传教外，金天观还承担着多重社会功能，不仅有助于凝聚当地汉民族的身份认同和文化认同，也促进了各民族宗教间的文化交流。与此同时，道观也长期成为当朝统治者追求政权合法性的来源。

一、金天观的历史与建筑布局

学者们在述及兰州道教时，通常认为金天观可追溯到唐宋时期：在唐为云峰寺，在宋为九阳观，金天观则是肃庄王朱楧在此基础上营建而来[③]。尤其柳风在《兰州道教胜地——金天观》中更言之凿凿，“民国初年，金天观修武功墙，于西南角掘出石碑一块，上镌：‘唐云峰寺’‘宋九阳观’”，并说“有金天观旧藏碑记为证”[④]。金天观西南角是否出土过该石碑，已不可考，如果仔细考察现存碑刻资料的话，不难发现这种说法有待商榷。

核查现存碑刻资料，该说法最早见于民国张建《重修金天观碑铭》：“秦汉以前无可稽考，唐为云峰寺，宋为九阳观，黄冠白足修道其间。明永乐时，肃藩庄王谨请孙碧云真人主持道场，始建雷坛百神以次罗列，赐名曰‘金天观’。”[⑤] 该文撰于民国二十九年（1940），后世学者将金天观追溯至唐宋时期，皆据于此。不过翻检明清诸碑，却向无此说。事实上，肃庄王朱楧在《修建金天观记铭》中已明确述及营建金天观的原委：“余自甘州抵兰邑，仰观俯察，城之西南，山环三面有仙人舞袖之形，河拒北流如九曲之势，玉案之峰在前，左右交加于剑水，龙翔虎伏，掩映其墟，欲作仙林，

---

① 胡春涛：《老子八十一化图研究》，巴蜀书社 2012 年版，第 157—163 页。

② 王超：《兰州金天观古建筑群分析》，《山西建筑》2010 年第 4 期，第 27—28 页。

③ 柳风：《兰州道教胜地——金天观》，第 179—180 页；樊光春：《西北道教史》，第 512 页；彭清深《兰州道教的历史面貌及现状概述》，《中国道教》2006 年第 3 期，第 45—47 页。

④ 柳风：《兰州道教胜地——金天观》，第 179 页。

⑤ 张建：《重修金天观碑铭》，薛仰敬主编：《兰州古今碑刻》，兰州大学出版社 2002 年版，第 324 页。按，颇有趣味的是，张建之子张思温在 1985 年代表兰州市道教协会写作《修复兰州金天观道院启》时，开篇即言“兰州金天观，始建于明永乐年肃王分藩之时”，并未述及云峰寺、九阳观云云，一门父子尚且如此，因此我们有必要谨慎对待金天观的始建问题。（张思温著、石宗源主编《张思温文集》，甘肃民族出版社 1999 年版，第 102 页。）

金以为可。"[①] 显然，朱模来到兰州后，因青睐于这里的山水之势才营建道观，而对于唐宋寺观或者西南角石碑，却只字未提。因此，运用史源学方法对笔者目前掌握史料略作考辨，即可得出如下论断：金天观是由肃庄王朱楧营建而来，而云峰寺、九阳观应该是民国时人的附会。

朱楧亲撰《修建金天观记铭》中还简要记述了修建金天观的过程："至庚辰遂得其地，既来相卜，经之营之，壬午孟春肇举其事，仲夏乃兴，爰作神像，癸未季夏，亲督厥工，梓人告成于秋。"[②] 显然，金天观自建文二年（庚辰年，1400）便开始筹备，建文四年（壬午年，1402）春正式动工，永乐元年（癸未年，1403）秋宣告竣工。竣工后的金天观成为兰州地区第一大道观，东有望仙之桥，南有五龙之潭，外南门曰金天之观，正门曰九天之门，东门曰皋兰福地，观内有檄雷之坛，左有法主堂，右有天师堂，正殿是雷祖宝殿，雷祖神位其中，雷师、皓翁、卿使、师相、十大雷神列班左右，后有玄极殿，中间供奉三清神像，左右设南北二派五祖七真，再后为神御殿，东有道院，西有寰室。

嘉靖三十一年（1552），金天观获得重修[③]。明末流寇作乱，兰州城内外许多寺观都被焚毁，但金天观却奇迹般地保存了下来[④]。近人普遍认为，金天观得以保全，与自第一代住持孙碧云传习武术后，观内长期延续的尚武传统有关[⑤]。

及至清代，关于金天观的传奇故事依然盛行于世。据刘一明《金天观碧云孙真人像传》记载，康熙十三年（1674），中丞巴大人出巡新疆哈密，路经戈壁时口渴难耐，此时恰好出现了一位道人，持二瓜奉上。巴大人问道人姓名，他却不肯回答，只从袖中取出一封信，托巴大人带到兰州金天观。巴大人来到金天观后，拆开信封，里面却只有真人道号，等见到孙碧云真人神像时，终于恍然大悟，那送瓜道人正是孙碧云。

---

① 朱楧：《修建金天观记铭》，《康熙兰州志》，《中国地方志集成・甘肃府县志辑》第1册，凤凰出版社2008年版，第318页。按，朱楧《修建金天观记铭》先后收录于《康熙兰州志》《乾隆皋兰县志》《光绪重修皋兰县志》等方志。但《康熙兰州志》所录碑文要比《乾隆皋兰县志》等方志更为完整，加之《康熙兰州志》明显早于《乾隆皋兰县志》，那么我们认为如下推论当不失合理：《乾隆皋兰县志》版碑文当为《康熙兰州志》版碑文之省文。因此，本文引用《修建金天观记铭》均以《康熙兰州志》为准。

② 朱楧：《修建金天观记铭》，《康熙兰州志》，第318页。

③ 许容：《金天观记》，《光绪重修皋兰县志》（二），《中国地方志集成・甘肃府县志辑》第4册，凤凰出版社2008年版，第545页。

④ 许容：《金天观记》，《光绪重修皋兰县志》（二），第546页。

⑤ 柳风：《兰州道教胜地——金天观》，第185页；《甘肃省志・宗教志》，甘肃人民出版社2005年版，第47页。

巴大人感激不已，于是捐资重修金天观[①]。

雍正十二年（1734），甘肃巡抚许容在金天观内祷雨斋宿，目睹道观殿宇倾颓，决定捐俸修葺[②]。同时他也目睹了正一道士在观内娶妻生子、道俗不分的现象，认为猥污圣地，于是将其驱逐出观，延请甘肃武威人全真嵛山派高道王性叵担任住持。而且，由于祷雨有验，经许容上报后，金天观雷坛于雍正十三年（1735）被正式列入祀典，朝廷还敕加雷祖为“显仁应瑞”之神，御赐匾额“宣畅太和”[③]。

乾隆四十四年（1779）、四十五年（1780），兰州信众筹款增修而光大之[④]。可惜就在修缮完工的次年即乾隆四十六年（1781），苏四十三回乱爆发，金天观遭到严重破坏。此后，金天观第十代住持王静斋与其徒弟周金玺、徒孙白玉峰苦心募资修缮，复建玉皇殿、混元阁，以及孙真庵等东西两厦各五楹[⑤]。并得到地方官员大力支持，乾隆末年皋兰县两任知县朱尔汗、应先烈分别建修文昌宫和碧云庵[⑥]，嘉庆初年，甘肃布政使蔡廷衡更是“率僚属绅士协力捐输”，兰州府知府龚景瀚与姑苏陈松风参与捐资重修中局两院[⑦]，嘉庆十一年（1806）陕甘督标中军副将刘管成又捐资金妆神像[⑧]。及至嘉庆十二年（1807），道观主体建筑基本完工[⑨]。此后不久，蔡廷衡幕僚锡山朱麟祥及其子朱霞时宦游至兰，感念于神明之隆鉴，于是慨然捐资增修，“于圣像则制锦幔以障蔽之，于画廊则采化书以装演之，于坛壝则更新砖以整洁之，于道院则竖洗心亭以清净之，于环室则培丹房以补葺之，于周围则砌墙垣以巩固之，于各院庙貌以及各殿帅神则绘金碧丹黄以绚饰之，于庙前则浚五龙沼以疏通之，于山门则建望

① 刘一明：《金天观碧云孙真人像传》，《刘一明栖云笔记》，孙永乐整理，社会科学文献出版社 2011 年版，第 42—43 页。

② 许容：《金天观记》，《光绪重修皋兰县志》（二），第 546 页。

③ 蔡廷衡：《重建金天观雷坛碑记》，薛仰敬主编：《兰州古今碑刻》，第 153 页；《光绪重修皋兰县志》（二），第 353 页。

④ 蔡廷衡：《重建金天观雷坛碑记》，薛仰敬主编：《兰州古今碑刻》，第 153—154 页。

⑤ 刘一明：《金天观静斋王先生墓志》，《刘一明栖云笔记》，第 96—97 页；《锡山朱君落成雷坛记》，薛仰敬主编：《兰州古今碑刻》，第 151—152 页。

⑥ 朱尔汗于乾隆五十三年（1788）调任皋兰县知县，应先烈于乾隆五十五年（1790）调任皋兰县知县（《光绪重修皋兰县志》（一），《中国地方志集成・甘肃府县志辑》第 3 册，凤凰出版社 2008 年版，第 303 页；其中，朱尔汉有传，见《光绪重修皋兰县志》（二），第 656 页）。

⑦ 龚景瀚于嘉庆五年（1800）任兰州知府（《道光兰州府志》，《中国地方志集成・甘肃府县志辑》第 1 册，凤凰出版社 2008 年版，第 548 页）。

⑧《甘肃省志・宗教志》，第 48 页。按今兰州文化宫内有残碑，上刻“刘管成”字样及篆刻印章，应是为纪念金妆神像刻立。

⑨ 蔡廷衡：《重建金天观雷坛碑记》，薛仰敬主编：《兰州古今碑刻》，第 153—154 页。

仙桥以点缀之"[①]，嘉庆十四年（1809）全部竣工后，金天观重现往日的庄严肃穆，再次成为兰州地区的重要道教活动场所。

嘉庆十七年（1812），陕甘总督那彦成在金天观内祷雨有验，特立《雷坛碑记》记之[②]。他还上书朝廷，请赐题匾。嘉庆十九年（1814），嘉庆皇帝御赐雷祖宝殿"鼓万霏甘"匾额，上有"嘉庆玉玺之宝"御印，匾周雕饰九条金龙[③]。

道光二年（1822），陕甘总督那彦成在观内修建华祖殿，供奉华佗神像[④]。道光二十六年（1846）四月二十五日，陕西巡抚林则徐游览金天观，为华祖殿题写楹联："灵素阐真诠，断胃湔肠征异术；岐黄宣妙蕴，解头理脑媲神功。"[⑤] 其中除蕴含林则徐对华佗神奇医术的称赞外，也应当寄托了他期望能有仁人志士为中华民族消灾除病的拳拳热忱。

道光三年（1823），陕甘总督那彦成在观内为其祖父大学士文成公阿桂修建了阿公祠，并购置六十亩地，作为香火和住持养赡之用[⑥]。此前的乾隆末年苏四十三回乱爆发后，兰州告急，清廷命阿桂为钦差大臣，率健锐营火器兵两千驰援兰州，最终解了兰州之围。阿桂由此因有功于兰州，为兰州人民所祭祀。

道光二十三年（1843），观内增修三公祠，祭祀清代三位陕甘总督——那彦成、长龄、杨遇春[⑦]。

同治年间，西北地区爆发了陕甘回变，金天观雷神多次显化襄助清军。战乱平息后的同治十一年（1872），陕甘总督左宗棠心存感念，亲率僚属恭诣神庙，虔诚拜谢，并上奏朝廷恳赐匾额，用答神庥[⑧]。雷祖神殿内曾悬同治皇帝御赐匾额"威壮金商"[⑨]，或许正是左宗棠请赐所得。

光绪三十年（1904），金天观第十七代住持王静复因年迈而嘱其弟子赵丰谷修复

---

① 《锡山朱君落成雷坛记》，薛仰敬主编：《兰州古今碑刻》，第151—152页。

② 那彦成：《雷坛碑记》，薛仰敬主编：《兰州古今碑刻》，第155—156页。

③ 《甘肃道教志》（征求意见稿），第83页；柳风：《兰州道教胜地——金天观》，第181页；左宗棠：《雷神灵应显著请赐题匾额折》，《左宗棠全集·奏稿五》，岳麓书社2014年版，第289页。另据《甘肃道教志》（征求意见稿）记载，新中国成立后，金天观改建为兰州工人文化宫，该匾额也被改刻为"兰州文化馆"，九条金龙则被铲去，后又改写为"兰州市工人文化宫"，今悬于文化宫门首。

④ 无聊子：《兰州道教概编》，内部使用，2001年，第10页。

⑤ 邓明：《林则徐在兰州》，《城关文史资料选辑》第6辑，1997年，第177页。

⑥ 《甘肃省志·宗教志》，第48页；柳风：《兰州道教胜地——金天观》，第182—183页、第196页。

⑦ 《光绪重修皋兰县志》（二），第511页。另有说法认为，所谓三公即明代兰州知名人物段坚、邹应龙、杨椒山（《甘肃省志·宗教志》，第48页；柳风：《兰州道教胜地——金天观》，第183页。）

⑧ 左宗棠：《雷神灵应显著请赐题匾额折》，《左宗棠全集·奏稿五》，第289页。

⑨ 《甘肃道教志》（征求意见稿），第83页；柳风：《兰州道教胜地——金天观》，第181页。

道观。赵丰谷随后在甘青宁各地苦心募资，及至1916年，开工修复道观，可是“事阅七年，入不敷出，债台高筑”，无奈之下，只得于1922年出游中东部地区募资，其弟子张地丰接任住持①。1932年，赵丰谷回到兰州，金天观部分观产却为五省会馆所挟持。赵丰谷陈请于省政府，同时得益于地方士绅杨思、张维等人从中斡旋，终于顺利收回观产②。此后，赵丰谷增修云水堂一所，以便羽士挂单、名流憩息。不久，赵丰谷便命李理一代主观事③。

自乾隆年间历经兵燹后，经过数代人苦心经营，金天观规模终于在民国时期达到鼎盛（民国时期金天观建筑分布平面示意图，见文末图一）。

但同样显而易见的是，民国年间时局动荡，在赵丰谷苦心募资修缮道观的同时，各方军阀已开始陆续在金天观驻军，这不仅严重干扰了观内的宗教活动，也致使部分神像、壁画遭到破坏。1928年，金天观戏台院被甘督刘郁芬征为兵站。1929年秦陇大旱，兰州附近各地区灾民纷纷逃到兰州，金天观戏台院成为舍饭场，刘郁芬部则在阿公祠征兵。1932年，陕军孙蔚如部在金天观驻军一营。1935年，东北军于学忠部在观内驻军一连。抗日战争期间，戏台院则长期驻停国民党部队辎汽四团汽车数十辆。其后，金天观又被国民党甘肃省政府警察局和蔡呈祥师管区征用。解放战争中，金天观戏台院又被马家军队用来贮放枪支弹药④。

新中国成立初期，金天观的殿宇神像受到国家保护。1958年人民政府将金天观改建为兰州市工人文化宫，观内道教人文景观及宗教设施被拆除，改设为文艺厅、展览室、图书馆等群众休息游览之所，而且在这次改建过程中，原戏楼被拆除，改建为大门牌坊，金天观大门遂由南面移到了北面临街⑤。此后，观内只剩几个道士艰难维持生活，正常宗教活动基本停止。“文革”期间，金天观神像、壁画、炉鼎、钟磬等被破坏殆尽，观内道士也全部被迫还俗返家。十一届三中全会后，国家落实宗教信仰自由政策，1985年兰州市人民政府决定，将金天观西隅的华祖殿，作为道教活动场所批

---

① 参见西安八仙宫《周尘同大监院升座志禧》题记，张建新、陈月琴编著：《西安八仙宫》，三秦出版社1993年版，第270页。

② 事实上，自清代中期以来，各地便不断发生侵占道观庙产的纠纷，这是中国传统土地制度固有矛盾的反映。参见樊光春《陕西留壩张良庙十方丛林志》，《全真道研究》第2辑，齐鲁书社2011年版，第246—273页。

③ 张建：《重修金天观碑铭》，薛仰敬主编：《兰州古今碑刻》，第324—325页。

④ 柳风：《兰州道教胜地——金天观》，第198页。

⑤《甘肃道教志》（征求意见稿），第87页。

准开放。1986年又改为坤道院[①]，如今已无道士居住。

二、金天观的住持及其影响

明朝初期金天观落成后，肃庄王朱楧便延请武当山全真高道孙碧云担任第一代住持。第二代住持是孙碧云徒弟阮无量、黎真人[②]。阮无量、黎真人，皆越南人，洪武十七年（1384）以使者进贡明朝，遂留中国，后担任肃王府承奉正，礼孙碧云为师。他们继任住持意味着全真道在金天观内有所传承。

阮、黎二真人后，道观事务由谁主持打理，尚不明确。不过最晚在嘉靖年间，正一道士已担任道观住持，因为见载于嘉靖十九年（1540）《重修玄妙观壁记》的“金天观住持：鲍道元”，便是兰州正一道铁师派传人[③]。只是囿于史料，正一道从何时开始进入道观，又何时开始担任住持、主导道观事务，我们无从知晓。及至清雍正十二年（1734），甘肃巡抚许容目睹住观正一道士在观内娶妻生子、道俗不分的现象，便延请全真嵛山派高道王性叵担任道观第九代住持，说明在雍正十二年（1734）之前，正一道仍在金天观内颇具影响力。

自全真嵛山派王性叵担任金天观第九代住持后，历代住持都清晰可考[④]：

第九代	王性叵（道号大痴）	第十五代	刘巧云
第十代	王明惠（道号静斋）	第十六代	魏通纯
第十一代	周金玺（道号印真）	第十七代	王此德（道号静复）
第十二代	白玉峰（道号云鹤）	第十八代	赵加真（道号丰谷）
第十三代	常功华、朱功宝	第十九代	张地丰、靳地吉
第十四代	刘知中[⑤]	第二十代	韩仙明（字壬泉）

上表历代住持的法名与全真嵛山派百字辈——“清静无为道，志诚有性明，金玉

① 无聊子：《兰州道教概编》，第10页；樊光春：《西北道教史》，第513页。

② 刘一明：《静庵道人阮公墓志》，《刘一明栖云笔记》，第95页。

③ Richard G. Wang, Four Steles at the Monastery of Sublime Mystery (Xuanmiao guan): A Study of Daosim and Society on the Ming Frontier, *Asia Major*, Vol. 13, No. 2 (2000), P. 65.

④《甘肃道教志》（征求意见稿），第86—87页；《甘肃省志·宗教志》，第48页；樊光春：《西北道教史》，第514—515页。

⑤ 民国初年，全真龙门道士李理一曾受赵丰谷之命代主观事，但金天观的住持仍然是嵛山派道士。

功知巧，通此加地仙"，正相契合，表明嵛山派在金天观代有传人，并相继成为道观住持。韩仙明担任第二十代住持时，正值新中国成立后的宗教改革时期，同时金天观又陆续被公家单位占用，住持便再未下传。不过嵛山派至今仍在兰州有所传续，目前主要集中于兰州太清宫。

当然，关于金天观住持的传承，还需略作补充。王性叵之后金天观住持的代系称谓，与嵛山派的代系传承恰好吻合，譬如王性叵担任的是金天观第九代住持，而他恰好又是嵛山派第九代传人，这应该不只是一种巧合，而是前者依据后者而来。毕竟自明初至清代前期，三百余年间只传了九代，略有牵强。同时如上表所示，即便在第十三代、第十九代均出现了两位住持，但这依然没有影响到道观住持代系称谓。

同时，我们还注意到，现存碑刻资料提及各代传人时，或称住持，或称监院。《金天观静斋王先生墓志》称"住持王性叵"，《锡山朱君落成雷坛记》有"住持周金玺"，西安八仙宫《周尘同大监院升座志禧》题记有"甘肃省城金天观住持张地丰"，而《重修金天观碑铭》则称"王静复监院"，《甘肃省志·宗教志》也记载韩仙明继任的是金天观监院。这些记载的差异，应当与道观执事的称谓有关。"住持"原本见于佛教，后被道教沿用，成为道观最高领袖[①]。明初第四十三代天师张宇初著《道门十规》，其中就有一规专论"住持领袖"[②]，尽管他并未明确表明是否适用于全真道观，但由于张宇初在洪武、永乐年间受命"掌天下道教事"[③]，所以"可能在明代永乐年间，二派道观都用'住持'为名"[④]。这也是为何将孙碧云师徒称为金天观住持的原因，而且这种称谓一直延续到了民国时期。在全真嵛山派传人相继担任道观住持后，也逐渐采用了全真丛林执事称谓，称道观领袖为监院，俗称"当家"[⑤]。不过在实际操作层面，"住持""监院"往往通用，因此韩仙明继任了道观监院，但依然被习称作住持。

另外，在上表记述各代住持中，第十三代（常功华、朱功宝）、第十九代（张地丰、靳地吉）都是两个人，如果史料记载无误，这或许是由于住持道长仙逝而同辈道长继任的缘故，也或许与全真丛林监院的选举制度有关，"监院由常住道人全体公选，本常住无此人才，也可到其他常住或小庙选请。三年一任，可连选连任，任期如犯重

① 陈耀庭：《道教礼仪》，宗教文化出版社 2003 年版，第 287 页。

②《道藏》第 32 册，第 150 页。

③《皇明恩命世录》卷 2，《道藏》第 9 册，第 789—790 页。

④ 陈耀庭：前引书，第 285 页。

⑤ 闵智亭：《道教仪范》，第 15 页。

大过失，可随时下普板请大众，宣明过失，辨明是非，免职撤换。”[①] 当然具体何种缘由，尚需结合更多史料才能得出相对可靠的结论。

金天观历代住持的持续努力，既确保了道观的存续，也为其长期成为兰州第一大道观提供了保障。尤其在王性巨担任道观住持后，积极整顿道风，严肃教规，道观面貌随之一新。乾隆四十六年（1781）苏四十三回乱爆发，金天观遭到严重破坏，道观殿宇付之一炬。之后，王静斋、周金玺、白玉峰祖孙三代不辞辛劳，苦心募资，竭尽全力重修金天观。清末民初，赵丰谷又谨遵师命募资修复道观，后来又经多方周旋才收回被侵占的观产。尽管时势变迁，如今的金天观早已没落，但并不能忽视道观历代住持尤其嵛山派传人在数百年间为道观存续所做的努力。

同时，金天观历代住持出自不同道派，也深刻影响了兰州道教传统，丰富了兰州道教的道派构成。明初，孙碧云受肃庄王延请担任金天观住持，这是笔者目前所见全真道传入兰州的最早记载，由此改变了正一派独领风骚的局面，成为兰州道教发展史的重要转折。雍正十二年（1734），甘肃巡抚许容延请全真嵛山派王性巨担任道观住持，标志着全真嵛山派正式传播至兰州地区，金天观也由此成为嵛山派在西北传承的独特个案[②]。同时，金天观的稳定发展也有效推动了全真道龙门派的传播。乾嘉年间，龙门派高道刘一明在兴隆山传道时，常往来于观中阐讲《周易》太极图，推动了全真龙门派的发展[③]；及至清末，赵丰谷也曾命龙门派李理一代主观事，表明龙门派在金天观内同样有所传承。得益于他们的共同努力，金天观成为了全真道在兰州乃至甘肃地区活动和传播的重要阵地[④]。

当然，在全真道人外，兰州正一道铁师派传人也曾担任道观住持，并长期在道观内保持了影响力，这是明清以来兰州全真道和正一道竞相发展的典型缩影。

三、明肃王、地方官员和金天观

前文已述，金天观由肃庄王朱楧营建，在历次修缮中，地方官员始终是不可或缺的重要力量。本节将以官方的关注作为切入点，探讨金天观的多重社会功能。

朱楧在《修建金天观记铭》中自述：“余长自深宫，周游演武，开国建封，历事

① 闵智亭：《道教仪范》，第 15 页。
② 樊光春：《明清时期西北地区全真道主要宗派梳理》，《全真道研究》第 1 辑，第 223 页。
③《甘肃省志·宗教志》，第 396 页。
④ 同上书，第 388 页。

多艰，具知道典，用彰混元祖教”，表达了他对道教文化传统的认同，而这对于多民族聚居区的兰州而言，尤其具有积极意义。明代兰州已成为汉、回、蒙等多民族聚居区①，具有各自宗教信仰的回族、蒙古族聚居，使兰州人口的民族结构与力量对比发生变化。因此不同于内地道观，金天观的修建与道教文化的传播，既符合了当地汉族民众寻求身份认同和文化认同的心理②，也能给予他们精神支持，从而有助于发挥道教社会教化功能，维护西北地区稳定③。

另一方面，在数百年历史发展中，金天观长期与各民族、各宗教和平相处，促进了彼此间的文化交流。明朝初年，朱楧迎请全真高道孙碧云担任金天观住持，得益于孙碧云的一身武艺，金天观成为道教内功拳术传授阵地，还吸引了来自秦岭、天山等地的武林英豪，在此以武会友，道观由此成为西北地区武术文化交流平台④。在金天观诸多殿宇中，玉皇殿颇为特殊，殿中供奉主神为玉皇大帝，玉皇大帝背面却是观音像，而且由于坐南朝北，又称倒坐观音像⑤。同时供奉道佛两教神仙，彰显出金天观道教的包容性，这点也在道观楹联中有所表露。在金天观诸多楹联中，清代乾嘉年间全真高道刘一明所题楹联明显融合了儒家与佛教思想。“明善复初穷理尽性至命，防微杜渐诚意正心修身”中涉及了《大学》里的修养次第；“七七功完脱去凡胎归玉室，三三行满修成妙相赴龙华”谈到了佛教龙华会。而且，刘一明还曾为金天观附近的兰州西关清真寺题写过两副楹联：“真主无形，先天先地，一气浑沦，究竟时原来这个〇；圣人有教，至正至中，诸缘寂静，归根处止是些儿一”“高歌几声，点破春台幻梦；真经几句，叫回苦海迷人”⑥，说明道教与伊斯兰教之间存在文化交流。民国时期邓隆也为道观题写楹联：“在道为天帝，于儒为经师，九十七化留玉册；授记曰如来，护法曰冒拉，万千亿劫证金身”⑦，“冒拉”即阿訇，该楹联有道、儒、佛和伊斯兰教，无疑是金天观道教包容性的体现。

---

① 马通：《甘肃回族史》，甘肃民族出版社1994年版，第33页；竹篱：《回教在甘肃》，《西北民族宗教史料文摘》（甘肃分册），甘肃省图书馆1984年版，第450页；赵鹏翥：《鲁土司家族简介》，《兰州学刊》1982年第2期，第57—59页；郭永利：《试论甘肃永登连城蒙古族土司鲁氏家族的宗教信仰》，《青海民族研究》2002年第4期，第75—78页。

② 王岗：《甘青民族地区道教考》，《全真道研究》第3辑，齐鲁书社2014年版，第11—25页。

③ 同上。

④ 程时雨、王克江、李建基：《兰州道教活动史上的两个重要人物》，第124页。

⑤ 柳风：《兰州道教胜地——金天观》，第182页。

⑥《甘肃文史资料选辑》第58辑，2004年，第185页。

⑦ 柳风：《兰州道教胜地——金天观》，第195页。按，柳文记录下联为“授记曰如来，护法曰拉冒，万千亿劫证金身”，“拉冒”不知何意，疑为“冒拉”之误。

这意味兰州道教长期保持着与其他宗教和平相处的传统，促进了各民族宗教间的文化交流。

另外，也有说法认为金天观被肃王府长期作为避暑行宫，甚至有地道直通肃王府[①]，而且观内还有冰窖储冰，以供王府夏季消暑之用[②]。尽管该说法尚待验证，不过通过剖析史料，至少可看到两者存在密切关系。

众所周知，金天观第一代住持孙碧云是受肃庄王朱楧延请而来。朱楧对之礼遇有加，不仅在观内“为真人筑圜室以养静”，还在他辞别后修建望仙桥、刻立真人石像[③]。道观第二代住持由孙碧云徒弟阮无量、黎真人接任[④]。阮无量、黎真人都曾担任肃王府承奉正[⑤]。显然，金天观前两代住持或由朱楧延请，或出身肃王府属官，都与肃王直接相关。

及至嘉靖年间，肃恭王朱贡𬭎倡导修缮玄妙观时，也是委派金天观道士刘道明主持修缮事宜。而且《重修玄妙观壁记》题记中还有“金天观住持：鲍道元，羽士：吴元真、黄玄霄”的记载，这说明除刘道明外，包括金天观住持在内的其他道士也积极响应肃王号召，参与修缮活动。这意味着金天观与肃王府的密切关系一直保持到了明代中期。

同一时期，肃恭王世子朱真淤还曾为金天观赋诗三首[⑥]：

羽客栖真处，阴阴古殿幽。山楼依叠巘，道院傍清流。
庭唳巢松鹤，林唬唤雨鸠。嗟予罹世网，徒慕赤松游。

松竹仙坛静，烟霞洞府遥。飙轮飞弱水，鹤辔驭层霄。
子晋吹琼管，秦姬品玉箫。风前飞鸟处，犹似遇王乔。

① 柳风：《兰州道教胜地——金天观》，第179页；《甘肃道教志》（征求意见稿），第82页；《甘肃省志·宗教志》，第46页；樊光春：《西北道教史》，第513页。据兰州白云观老道长回忆，“文革”期间红卫兵还在金天观下寻找该地道，最终无功而返。

② 柳风：《兰州道教胜地——金天观》，第180页。

③ 刘一明：《金天观碧云孙真人像传》，《刘一明栖云笔记》，第42—43页。

④ 刘一明：《静庵道人阮公墓志》，《刘一明栖云笔记》，第95页。

⑤ 承奉正，藩王府宦官机构承奉司的执事官吏，主藩王府日常事务。

⑥《光绪重修皋兰县志》（二），第547页；张维：《陇右金石录》，《石刻史料新编·第一辑》第21册，台北新文丰出版公司1982年版，第16141页。按肃恭王世子朱真淤，先恭王而卒，后被追封作肃靖王。

道院人来少，烟霞紫翠重。露鸣莎径鹤，月照石坛松。

一曲幽兰操，数声清夜钟。碧空朝礼罢，独坐对危峰。

从诗文中不难看出，世子朱真淤很向往闲云野鹤、得道成仙的生活，由此亦可知，他并不是偶然而是经常到金天观游赏的。

通过以上考察可知，肃王系与金天观之间的关系是十分密切的。

除了明肃王系对道观持续关注外，在脉络较为清晰的清代道观重修史中，地方官员也曾屡次参与修缮金天观，并购置土地作为香火用地，为道观提供长远的经济保障。金天观之所以能够长期获得地方官员的关注，还与金天观雷坛自清初便被列入祀典的史实密不可分。

清雍正年间甘肃巡抚许容在捐俸修葺金天观后，还做了一项意义深远的举措：雍正十三年（1735）成功申报清廷将金天观雷坛列入祀典，使金天观雷坛获得了由政府授权的合法地位。中国素来具有注重祭祀的文化传统，《左传・成公十三年》“国之大事，在祀与戎”，就简明扼要地指出了祭祀在古代政治生活中的显要地位。而自秦汉以来国家政治伦理逐渐成熟后，各王朝对祭祀尤其是对各种神灵祭祀的关注从未松懈。他们自认为是受命于天而治天下，所以不仅对自身与天进行交流的特殊权力进行精心保护，也对普通民众与神鬼世界的交流进行严格控制。有清一代，清廷更是将擅自祭祀未经官方批准的神灵视作邪行，需要动用《大清律例》中的“祭祀”条款进行打压①。在这种环境下，清廷将雷坛列入祀典，显然也就抬高了金天观的政治地位，致使金天观与清廷以及地方政府的关系密切。

自许容奏请朝廷将雷坛列入祀典后，陕甘总督那彦成和左宗棠又分别于嘉庆和同治年间为雷祖殿奏请朝廷，恳赐匾额。而且《光绪重修皋兰县志》编纂者也将金天观内的雷坛与金天观相区别对待：将“雷坛”置于祀典志②，而“金天观”条则见于古迹志③。同时，从现存碑刻资料如蔡廷衡《重建金天观雷坛碑记》《锡山朱君落成雷坛记》以及那彦成《雷坛碑记》，专为雷坛作有多篇赞颂之文，可知官方及当时对雷坛的特殊重视。其特殊重视的理由，据《雷坛碑记》云：

① 〔美〕孔飞力：《叫魂：1768 年中国妖术大恐慌》，陈兼、刘昶译，生活・读书・新知三联书店 2014 年版，第 107—116 页。

② 《光绪重修皋兰县志》（二），第 353—354 页。

③ 同上书，第 544—547 页。

> 盖雍州神明之奥，陇右为积石□厚易燥。当亢阳之极，非藉雷霆鼓荡扬隐伏，有以舒其磅礴郁积之气，而协夫阴阳和会之宜，山泽之□□□雨泽，奚自而沛。故民生其间，往往以艰泽为忧，已□移于神，冀有以庇之，实地势使然也。而神之妥侑于是邦者，果亦为之□相遇祷辄应，荡涤烦郁，感召休□□□□雨旸而兆丰乐。为视守土大吏心民心、事民诚，致虔为民请命，鲜有不旋至而立应者。

碑文首先从兰州地处西北、干旱易燥的地理和气候的特殊性角度，说明需要雷霆雨泽宣协阴阳，从而解除老百姓因干旱带来的艰辛忧患，由此可见雷神在祭祀的特殊意义；接着说明了雷神的灵验性，“遇祷辄应，荡涤烦郁”，为当地百姓带来了丰收与安乐；并说明只要当地守土官吏以百姓心为心，真诚地治理民事，为民请命，就能够招致神灵的及时感应。由此说明了雷坛之所以备受官方重视的缘由。从这一阐释中可以看出，其中除了对老百姓具有神道设教的意义之外，也对地方官吏在恪尽职守、心系百姓与地方治理方面提出了神道设教式的劝勉，于是使道教这一宗教信仰尽可能地发挥其正面的作用。当然，从另一方面来看，官府如此重视道教，并对道观进行了多次修缮，潜意识中也是在向兰州民众昭示，清廷统治的合法性并非仅仅来源于其征服能力，也源于其对民众道德和精神的慰藉能力，源于其与关系当地百姓福祉的神灵的沟通能力。尤其是后来增修的“阿公祠”和“三公祠”，直接将封疆大吏升格为道教神灵信仰体系之外的祭祀对象，不仅丰富了道观建筑结构和神灵体系，扩大了道观祭祀职能，也更加密切了道观与官方统治者之间的关系，从而也强化了清朝政府统治合法性。

总之，金天观作为兰州地区规模最大的道观和祭祀场所，有效推动了兰州道教的发展。明初肃庄王迎请孙碧云担任金天观住持，也是兰州道教发展史上的重要转折。清雍正年间，甘肃巡抚许容延请全真嵛山派王性叵担任道观住持，则标志着全真嵛山派正式传播至兰州地区。另一方面，正一道士也长期在道观中保持着影响力，金天观由此成为明清以来兰州全真道和正一道竞相发展的典型缩影。

金天观历经六百余年不断发展，固然是观内道众不懈努力的结果，教外尤其地方官员的护持也是不可或缺的重要因素，当然，这也使金天观承担了多重社会功能，不仅有助于凝聚当地汉民族的身份认同和文化认同，也促进了各民族宗教间的文化交流。与此同时，道观也长期成为当朝统治者追求政权合法性的来源。

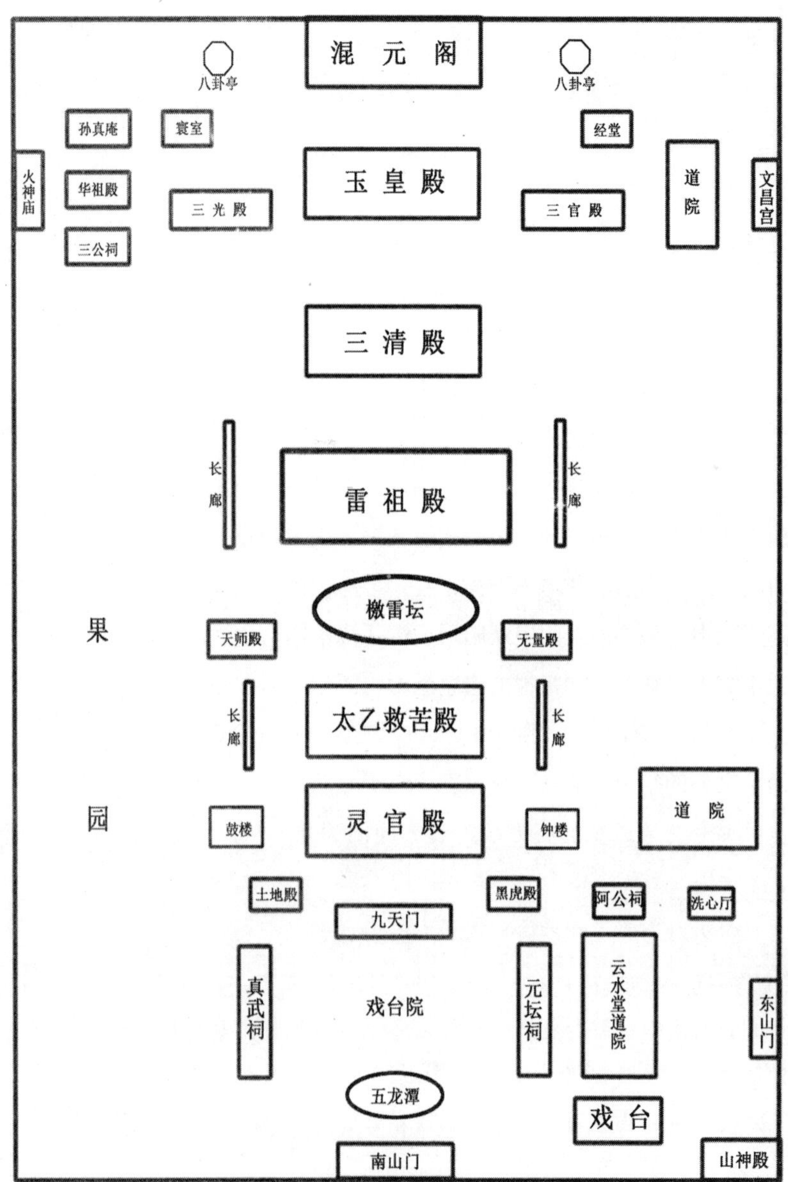

图一　民国时期兰州金天观建筑布局平面示意图

唐代密教八菩萨曼荼罗造像及相关问题研究

姜　捷　李发良

（陕西法门寺博物馆）

【提　要】　本文采用佛教文献资料与考古信息相结合方法，依据唐龙朔三年（663）汉译佛经《师子庄严王请问经》关于八菩萨曼荼罗的内容，释读唐法门寺地宫出土白石灵帐（708）和四铺阿育王塔造像系统属于现存最早的密教八大菩萨曼荼罗造像，并结合目前已知的考古资料说明：唐代密教八菩萨曼荼罗造像大致可分早、晚两大系统。

【关键词】　唐代；八菩萨曼荼罗；法门寺；吐蕃；敦煌

目前已知的考古资料显示，唐代密教八菩萨曼荼罗造像大致可分早、晚两大系统：早期依据七世纪（663）那提三藏译出的《师子庄严王请问经》而雕造的八大菩萨曼荼罗造像系统仅出现于陕西法门寺唐代地宫出土的白石灵帐（708）和四铺阿育王塔。晚期则依据不空（705—774）等人新译《八大菩萨曼荼罗经》以及与不空所本同源的藏文异译本《八菩萨曼挐罗经》雕造，其造像主要分布于吐蕃、敦煌及南诏（大理）等地，其传承又分两路，一是直接由印度传播到吐蕃，再延伸到敦煌，二是由长安向周边地区（如敦煌-蜀地-南诏）传播，并经由入唐留学僧传到日本，属于不空新译《八大菩萨曼荼罗经》及《佛顶尊胜陀罗尼念诵仪轨》建立的“九位曼荼罗”系统。

另外，比对《大妙金刚大甘露军拏利焰鬘炽盛佛顶经》等关于八大菩萨们一一化现作八大明王的情形，法门寺地宫出土的晚唐捧真身菩萨（871）也可归入晚期八大菩萨曼荼罗之中。

这些信息大致反映出：就唐代密教而言，在那提禅师译出《师子庄严王请问经》约六十年之后，当善无畏、金刚智分别将胎、金两部教法传入中国，早期的八菩萨曼荼罗经不空等密教僧人努力改造之下，逐步演变为以大日遍照佛为主尊、以八大佛顶轮王或八大菩萨、八大明王配属的“九位曼荼罗”或佛顶尊胜曼荼罗。

一、早期系统：法门寺地宫佛舍利容器中的八大菩萨曼荼罗造像

1987 年陕西法门寺唐塔地宫出土众多佛舍利容器中，用以安奉四号佛指舍利的“绘彩四铺阿育王塔”和安奉二号佛指舍利“彩绘白石灵帐”均出现有密教八大菩萨曼荼罗造像。兹据《法门寺考古发掘报告》及相关资料分述如下：

图一　彩绘四铺阿育王塔

1. 彩绘四铺阿育王塔（图一）：标本 FD3：002 - 1，出土时位于地宫前室（置中部偏北），前置开元廿九年石函，后置单轮六环锡杖，塔内有鎏金铜浮图，浮图内有鎏金迦陵频迦纹银棺，棺内置特 4 佛指舍利。

塔为汉白玉质，由塔座、塔身、塔顶、塔刹四部分组成，塔座、塔身与塔顶均有残损。塔座为须弥座，每面束腰出人面形神王头像①三体，共十二体。座之棱台立面仍饰流云纹。塔身四面各镌刻一面仿木结构赭红色假门，四角有立柱，假门装饰四排乳钉、司前、门锁，拱形门额浮雕绿色六瓣团花。塔正门右侧有墨书题记：“真身道场知香火兼表启比丘常达”。四门两侧各高浮雕绘彩侍立菩萨一对，共八尊菩萨。

① 人面形神王头像，《法门寺考古发掘报告》作“力士”，金申《中国历代纪年佛像图典》称“北齐武平元年（570）吕景康造观音（像座）”壸门内人面头像为“神王”。唐道宣《中天竺舍卫国祇洹寺图经》及《关中创立戒坛图经》解释戒坛须弥座有：“下层二重类须弥座，并安色道，用级相覆。当要四面，分龛安神。钩栏柱下，师子、神王相间而圆。随状雕饰，尽思壮严”；“四面坛身，并列龛窟，窟内安诸神王。其两重基上并施石钩栏，栏之柱下，师子、神王间以列之”。据此，本文称之为“人面形神王头像”可也。

八位菩萨的共同特点是：具有丰满窈窕的体态及优美身段，均为高髻，项佩璎络，绿色帔帛经双臂向身体两侧下垂，上身着袒右僧祇支，下身着红裙，腰束绿色裙带，裙带在腰脐部打花结，胯部向门一侧扭动，立于圆形仰莲台上，手臂着钏、手镯。

据依稀可辨的竖刻榜题可知：正前门右侧为“观世音菩萨”，双手合于胸前，持物不明，左侧“弥勒菩萨”，双手合于胸前，持物不明；右侧门右为“执金刚主菩萨”，合于胸前、持物不明，左为“止诸障菩萨”，双手合十作礼敬状；背面门右为“虚空藏菩萨”，左臂上扬手托宝瓶，右臂自然下垂手提衣帛，左为“地藏菩萨”，右臂上扬手持杨柳，左臂自然下垂手持净瓶；左门右为“文殊菩萨”，双手合于胸前，右手置左手之上、握持香花，左为“普贤菩萨”，双手合于胸前，右手在上、左手在下捧一簇团花。

塔门周围填饰以彩绘网状七宝、宝树叶片。塔身内壁每面以墨线加绿彩绘菩提树二株，共八株。塔顶为九级叠涩式屋顶，共有九级，每级棱台立面雕刻如意云头二方连续纹一周，枭混为由外向里收缩三级棱台，棱台立面亦刻有如意云头纹一周。塔刹为铜铸宝瓶状，安置于塔顶中心。通高 78.5 厘米。

2. 白石灵帐（图二）：标本 FD4：017－1，出土时位于地宫中室中部，前置象首金刚铜香炉，后置壸门高圈足座素面银香炉，灵帐内置盝顶铁宝函一重，铁宝函内置一鎏金双凤宝盖纹银棺，舍利安奉银棺中，衬以鹦鹉牡丹如意云纹织金锦。

图二　法藏国师造白石灵帐

灵帐由禅床、须弥座、帐身、帐檐、盝顶等五部分组成，通体彩绘，雕刻精美，须弥座、帐身局部有残损。禅床部分为灵帐最底层，正方形，每边长 120、高 21 厘米，由两块石材南北向拼合做成，每侧面上沿部分雕刻一周折枝花、破式花结、菱形花纹装饰，每面刻长方形壸门三，壸门之间以圆形、半圆形规范间隔，内侧二圆形规范内各浮雕一狮子，二狮相向。外侧半圆内雕云头或折枝。每面三壸门内浮雕形态各异金刚、夜叉游戏造像图案。

正面（南侧）壸门内造像：居中门内一躯六臂金刚，束腰，环眼，着臂钏、腕钏，双腿盘坐，上举两臂平行牵引披帛，平举两臂手中各抓提一夜叉，前置两臂双手握拳横置双腿之上。右门内浮雕一躯金刚，束髻，着明光铠，左腿单盘坐，右腿屈起，右肘上扬手执剑，左手捺于左腿腿面，左右各一体长有两趾的夜叉，右夜叉双手拄杵，左夜叉双手抱头。左门内金刚着装同右门，右腿单盘，左腿屈起，左肘于左膝上撑起掌上托塔，左右各一夜叉，右夜叉双手合于口部，左夜叉双手交于胸前。

背面（北侧）壸门内造像：中门内金刚披长发，着臂钏、腕钏，双腿盘坐，双手执长刀横置双腿之上，右侧夜叉拱手而立，左侧夜叉双手拄杵而立。右门内金刚束髻，着明光铠，面、胸部残损，右腿单盘，左腿屈起，左臂上扬手执琵琶，右手按捺于右腿腿面，右侧夜叉席地而坐，右手触地，左臂上扬以手摩顶。左门内金刚束髻，着明光铠，左腿单盘，右腿屈起，右肘于右膝上撑起，掌托一宝珠，左手按捺于左腿腿面。右侧夜叉站立，双手交于身后，左侧夜叉站立，左手置腰间，右臂上扬手中持物不明。

右侧（西侧）壸门内造像：中门内金刚，束髻，着臂钏、腕钏，双腿盘坐，双手握拳拄于两腿。右侧夜叉右腿单立，左腿屈起，右臂向后摆动，左臂抬起以手捂口；左侧夜叉站立，右臂抬起以手执杵扛于肩上，左臂弯曲手叉腰间。右门金刚，束髻，着明光铠，左腿单盘坐，右腿屈起，右肘于右膝上撑起，手持一戟，戟上挂一宝瓶，左手按捺于左腿腿面。右侧夜叉站立，双臂屈起两手握拳并肩，左侧夜叉站立，头部残损，双手斜执一杵。左门金刚束髻，着明光铠，左腿单盘，右腿屈起，向右耸肩，右手持剑，左手按捺于左腿腿面。右侧夜叉双手拄杵，右腿单立，左腿盘杵；左侧夜叉站立，双手合持一长方形盾。

左侧（东侧）壸门内造像：中门内金刚头部漫漶不清，披帛飞扬，着臂钏、腕钏，双腿盘坐，双手握拳拄于两腿。右侧夜叉为跪姿，双手捧一物，左侧夜叉站立，双手捧一物。右门金刚，束髻，着明光铠，左腿单盘坐，右腿屈起，右肘于右膝上撑起，手持一剑，左手按捺于左腿腿面。右侧夜叉站立，双手合于胸前，持物不明。左侧夜叉右臂上扬，以手摩顶，左手拄一杵。左门金刚束髻，着明光铠，右腿单盘，左腿屈起，左肘于左膝上撑起，手掌托起，右手按捺于左腿腿面。右侧夜叉双脚相交站立，右臂屈起手执一杵扛于肩上，左臂下垂握拳叉于腰间。左侧夜叉站立双手持一物于胸前。

须弥座断面呈“工”字，由两块石材东西向拼合而成，座高 27.2 厘米、座上层台面边长 95.2 厘米、下层台面边长 104.4 厘米，座上部为三层“枭混”，自上而下依次内收，三层分别刻蔓草、花结、如意云；束腰部分每面分割出七个长方框，以立式流云纹为栏界，每框内雕刻力士圆面；束腰下为五层台阶，每层四周立面雕刻折枝花、破式花结和花头。

帐身系整块石材凿空而成，呈方筒状，无底，外壁四面均为精美的彩绘浮雕。帐身最下一周各边雕刻如意云头四朵。正面下部正中则雕开一“凸”形假门洞，假门洞内雕塑一台灯烛，烛台底为八棱台，上置束腰仰覆莲台座，座上雕烛火。帐身胴体四角柱各浮雕出由桃形花结或鼓形节与束腰莲台连接而成的宝柱，四面各浮雕出十一副宝幡，居中为宝铃幡，两侧向外依次为珠珞幡各一、方帛幡各一、宝铃幡各一、珠珞幡各一、方帛幡各一。宝铃幡是以幡首下系带有覆莲的大铃一、小铃二组成的五个单元联结而成；宝珠幡是以方铐、圆璧、璜、磬与圆珠缀联而成；方形幡是将七枚雕有团花方形牌饰相连而成。十一副宝幡上部有联珠纹一周，上为一周天盖帷幕，由两层雕饰有忍冬花头的“垂鳞”组成天盖，其下为三角形与条形幕边。帐身最上一周与帐檐之间的阑额部位，每边雕刻七个方形佛龛，龛内均以高浮雕手法刻结跏趺坐佛一尊，有头光、背光，袈裟作黑色或黄紫色，色调间隔使用。每龛左上方有墨书供养人名。正面（南侧）七龛供养人名为：郭公、卫元、侯□□、□□□、□□、□□□、□□；右侧（西侧）为：僧行道、僧传休、僧玄寂、僧道真、僧常敬、僧敬言、僧系子；背面（北侧）为：僧行周、内大德赐紫继周、大德赐紫从唐、内大德赐紫云炳、大德常放、沙门惠泽、比丘道沅；左侧（东侧）：侯□娘、卫十三娘、卫元弦、郭公汶、僧敬微、张献□、张澜子。

帐身腹腔打磨光滑，内壁四面各浮雕二体菩萨并刻有题名及供养比丘人名号，共八尊菩萨。八尊菩萨的共同特征是：桃形头光，戴花蔓冠，蚕节颈，颈饰璎珞，披妙衣，饰腕钏，着羊肠大裤，跣足立于带颈仰莲座上。

南壁（正面）右侧为“势至”菩萨，右臂下垂、手提披帛，左臂上扬、掌上托摩尼宝珠，下刻“比丘敬深供养”；左为“观音”，右肘上举、手执拂尘，左臂下垂、手提披帛，下刻“比丘神环供养”。

右（西）壁右为“止诸障”，右臂下垂、手提披帛，左臂上扬、手中持物不明，下刻“比丘慧□供养”；左为“执金刚主”，右臂上扬、手持杨柳枝，左臂下垂、手提净水瓶，下刻“比丘识真人供养”。止诸障菩萨与执金刚主菩萨之间又有阴刻“佛弟子荣景芝供养”。

背（北）壁右为“地藏”，右臂下垂、手提披帛，左臂上扬、手中以拇指、食指捻持法铃（又似莲花），下刻“比丘慈宽供养”；左为“弥勒”，右臂上扬、手持拂尘，左臂下垂、手提净水瓶。

左（东）壁右为“文殊”，右臂下垂、手提披帛，左臂上扬、掌上托宝珠，下刻

“比丘宏观供养”；左为“菩贤”，右臂上举、掌上托钵，左臂下垂、手提披帛，下刻“比丘净度供养”。（图三、四、五、六）

图三　白石灵帐内壁正面菩萨线图

图四　灵帐内壁右面（西）菩萨线图

图五　灵帐内壁背面（北）菩萨线图

图六　灵帐内壁左面（东）菩萨线图

帐檐为双层，形似两重仰斗，上重上宽 71.2 厘米、下宽 58 厘米、高 12 厘米，檐面四周各雕五朵宝相团花，两侧为破式宝相团花。上下重檐之间，亦有盝形覆斗。下檐宽 88 厘米、高 15.2 厘米，檐面四周各雕六朵宝相团花，两侧为破式宝相团花。上下重檐四角均上翘。帐檐内侧刻铭：“大唐景龙二年（708）戊申二月己卯朔十五日沙门法藏等造白石灵帐一铺，以其舍利入塔，故书记之。”

盝顶素净，高 28 厘米、盝面边长 40 厘米、盝底边长 53.6 厘米，盝面中心有直径 10 厘米的圆孔，当为安插帐刹之用，因地宫空间高度不足，故帐刹不存。盝顶斜刹北侧阴刻：“仇思泰一心供养”，东侧阴刻：“杨阿娄、仇潮俞、仇梦儿、范存礼”等供养人名。

灵帐通高158.4厘米、宽71.2—120厘米，为地宫出土体量最为庞大的宝物。由于帐体庞大，在地宫中室的空间（地宫中室通长3.06米、高1.62—1.72米、宽1.42—1.62米）中安置相当局促，据《法门寺考古发掘报告》，由于中室高度不足以安置灵帐，时人被迫去除了帐体所在中室位置铺设的地板石。①

上述彩绘四铺阿育王塔之塔身四面与白石灵帐之帐身内壁出现的八位菩萨，均属于密教“八大菩萨曼荼罗”造像系统。其所依据的经典当为唐龙朔三年（663）那提三藏译《师子庄严王菩萨请问经》，该经为汉译佛教经典中最早出现八大菩萨曼荼罗的一部经典。该经中佛应师子庄严王菩萨之请，为大众说“八曼荼罗法”。经云：

> 尔时，比丘告长者曰：“有大法门，名八曼茶（荼）罗，功德无量，今为汝说，广欲慧利诸天人故。若有众生，闻此法门，能修行者，在所生处，获四胜报。一者，与善知识、诸大菩萨同处受生，有大眷属，资财丰足；二者，眷属既多，自在无碍；三者，身相圆备，无有疾病；四者，众具自然，随念而至，纵被山压，身无痛苦。能知众生心之所念，慈悲怜悯，将获拯济。”尔时，上施闻是法已，欢喜踊跃，重加顶礼。赞言：“善哉！愿为广说八曼荼罗最胜法门，我当修学。”比丘告曰：“汝欲知此最胜法者，先发是愿：我欲供养三世诸佛大菩萨众、声闻、缘觉。作是语已，道场之处，当作方坛，名曼荼罗，广狭随时，其最小者，纵广四指或一搩手，用种种香及以余物。或地上作，方院之内，列八圆场，为欲供养八菩萨故。何等为八？观世音菩萨，弥勒菩萨，虚空藏菩萨，普贤菩萨，执金刚主菩萨，文殊师利菩萨，止诸障菩萨，地藏菩萨。如是长者，此八曼荼罗最胜法门，是彼不可思议光明如来所说，我亲受持，今为汝说，应当修学，广令流布。用此善根，回向阿耨多罗三藐三菩提。长者！当知若有修行此八法者，则为供养三世诸佛、大菩萨众、缘觉、声闻。斯人常为诸天拥护。若诸国王，能自修学，若使人作，使王国内诸恶皆灭。诸善男子及善女人，有能修学八法门者，命终之后，不堕恶趣、边地、邪见、不善律仪、贫穷家生。是故当知，欲得现在、未来胜上报者，当学如上八种法门。欲得受身端正，聪明利智，若欲上生四天王处，亦应修学八曼荼罗。如是欲生三十三天、夜摩天、兜率陀天、化乐天、他化自在天乃至帝释、梵王、魔王、转轮圣王所生处者，皆当修学如上八法。欲得天上人中大姓家生眷属成就，财宝盈溢、身心安乐、名称远闻，所出教命无不信受，于诸众中最尊

① 陕西省考古研究院、法门寺博物馆等：《法门寺考古发掘报告》，文物出版社2007年版。

最胜，皆应修学如上八法。若欲修成须陀洹果、斯陀含果、阿那含果、阿罗汉果、辟支佛道、入菩萨位乃至阿耨多罗三藐三菩提，皆当修学八曼荼罗供养法门。”①

那提，全名布如乌伐那，意译福生，中印度人，龙树中观学派高僧，曾任大夏国文士。据唐终南山丰德寺律师道宣撰《师子庄严王菩萨请问经序》及《开元释教录》相关记载，那提少时出家，依止名师，游化诸国，通达声明及诸国语言，大夏国召之为文士。永徽六年（655），携经论五百余卷来到长安，诏住慈恩寺。其时玄奘大师主持译场，门下人才济济，声望极隆，那提“不蒙引致无由自敷”。显庆元年（656），“南海诸蕃，远陈贡职，备述神药，惟提能致”，那提奉诏往南海诸蕃采药，于是行化诸蕃，诸王归敬。至龙朔三年返回长安，仍住慈恩寺。因原携经籍为玄奘带至玉华宫翻译，那提只译出三部经，除《师子庄严王菩萨请问经》，另两部经为《离垢慧菩萨所问礼佛法经》《阿咤那智经》，前者见于《大周录》著录，后者见于《续高僧传》。②

那提所译《师子庄严王请问经》，颇得时人推崇。道宣律师亲为作序，称许之曰：

观夫！法王利见，权巧殊途或声光动人。或开智摄物，立仪列相兴像。设之机缘，聚砂涂香表乘。时之净养，斯德有归，可略言也。有师子庄严王菩萨者，学周八藏，智越五乘。籍胜报而开教端，寄善权而行图范。故使方坛外启，圆场内罗，列八座而延八圣，陈四报而成四德。空有两业，自此修明。大小诸乘，因兹增长。可谓总摄六度之玄略，统陈愿行之明规。其道易而可修，其仪约而难隐。智有通塞，道涉窊隆，时运所归。……出斯奥典，文旨既显。冀由来之所传，道场不昧，起机缘之净业。③

道宣律师的评价，反映出《师子庄严王请问经》译本甫一问世，即产生巨大影响，深受上层社会喜好，以至于能影响到武周时代国家最神圣、最庄严的迎礼佛骨大典，被一再雕造于安奉释尊真身舍利的白石灵帐和阿育王塔之上。

据灵帐帐檐内侧刻铭所记，白石灵帐乃唐代华严宗师法藏（643—712）敬造。法藏，原籍康居，客居长安，以康为姓。早年投至相寺智俨为师，研习《华严经》。出

① 《中华大藏经》第24册，中华书局1983年版，第258—260页。

② ［唐］智升：《开元释教录》卷九，《大正新修大藏经》第55册No.2154。

③ ［唐］道宣：《师子庄严王菩萨请问经序》，《大正新修大藏经》第14册No.486。

家后，曾参与地婆诃罗、实叉难陀、义净、菩提流支译场，为新译《华严》笔受，并广为新译注疏，融会新旧《华严》，以金师子喻阐发六相义，以炬映十镜开示十玄门，立五教十宗，为一代华严宗师。

法藏与法门寺渊源颇深。据唐阎朝隐《大唐大荐福寺故大德康藏法师之碑》、唐崔致远《唐大荐福寺故寺主翻经大德法藏和尚传》记载，显庆四年（659），唐高宗下诏开启法门寺真身宝塔迎供舍利，法藏年甫十六，曾于法门寺阿育王舍利塔前炼一指，以申供养。武则天晚年，依照“三十年一开”的惯例，法藏则奉命主持启迎真身。“长安四年（704）冬杪，于内道场因对歘言及岐州舍利是阿育王灵迹，即魏册所载扶风塔是也。则天特命凤阁侍郎博陵崔玄暐，与藏偕往法门寺迎之。时藏为大崇福寺主，遂与应大德纲律师等十余人俱至塔所，行道七昼夜……岁除日至西京崇福寺。……洎新年端月孟旬有一日入神都。敕令王公以降洛城近事之众，精事幡华幢盖，仍命太常具乐奏迎置于明堂。观灯日，则天身心护净，头面尽虔，请（法）藏捧持，普为善祷。其真身也始自开塔戒道达于洛下。”①

由于武则天年事已高，神龙元年（705）正月被迫退位，还政于中宗李显，同年十一月，武则天去世。中宗李显即位后，恢复唐朝国号，在逐步实现政局稳定之后，隆重安排恭送真身舍利回归法门寺塔。据《宋高僧传》卷十四《文纲传》记载：“景龙二载（708），中宗孝和皇帝延入内道场行道，送真身舍利入无忧王寺入塔。”一代宗师，深受武则天敬重的法藏国师、文纲律师等人理所当然地继续担当恭送佛指舍利回归法门寺的主法大德。白石灵帐正是法藏等人奉旨送归舍利入塔时特为安奉佛真身舍利而敬造的舍利容器。而四铺阿育王塔，就塔身四面出现的八大菩萨造像题材与造型风格、浮雕技法而论，当与白石灵帐同时制作而成。

前文指出，彩绘四铺阿育王塔之塔身四面与白石灵帐之帐身内壁出现的八位菩萨，均属于密教“八大菩萨曼荼罗”造像系统。但仔细比较，二者又有若干处不同。其一，八大菩萨之名号略有差异。四铺阿育王塔塔身的八菩萨名号与那提所译经典完全相同，而白石灵帐内壁的八菩萨中，“虚空藏菩萨”则作“势至菩萨”；二，八大菩萨之组合、顺序也有差异。那提《师子庄严王菩萨请问经》中八菩萨排序为：“观世音菩萨、弥勒菩萨、虚空藏菩萨、普贤菩萨、执金刚主菩萨、文殊师利菩萨、止诸障菩萨、地藏菩萨”。四铺阿育王塔作：观世音菩萨、弥勒菩萨、执金刚主菩萨、止诸障

① ［唐］阎朝隐：《大唐大荐福寺故大德康藏法师之碑》，〔新罗〕崔致远：《唐大荐福寺故寺主翻经大德法藏和尚传》，《大正新修大藏经》，第 50 册 No. 2054。

菩萨、虚空藏菩萨、地藏菩萨、文殊菩萨、普贤菩萨，白石灵帐作：势至、观音、止诸障、执金刚主、地藏、弥勒、文殊、普贤；三，八大菩萨造型存在差异。比之四铺阿育王塔，白石灵帐内壁的八菩萨均有头光；四，八菩萨手势或手中持物各各不同。之所以出现这些差别（参见表1），我们认为，主要是因为那提所译经文并无八菩萨造像方面的具体规定，从而给制作者留下了按照汉地习惯自由设计的空间。至于白石灵帐以“势至”混同“虚空藏”，或为制作者一时疏误，① 或为法藏有意为之，暂且存疑。

表1　四铺阿育王塔与白石灵帐之八菩萨对比

四铺阿育王塔			白石灵帐		
名号	方位	手势或持物	名号	方位	手势或持物
观世音	正-右	双手合胸前，持物不明	势至	正-右	右臂下垂手提帛，左臂上扬掌托摩尼宝珠
弥勒	正-左	双手合胸前，持物不明	观音	正-左	右臂上扬手持拂尘，左臂下垂手提衣帛
执金刚主	右-右	双手合胸前，持物不明	止诸障	右-右	右臂下垂手提帛，左臂上扬持物不明
止诸障	右-左	双手合胸前，持物不明	执金刚主	右-左	右臂上扬手持杨柳枝，左臂下垂手提净瓶
虚空藏	背-右	左臂上扬持宝瓶，右臂下垂提衣帛	地藏	背-右	右臂下垂手提帛，左臂上扬手指捻持法铃
地藏	背-左	右臂上扬持杨柳枝，左臂下垂提衣帛	弥勒	背-左	右臂上扬手持拂尘，左臂下垂手提净瓶
文殊	左-右	双手合胸前，左手下右手上持香花	文殊	左-右	右臂下垂手提衣帛，左臂上扬掌托宝珠
普贤	左-左	双手合胸前，左手下右手上持一簇团花	普贤	左-左	右臂上扬手持钵，左臂下垂手提衣帛

四铺阿育王塔与白石灵帐均出现密教“八大菩萨曼荼罗”造像，明白无误地告诉我

① 白石灵帐的疏误还有一处，就是帐檐内侧刻铭记载的朔日错误。帐檐内侧刻铭：“大唐景龙二年（708）戊申二月己卯朔十五日沙门法藏等造白石灵帐一铺，以其舍利入塔，故书记之。”实际上，景龙二年二月的朔日不是“己卯”，而是“乙丑”。1978年于法门寺出土、与白石灵帐同时制作的“唐中宗下发入塔铭”记载：“大唐景龙二年戊申二月乙丑朔十五日己卯，应天神龙皇帝、顺天翊圣皇后各下发入塔供养舍利。温王、长宁、安乐二公主，郕国、崇国二夫人各下发供养□□内寺主妙威、都维那仙嘉、都维那无上”。显然，“己卯”为二月十五日的干支，朔日的干支为“乙丑”。

们：早在公元八世纪初，法藏大师在供养法门寺佛舍利时已采用了刚传入中国不久的密教八曼荼罗法。由此，也可以看出当时密教八菩萨曼荼罗法在中国已具有相当影响。

《师子庄严王菩萨请问经》亦名《八曼荼罗经》。后来又有善无畏（637—735）①、不空（705—774）等新译《八大菩萨曼荼罗经》（善无畏译本佚失），宋时法贤译本《佛说大乘八大曼荼罗经》。但不空、法贤等译本与那提所译颇有不同，新译增加了主尊如来，主要宣说如来与八大菩萨之陀罗尼及其色身、手印、持物及坐姿。显然，不空等新译所本之梵本与那提所本不属同一种梵本。

二、晚期系统：吐蕃、敦煌、长安等地区遗存的八大菩萨曼荼罗造像

唐代八菩萨曼荼罗造像之晚期系统基本依据不空新译《八大菩萨曼荼罗经》以及与不空所本同源的藏文异译本《八菩萨曼拏罗经》雕造，其造像主要分布于吐蕃、敦煌及长安等地，其传承又分两路，一是直接由印度传播到吐蕃，再延伸到敦煌（藏传），二是由长安向周边地区（如敦煌—蜀地—南诏）传播，并经入唐留学僧传到日本，属于不空新译《八大菩萨曼荼罗经》及《佛顶尊胜陀罗尼念诵仪轨》建立的“九位曼荼罗”系统（汉传）。

（一）吐蕃地区现存的八菩萨曼荼罗造像

据田中公明、刘永增、张建林、席琳等先生研究，目前发现的可以确认的吐蕃时期八菩萨曼荼罗造像自北向南集中分布在甘肃西部敦煌地区、青海南部玉树地区和西藏东南部昌都地区及敦煌地区，兹以纪年先后分述如下：

1. 昌都地区察雅县丹玛札摩崖造像

丹玛札摩崖造像位于昌都地区察雅县香堆镇仁加村仁达拉康内的丹玛札崖壁上，仁达拉康系为保护丹玛札造像而建，利用丹玛札崖壁作为佛堂后（西）壁，壁上浮雕大日如来与八大菩萨，二飞天、一龙王，并刻有藏、汉文题记。

造像区域呈中轴对称式布局，外围为一纵向长方形龛，龛内为大日如来所在的纵向长方形区域的龛，外龛与内龛之间左右两侧自上而下分别雕刻一尊飞天及四尊菩萨像。

造像的古藏文题记包含有赞普名、年代、工匠、目的等内容。汉文题记末尾“甲

① 善无畏译《八大菩萨曼荼罗经》，仅见于大正藏图像卷三第 8—9 页：别尊杂记卷第五“阿弥陀佛曼荼罗”题录：又善无畏译八大菩萨曼荼罗经所说金刚手所安金刚藏菩萨，可勘本经。

申岁”纪年可与藏文题记中的“赤松德赞”统治时期的“猴年”印证，均为公元 804 年（唐德宗贞元二十），明确反映了造像的雕造年代。

2. 青海省玉树藏族自治州结古镇宝贝纳沟文成公主庙摩崖造像

玉树藏族自治州结古镇宝贝纳沟文成公主庙摩崖造像是一处大型摩崖高浮雕大日如来及八大菩萨造像龛，总高 12 米，宽 16 米。主尊大日如来，结跏趺坐，高 7.3 米，筒状高发髻、头戴三叶冠，结跏趺坐于莲花座上，禅定印。莲花座下有二蹲狮。主尊左右各有四大菩萨，上下两列，全部站立于圆莲座上，八位菩萨均为筒状高发髻、头戴三叶冠，身着三角翻领阔袖袍服，脚穿靴，上列菩萨高约 4 米，下列高 5.8 米。造像带有藏文、汉文与梵文题记，根据藏文题记，该龛造像的年代为公元 806 年。①

3. 昌都地区察雅县向康寺次曲拉康造像

次曲拉康造像位于昌都地区察雅县香堆镇香康寺的次曲拉康佛堂及库房内。佛堂内主供拼凑、修补、重装为弥勒的大日如来，库房位于佛堂北侧，造像残块散置于库房后面的低矮土台或地面上。除大日如来修复像 1 件外，经现场拼对和修复，还发现有造像各部位残块 7 件、背光残块 6 件、莲座残块 7 件、明王残块 8 件，力士残块 1 件、供养人残块 1 件、其他残块 3 件，合计 34 件。

根据造像残块数量及种类可知最初的造像组合为大日如来与八大菩萨、二明王、一力士、一供养人。造像主体圆雕而成，带有背屏式背光，细部以浅浮雕和阴线刻表现，莲座上可见圆形榫槽，原造像与背光、仰莲座、覆莲座之间是以榫卯相接的。造像时代为九世纪前期的赤祖德赞统治时期（816—838）。

4. 昌都地区芒康县朗巴朗增拉康造像

朗巴朗增拉康造像位于昌都地区芒康县帮达乡然堆村朗巴朗增拉康佛堂内。造像组合为毗卢遮那、八大菩萨，大日如来居于殿堂中后部，前方左右两侧自内而外各排列 4 尊菩萨。造像圆雕而成。大日如来造像本体及座保存基本完整，但头光和身光不存，头裹筒状高髻、戴三叶冠，戴耳饰、项饰，身着三角翻领阔袖袍服，腰束带，脚穿靴，法界定印，结跏趺坐于仰莲束腰狮子座上，像体、仰莲座、须弥座上下层及束腰部分，还有四角蹲狮几部分，各部分均以榫卯相接。八大菩萨头裹筒状高髻或高髻外戴胡帽，戴耳饰、项饰，身着三角翻领阔袖袍服，腰束带，脚穿靴，游戏坐于高台式仰覆莲座上，造像及座基本完整，像体、仰莲座、覆莲座三部分之间以榫卯相接。

① 温玉成：《唐密在吐蕃康巴地区的传布》，吕建福主编：《密教研究》第 4 辑《密教文物整理与研究》，中国社会科学出版社 2014 年版。

时代为九世纪前期的赤祖德赞统治时期（816—838）。[①]

5. 西藏自治区山南地区乃东县昌珠寺造像

藏文文献《贤者喜宴》和《昌珠寺圣地指南》中都有记载，现仅存残块，圆雕，题材为五方佛与八大菩萨，时代约当公元7世纪中叶—9世纪中叶。

席琳女士依据敦煌密教文献分析认为，上述西藏东部、青海地区吐蕃时期的八大菩萨造像很可能受到源自古藏文经典的P.T108《伴有眷属的毗卢遮那佛赞》等写卷的影响。[②]

（二）敦煌地区现存的八菩萨曼荼罗造像

1. 敦煌绢画ch.0074（Stein Painting50）阿弥陀佛（大日如来）八大菩萨造像

发现于甘肃敦煌莫高窟，被斯坦因带走，现藏大英博物馆。每尊造像都带有藏文题名，分别为阿弥陀佛、除盖障菩萨、普贤菩萨、地藏菩萨、文殊菩萨、弥勒菩萨、金刚手菩萨、观世音菩萨、虚空藏菩萨，其中，阿弥陀佛经田中公明等多人考证，认为应为“胎藏大日”[③]，但《大正大藏经》图像部则收有多部阿弥陀佛八菩萨造像。阿弥陀佛（大日如来）结跏趺坐，菩萨游戏坐。时代为公元九世纪上半叶。

2. 安西榆林窟第25窟东壁八大菩萨曼荼罗（图七）

图七　榆林窟第25窟

① 张建林、席琳：《芒康、察雅吐蕃佛教石刻造像》，樊锦诗主编：《敦煌吐蕃统治时期石窟与藏传佛教艺术研究》，甘肃教育出版社2012年版。

② 席琳：《吐蕃禅定印毗卢遮那与八大菩萨组合图像研究》，《考古与文物》2014年第6期。

③ 田中公明：《旁塘目录与敦煌密教》，樊锦诗主编：《敦煌吐蕃统治时期石窟与藏传佛教艺术研究》，甘肃教育出版社2012年版。

榆林窟第25窟位于东崖第2层，坐东向西。主室北壁画弥勒经变，南壁画观无量寿经变，西壁两侧绘文殊、普贤经变，东壁画禅定印菩萨形胎藏大日如来与八大菩萨曼荼罗。东壁胎藏大日与八菩萨曼荼罗仅存主尊与其右侧四尊菩萨，每尊图像均有题记。沙武田先生根据罗寄梅壁画残损前的照片复原了图像的完整组合。时代为公元九世纪上半叶。

榆林窟第25　窟东壁胎藏大日如来与八大菩萨曼荼罗配置图

<table>
<tr><td>地藏（宝珠）虚空藏（剑）</td><td rowspan="2">胎藏
大日
如来</td><td>金刚手（推定）普贤（推定）</td></tr>
<tr><td>文殊（青莲花）弥勒（水瓶）</td><td>观音（缺失）除盖障（推定）</td></tr>
</table>

主尊　禅定印菩萨形如来坐像。根据菩萨的图像表现以及方座上的狮子确知，主尊为胎藏大日如来。如来左右画八大菩萨，其中左侧四身中的三身已经缺失，另一身仅存画面一角，右侧四身为地藏、虚空藏、文殊和弥勒菩萨。四菩萨右侧画横竖两种榜题栏，横式题记栏中均无文字，竖式题记栏中分别墨书各尊菩萨之名。

地藏　轮王坐坐像（菩萨坐式下同，从略）。菩萨上身赤裸，身白色略有变色。下身着绿色小花紧身裙，裹腰衣。椭圆形头光，圆形身光。右手于胸前持宝珠，左手置腹前，第一、二指平伸，余指微曲。除坐姿为轮王坐外，身上饰物及像容一如主尊卢舍那佛。右上角为汉藏两种文字横竖题记栏，横栏中没有藏文（下同，从略），竖栏中存汉文题记“地藏菩萨”四字。

虚空藏　右手持剑，左手于左上方伸五指，身绿色。

文殊　右手于腰间持青莲花，莲花现右肩侧，左手于腹前持青莲花，两鬓处亦装饰青莲花。头冠与其他四身菩萨略异，右上角的题记栏中题写汉文“文殊师利菩萨”六字。

弥勒　身披鹿皮，右手持未敷莲花，现右肩侧。左手屈前臂，于左肩侧持水瓶。头着三山形宝冠，于中现化塔。右肩侧题记栏中墨书“弥勒菩萨”四字。

观音　仅存菩萨作与愿印的右手及右腿，题记栏中墨书“南无观世音菩□”。八大菩萨手中的持物是判断菩萨身份的重要标识，如后述，自晚唐时代开始，八大菩萨肩侧的莲花上开始表现菩萨持物，并且大都出现在肩侧的莲花上。榆林窟第25窟中的弥勒菩萨，虽左右手均有持物，却不见有莲花上现水瓶，而是持于手中，呈现出八大菩萨较早的一种图像特征。

3. 莫高窟第 14 窟　八大菩萨曼荼罗（图八）

第 14 窟位于莫高窟南区北侧，洞窟后部设中心柱，前部为覆斗形天井。除东壁外，南北两壁与天井绘制密教经变与曼荼罗九幅，其中，南壁西起为胎藏大日与八大菩萨曼荼罗、十一面观音、不空羂索观音、千手千眼观音经变等，胎藏大日与八大菩萨曼荼罗图像包括：

图八　莫高第 14 窟主尊

主尊　头戴三山形宝冠，黑发结于冠顶，曲发披于两肩，左右冠带上缀两法螺。颈上画三道，有项饰、胸饰、臂钏、腕钏、足锃等装身具，呈所谓的菩萨形。两手头指相著，余四指前后相叠，于腹前结禅定印。两足右外左内，呈吉祥坐式，于方座上结跏趺坐。方座中央及两侧画三狮。

① 金刚手　位于主尊右上方内侧第一身，曲眉细眼，两耳颀长，头戴三山形宝冠，与主尊以及其他的菩萨像同样，身着繁缛的璎珞佩饰。右肘外张，右手覆于右膝上，左手当胸反转向外，握三钻杵。从该像的图像学特征及与其他菩萨像的相互关系看，可推定该菩萨像为八大菩萨中的金刚手菩萨。

② 普贤　位于主尊右外侧上数第二身。菩萨头戴三山形宝冠，冠带左右各缀两个小法螺。右手当胸，头指与二指相捻。左手屈肘上举，持三宝莲。

③ 观音　位于主尊右外侧上数第三身。菩萨头戴三山冠，宝冠正中现化佛。右手拄右腿上，屈三、四指作祈愿印，并持开莲花。左手于左膝上作与愿印。

④ 除盖障　位于主尊右下方内侧。菩萨头戴三山冠，冠带饰法螺。右手拄右腿上，屈左肘拄左膝上，左手持梵箧。

⑤ 虚空藏　位于主尊左上方内侧第一身，菩萨头戴三山冠，右手持剑，左手抚左膝。

⑥ 弥勒　位于主尊左外侧上数第二身，菩萨身披鹿皮，头戴三山形宝冠，宝冠正中现化塔。右手持莲花，花上现水瓶，左手于胸前持数珠。

⑦ 文殊　位于主尊左外侧上数第三身。宝髻，冠著五宝珠，与其他菩萨的宝冠明显不同。身色现呈黑褐色，也与其他菩萨相异。右手前伸，手中似有两朵小花。左手拄地，持青莲花。

⑧ 地藏　位于主尊左下方内侧，菩萨头戴三山形宝冠。右手持莲花，花上现菱形宝印，宝印中现卐字，左手抚左膝。印度的地藏菩萨有的手持宝莲，而八大菩萨的地藏菩萨则多持宝珠。

敦煌地区现存的八菩萨曼荼罗造像除上述 3 组唐代吐蕃时期图像之外，还有 6 组属于五代至西夏时期，其中，五代 3 例（榆林窟第 20、35、38 窟），宋代 2 例（莫高窟第 234、170 窟），西夏时代 1 例（东千佛洞第 7 窟）。这 6 组造像，反映五代以后，八大菩萨曼荼罗在吐蕃敦煌地区非常盛行。据刘永增先生的观点，东千佛洞第 7 窟忠实地依照不空译《八大菩萨曼荼罗经》绘制，是敦煌石窟接受中原（长安）佛教影响的产物。此外的其他 5 例八大菩萨曼荼罗，当是印度后期密教影响西藏进而影响敦煌的结果①。

（三）以法门寺捧真身菩萨为代表的唐长安八菩萨曼荼罗造像

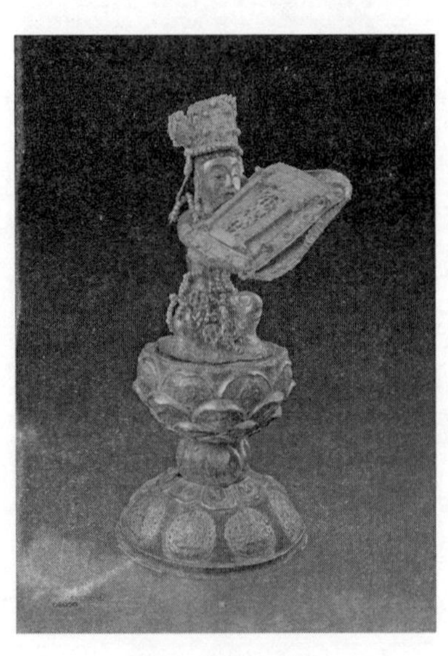

图九　捧真身菩萨

1987 年法门寺唐塔地宫出土的大量具有密教色彩的宫廷珍贵文物，显示晚唐时代长安密教仍然比较活跃，深深地影响到李唐王室的精神世界。其中，最引人注目的捧真身菩萨再度展现了八大菩萨曼荼罗（图九）造像。

捧真身菩萨出土时位于法门寺地宫中室白石灵帐之后，根据遗物放置位置看，其覆莲底座下原有盝顶黑漆木箱，木箱内贮五件极其精美的罗地蹙金绣衣物。捧真身菩萨之得名，缘于菩萨双手捧起的荷叶形鎏金银盘内金匾錾刻有发愿文，明文记载："奉为睿文英武明德至仁大圣广孝皇帝敬造捧真身菩萨永为供养，伏愿圣寿万春，圣枝万叶，八荒来服，四海无波。咸通十二年辛卯岁十一月十四日皇帝延庆日记"。该捧真身菩萨可以说是迄今为止仅见于法门寺的一尊菩萨，其职守是捧持真身舍利，护佛、护法、护国，应该当作法门寺的象征！

据吕建福、罗炤先生的研究，捧真身菩萨中的密教图像全部錾刻在菩萨的莲座上，莲座由上部的仰莲座、中部的鼓形束腰和下部的覆莲座三部分组成。仰莲座顶面

① 刘永增：《敦煌石窟八大菩萨曼荼罗图像解说》，《敦煌研究》2009 年第 4、5 期（总第 116、117 期）。

刻梵文的法身佛、报身佛、化身佛三身咒轮，属于“法曼荼罗”，因为空间有限，同时位处菩萨之下，不便刻出佛的形象。捧真身菩萨仰莲座底面刻梵文金刚界五佛的种子字，仰莲座周围环绕四层、每层八瓣、共三十二瓣莲瓣。上两层莲瓣每瓣刻一尊菩萨像，共十六尊；下两层莲瓣因空间狭小，不能刻出尊像。这三十二瓣莲瓣与五方佛的种子字构成金刚界三十七尊曼荼罗。鼓形束腰环刻四大天王像，他们是曼荼罗中的外护。

覆莲座的八瓣莲瓣中各刻一个梵文种子字，[①] 其下刻八大明王像。在《大妙金刚佛顶经》中，与八大明王相对应的是八大菩萨，八大明王是由八大菩萨变现出来的：“尔时八大菩萨各各现光明轮，各现作八大金刚明王……尔时金刚手菩萨现作降三世金刚明王……尔时妙吉祥菩萨现作六臂六头六足金刚明王……尔时虚空藏菩萨现大笑金刚明王……尔时慈氏尊菩萨现作大轮金刚明王……尔时观自在菩萨于顶上现作马头金刚明王……尔时地藏菩萨现作无能胜金刚明王……尔时除一切盖障菩萨现作不动尊金刚明王……尔时普贤菩萨现作步掷金刚明王”。[②] 因此，捧真身菩萨覆莲座上的八个梵文种子字应当是八大菩萨的种子字（它们与下方的八大明王像合成“佛顶尊胜曼荼罗”的缩略图像）。

捧真身菩萨将八大菩萨化现的八大明王与其种子字以同心圆的形式组合，在《大正藏图像部》中有两例可资参照。

1.《大正藏·图像部·五》“别纸九”是一幅日本教王护国寺本《尊胜佛顶曼荼罗》。在这幅曼荼罗图的中央，是大日遍照佛的梵文种子字和中文名字略称，其外第一圈是八大佛顶轮王的梵文种子字和中文名字略称，第二圈是八大菩萨的梵文种子字和中文名字略称，圈外八瓣莲花瓣中是八大明王的梵文种子字和中文名字略称。教王护国寺本《尊胜佛顶曼荼罗》中的八大佛顶轮王、八大菩萨和八大明王的位序，与《大妙金刚佛顶经》完全一致，但有少数名称做了改动。将捧真身菩萨覆莲座上的八个梵文种子字与教王护国寺本《尊胜佛顶曼荼罗》图相互对照，可以看出：捧真身菩萨的八个梵文种子字比较接近教王护国寺本图中的第二圈八大菩萨的梵文种子字，其中存在的差异应当是在传抄、摹绘的过程中难以避免的，而在图形上，捧真身菩萨的八个梵文种子字与八大明王像的对应位置，和教王护国寺本《尊胜佛顶曼荼罗》图更是如出一辙。

---

① 《法门寺考古发掘报告》上，第 145 页，“图八一 · 6”。

② 《大正藏》卷 19，第 340—341 页。

2.《大正藏·图像部·五》《曼荼罗集（种子）》图像 N0.32《大佛顶曼荼罗》：这幅曼荼罗图为中台八叶结构，与捧真身菩萨八大明王及种子字的组合如出一辙。中台中央，是大日遍照佛的梵文种子字和中文名字略称，其外第一圈是八大佛顶轮王的梵文种子字和中文名字略称，第二圈是八大菩萨的梵文种子字和中文名字略称，圈外八瓣莲花瓣中是八大明王的梵文种子字和中文名字略称。

三、唐代早、晚期八大菩萨曼荼罗造像比较

图十　印度奥利萨邦-埃罗拉石窟八大菩萨造像

比较唐代早、晚期八大菩萨曼荼罗造像，其最大的不同在于：前者因为所依据的《师子庄严王菩萨请问经》关于八菩萨的记载相对简约、仅有名号，所以在造像特征、身形、持物方面并不规整，而后者因为不空等人的新译增加了主尊如来，主要宣说如来与八大菩萨之陀罗尼及其色身、手印、持物及坐姿，所在在造型特征方面显得比较规范。这一点，在主尊毗卢遮那佛的手印方面表现得尤为突出，对照青海、西藏和榆林窟第 25 窟及敦煌绢画的密教一佛八菩萨造像，主尊毗卢遮那佛的手印均为禅定印，呈现出高度的一致性，而印度埃罗拉石窟第 12 窟（图十）和日本的一佛八菩萨造像中的主尊手印也是禅定印。

当然，仔细比对起来，其中也有一些值得注意的方面。例如：早期造像中的八菩萨，均为站立姿，而晚期的造像中，玉树贝纳沟文成公主庙的八位菩萨同为站立姿。再如，晚期造像中，主尊多为毗卢遮那，但也有阿弥陀佛为主尊的情形（敦煌藏文抄本《八大菩萨曼荼罗经》的主尊则为释迦牟尼）。还有，同为晚期造像，不论吐蕃、敦煌的八菩萨曼荼罗，还是不空译传并流到日本的九位曼荼罗，在图像排列上，均可以在印度埃罗拉石窟找到同一类型。

因此，我们有理由认为，尽管目前似乎厘清汉、藏文密教文献与八菩萨曼荼罗的传承及其相互影响互动的渊源，但是法门寺地宫出土的捧真身菩萨及大量密教文物表明，唐长安依然是密教传播发展的核心。对照长安、敦煌、吐蕃等地现存的八大菩萨曼荼罗造像，我们至少可以认为，不空等人译入唐地的《八大菩萨曼荼罗经》与印度

传入西藏进而传播敦煌的有关经典以及敦煌藏文抄本《八大菩萨曼荼罗经》应该出自同一梵文母本，而且，三者几乎是同时代译传并互相影响。

为了说明这一点，我们不妨列举印度密教几乎同时代入唐、入藏的史实以及前人有关密教经典研究的若干成果：

首先，开元三大士入唐弘传密法的时代与莲花生大师入藏传密（747）时间大体相当。特别是不空（705—774）晚年曾赴“河西边陲，请福疆场”，又效力肃宗，为国行道以“克复两京”，河西敦煌以及毗邻的吐蕃地区必然会受到不空译经行法的直接影响。

其次，就有关毗卢遮那佛与八大菩萨的文献而言，善无畏与不空翻译《八大菩萨曼荼罗经》的时间大约在八世纪中叶前后。而据田中公明研究，拉萨博物馆藏古代吐蕃王国的经录《旁塘目录》中收录有包含毗卢遮那佛与八大菩萨赞的密教文献，《旁塘目录》大约成书于赞普达玛在世（公元842年之前）时。

第三，在汉传佛教中，八大菩萨曼荼罗最早是由唐高宗龙朔三年译出的“杂密”经典《师子庄严王菩萨请问经》传入的。法门寺塔地宫的阿育王石塔和汉白玉灵帐的八大菩萨图像显示，在唐高宗至武周和唐中宗时期，此经的八大菩萨曼荼罗影响巨大，以至于最神圣、最庄严的“真身舍利”供具上一次又一次地雕刻其完整图像。相比之下，长安久已盛行的八大菩萨曼荼罗信仰加上不空师徒的影响力，长安在整个密教的传播发展中无疑居于主导地位。

因此，我们认为，关于唐代密教八大菩萨曼荼罗造像的研究，应充分重视长安的历史作用。也就是说，就长安、吐蕃、敦煌等地遗存的密教八大菩萨曼荼罗来说，在可能的两路传承（一路直接由印度传播到吐蕃，再延伸到敦煌，形成藏传；二是由长安向周边地区，如敦煌-吐蕃-蜀地-南诏等地传播，并经由入唐留学僧传到日本形成汉传）中，以长安为核心的汉传应该居于主导地位。当然，其中必然涉及的汉、藏文密教文献的传承及其相互影响互动的渊源关系等具体问题，需要作专题深入研究。

（本文敦煌部分图片采自刘永增、阮丽有关著作，吐蕃部分图片则采自席琳、张建林有关论著，特此说明并致谢忱！）

丝路书鉴

中国古代的南海信息及其认知问题平议

——读桃木至朗《3—13世纪的南海海域世界》※

于 磊

（南京大学 中国南海研究协同创新中心）

一

随着秦始皇向南方开疆拓土，中国古代对南海世界的接触逐渐密切，对其认知也更加清晰。而南越立国对于此后中原王朝的南海认知提升尤大。从南越王墓考古出土象牙、银盒、金花泡等器物可知，当时南越同南海、印度的交通已较为密切。[①] 如所周知，至汉代，《汉书·地理志》则明确记载译使到达南印度所经南海诸政权，及其前往的路线，首次较为清晰地显示了汉代对南海诸政权的基本认知。与此同时，南海诸政权亦同中国保持遣使往来的关系。特别是对于黄支国（康契普纳姆、Kanchipuram）的人物风俗、户口物产等已经较为了解，故而王莽时期，还曾"厚遗黄支王，令遣使献生犀牛。"[②] 此外，东汉时期南海叶调（爪哇）[③] 国王亦遣使贡献。[④] 基本来看，这一时期的南海认知更多还是通过使臣的派遣所获得，并且关注的重点还是在于南海奇珍异宝的获取等方面。这种派遣专使（内朝宦官担任的情况较多）以获取南海异宝的交通方式及其基础上的南海认知在此后历代王朝中仍占有较大比重。

※ 本研究为南京大学"双一流"建设科研项目"中国与世界：海上丝绸之路的历史演进"阶段性成果。

① 参见李庆新《从考古发现看秦汉六朝时期的岭南与南海交通》，《史学月刊》2010年第10期。

②《汉书》卷28下《地理志下》。

③〔法〕伯希和：《交广印度两道考》，冯承钧译，中华书局2003年版，第250页。

④《后汉书》卷6《孝顺孝冲孝质帝纪》永建六年十二月条，中华书局1965年版，第258页。

此后，经历三国魏晋南北朝时期，朱应、康泰出使南海诸政权时所反映出的中国古代南海认知已经更为细化。尽管康泰曾著有《扶南记》《吴时外国传》诸书，惜未流传，仅散见各种类书，[①]《梁书》记载“及吴孙权时，遣宣化从事朱应、中郎康泰通焉。其所经及传闻，则有百数十国”[②]，尽管不免有夸大之嫌，但根据这些片断资料亦可大致窥见当时中国对南海诸政权的基本认知。特别是对南海诸政权物产的记载尤为详细，某种程度上也间接反映出南海贸易的兴盛程度。仅就此来看，该时期的南海认知应该已超越前代。此外，最能反映这一时期南海认知特色的便是中原王朝同南海及印度间僧侣的往来，其中最著名者当属法显。[③] 这一方面显示出当时对南海诸政权佛教文化认知[④]，其实更重要的还是间接反映出商人在南海诸政权贸易网络中的重要性。法显以及前来中国的南海僧侣所搭乘的大多是商船，相关记载中对于在贸易中转地等待信风的情况也颇多着墨。使臣以及僧人的这一记载，其实便直接反映出他们对于当时南海世界由于贸易而逐渐形成的交易网络和重要的贸易据点的认识，而现存汉文史料中记载较多的诸如扶南等南海入贡政权，恰恰大多位于贸易据点的核心位置。[⑤] 近年来南海诸国家的考古发掘也证明了这一点。[⑥] 最后不得不提及的是，近年来越来越多的研究表明，南海诸政权在同南朝通过朝贡所构筑的外交关系中，佛教发挥了重要作用，即所谓“佛教的朝贡”。[⑦] 通过分析正史所载南海诸政权带有浓厚佛教色彩的上表文，它们恰恰充分利用南朝崇佛的理念建立起了新的国际关系。[⑧] 这也充分说明，中原王朝同南海诸政权间相互认知的加强。

隋唐以后，传统意义上使臣的出使（如常骏等出使赤土）、往来南海之僧侣（如

① 此二书的辑佚研究可参见〔日〕渡部武《朱應・康泰の扶南見聞録輯本稿——三国呉の遣カンボジア使節の記録の復元》，《東海大学紀要》文学部第43輯，1985年。

②《梁书》卷54《诸夷》，中华书局1973年版，第783页。

③ 相关整理参见冯承钧《中国南洋交通史》上编第三章《法显之归程》、第四章《南北朝时往来南海之僧人》，上海古籍出版社2005年版。

④ 特别是直接反映出佛教对东南亚诸政权的影响，亦即所谓“印度化国家”问题。参见〔法〕G・赛代斯《东南亚的印度化国家》，蔡华、杨保筠译，商务印书馆2008年版。

⑤ 相关研究，特别是对于扶南地位的论述，参见〔日〕深見純生：《マラッカ海峡交易世界の変遷》，《岩波講座　東南アジア史1　原史東南アジア世界》，岩波書店2001年版。

⑥ 例如越南茶轿（TraKieu）遗址所示林邑都城在南海交易网络中的地位问题，参见〔日〕山形真理子・桃木至朗《林邑と環王》，《岩波講座　東南アジア史1　原史東南アジア世界》，岩波書店2001年版。

⑦ 参见〔日〕河上麻由子《佛教与朝贡的关系——以南北朝时期为中心》，《传统中国研究集刊》第一辑，2006年。

⑧〔日〕河上麻由子：《中国南朝の対外関係において仏教が果たした役割について—南海諸国が奉った上表文の検討を中心に》，《史学雑誌》第117編第12号，2008年。

义净等）所带来的南海世界知识之外，随着阿拉伯商人的出现，中国对于南海世界的认知更是达到了新的高度。尤其是，随着国家层面上市舶司等海外贸易管理机构的正式设置，获取海外世界知识的途径以及由此所带来的海外知识、南海认知的复杂程度，都是此前中原王朝所无法比拟的。这在《新唐书・地理志》后附贾耽所记四夷之路，特别是由广州通海外的道路以及所经诸国的记载中可以明证。① 某种程度上也间接反映出当时南海诸国的基本面貌：以邻近各河川的各港口为中心的政权互争霸权，各政治势力分别占有河川上游的圣地（宗教场所）、平原地区的政治据点以及河口附近的港口，由此组成了河川政权的联合体。②

通过上述隋唐以前中国古代同南海诸政权交通史的基本梳理可知，伴随着双方使臣、僧侣以及商人交往，彼此间的相互认知，特别是中国古代对于南海诸政权的了解程度都在不断强化、深化。而对于中原王朝来说，在南海世界的认知、信息积累不断增加的前提下，对相关信息的甄别、筛选、理解、利用便成为重要的问题。日本著名海域史学者、大阪大学教授桃木至朗的论文《3—13 世纪的南海海域世界——中国的南海贸易和南海信息》③ 便是在此研究脉络基础上，尤其以宋代的相关史料为主，专门系统论述该问题的优秀之作。鉴于国内传统南海交通史多聚焦于交通路线、地名、人物的考证等问题，④ 而对于从信息的获取、传递及其中发生的变化等视角来观察中国古代同南海诸政权关系的研究则相对较弱，故本文首先即详细介绍该文的基本论点，继而从宋元时代同南海诸政权交往的具体情况稍加评述。

二

该文是日本《岩波講座世界歴史》第 9 卷《中華の分裂と再生——3—13 世紀》的第三部分。其他内容主要有草原・绿洲世界、朝鲜地域、中国南朝国家、北朝国家以及东南亚的水稻作物、中国的皇帝祭祀、国家财政、士大夫政治、民间信仰等。整体而言，是作为 3—13 世纪东亚・东南亚不同地域（北方草原、中原王朝、朝鲜地

---

① 《新唐书》卷 43 下《地理七下》，中华书局 1975 年版，第 1153—1155 页。

② 参见〔日〕山形真理子・桃木至朗《林邑と環王》。

③ 本文原文载《岩波講座　世界歴史 9　中華の分裂と再生——3—13 世紀》，岩波書店 1999 年版，译文载《元史及民族与边疆研究集刊》第 32 辑（冯军南译），上海古籍出版社 2017 年版。本文在参照译文的基础上，主要依据日文原文加以介绍、分析。

④ 近年较具代表性研究为周运中《中国南洋古代交通史》，厦门大学出版社 2015 年版。

方、南海世界）特色的一部分来书写的。

其主要内容包括引言，南海贸易概说，中国和南海信息，13、14 世纪的中国和南海四个部分。引言中作者极为精炼地概括了二战后学界（特别是日本学界）对于贸易时代（15—17 世纪，相当明清时期）之前的南海研究现状，特别指出东南亚研究中，学者们尽管在为东南亚学的独立而努力，却放弃了参阅印度史和中国史的研究积累。而即便是近年来在贸易、港市、海域等相关研究尽管对传统研究产生了较大冲击，实际上仍未充分吸收传统东西交通史的成果而有所深入。这便是作者该文的研究前提。

第一节“南海贸易概说”，分别从路线和据点、物产・货币・技术・文化、贸易承担者和权力三个方面论述。贸易路线和据点方面特别提及 7 世纪以后由马来半岛中部地峡带向马六甲海峡过渡，以及随着贸易路线的转移各政权的兴衰和围绕重要贸易据点各政权的纷争等问题。而对于南海贸易中处于核心地位的物产、货币、技术的流通，作者做了详细的分析，指出，“自古以来，远距离贸易中普遍使用金银，宋代中国铜钱大量外流，而何种物品、如何发挥价值尺度、交换手段等‘货币’的不同功能这些问题尚未得以解决。”① 同时，作者以宋代的贸易数据同明代进行大致的换算对此认为，“宋代中国的沿海地带，以及卷入中国贸易中的较小国家，所受海上贸易的冲击之大。”② 特别提及海外贸易对于宋朝所具有的举足轻重地位，这也是后文分析宋代南海信息复杂性的基础。最后对于贸易承担者的问题，重点论述伊斯兰商人的重要作用，以及南宋以后中国商人的活跃和华侨社会的形成等问题。总之，该部分作者主要聚焦中国南海信息获取的前提，亦即贸易量的扩大和东西方商人势力的活跃。

第二节“中国和南海信息”是文章的核心部分，论述最为详细，比重最大。作者把中国对南海信息的认知分解成四个方面来论述。第一，信息源的问题。“对中国而言，所获取的南海信息中，除了对交州、中部越南林邑进行控制和军事远征的信息外，还包含朝贡以及册封等使者的往来、贸易、僧侣的往来诸事实，以及由他们所带来的各地信息。”③ 此外，作者最为重视的便是由东西方商人所提供的重要信息。其中，与西亚已无直接关联的“南海土著”大食人所带来的信息对宋朝造成了记载上的混乱。而诸如《诸蕃志》等资料则反映出商品产地、采集和制造方法、使用方法、贸易方法等前代所未有的新信息。

① 原文第 112 页。
② 原文第 114 页。
③ 原文第 116 页。

第二，信息的记载、再记录问题。作者针对商人及外国使节的信息为王朝实录、会要、国史等记载过程中出现的错误和混乱问题进行了详细讨论。特别是朝贡记录，既有对朝贡国王名字、使者名字、朝贡品、上表文的记载，更有大量“〇〇国朝贡”的记录，看不出统一性。这很可能是“每次诸多记载是从礼部・宰相府的记录、记录皇帝活动的起居注中提炼、压缩而成。”① 但这个过程便导致了较多错误的出现。特别是“对方为非汉字圈国家的情况下，不同的机构将同一国王名、使者名使用不同的汉字记录，这使编纂物的编者可能据此判断为不同的朝贡。”② 亦即，这也反映出中国古代对南海诸政权的权力结构、政权实态似乎并未非常明确的认知。

第三，信息的理解问题。从最初中国以“东夷、西戎、南蛮、北狄”的大致方位认知，到以更加具体的诸外国间位置关系体系区分（《水经注》、《新唐书・地理志》），再到以贸易据点为中心的更加具体的政权分类（《岭外代答》），直至最后出现东洋、西洋的概念，更加具体认识到各区域内的经济、贸易网络等（《大德南海志》）。对此，作者提出了中国理解南海诸国的基本观念，即以“点”和“面”的认识方式来区分南海诸政权，这同中国传统封建制和郡县制的政治模式相关。如《诸蕃志》“三佛齐”条中对“管州十有五”的记载，在东南亚政权结构中，其实这是指构成三佛齐的小的单位有十五个，而非汉文记载所理解的“州”和“属国”的关系。

第四，信息的利用问题。以上述信息的积累、记载和理解为基础，中原政权便会以此具体处理南海诸国朝贡中所遇到的诸如以何种标准、待遇接待的问题，特别是对于新出现的朝贡国，必须根据既往认知来确定该国在朝贡国群体中处于何种地位，以便参照。作者特别举出《文献通考》和《宋史・蒲甘传》所载崇宁五年（1106）蒲甘的朝贡问题。徽宗皇帝下令参照注辇（朱罗）的朝贡前例来接待处理，但尚书省认为由于注辇附属于三佛齐，曾以低于三佛齐的规格处理。而此次蒲甘则是大国的蕃王，所以不能同附庸的小国相提并论，应当赐予同大食、交阯等国同一级别的勅书，最终徽宗同意了尚书省的意见。最后作者还重点提及中国传统知识人对南海诸国的认知体系问题，亦即，传统记载中所积累下来的南海诸国信息同现实中政权不断变化的南海诸国实际状况之间如何平衡与取舍的问题。这背后其实涉及的是由商人等渠道所获取的新信息同相对滞后的国家传统记载间的龃龉问题。其例证便是《大德南海志》“舶货诸藩国附”条以“A 国管 BCD”的形式列举南海诸国，“其实并非是‘正在管’，而可以将其

① 原文第 120—121 页。

② 原文第 121 页。

理解成‘因为南海中（理应）有这些国家的存在，所以要让A管辖BCD……’”①。

最后第三节“13、14世纪的中国和南海”以蒙古时代伊斯兰商人和蒙古政治势力对南海的支配和明初海禁的实施，提出了“贸易时代”到来之前13、14世纪中国和南海世界的动荡及其对后世的影响问题。以此作结，进一步指出蒙古时代南海贸易、信息认知以及明代海禁研究的重要意义。

三

以上即是桃木至朗《3—13世纪的南海海域世界——中国的南海贸易和南海信息》一文的主要内容，下文笔者即据此对该文所提及的基本观点稍加评述。

首先，聚焦于信息的来源、记载、理解和利用四个不同的环节，系统对传统文献分析、批判，较为清晰地揭示出中国古代对南海认知的过程，在方法论上具有较大意义。亦如第一节所提及，传统中西交通史、南海交通史研究中，主要集中在汉文史料所记南海诸政权地理、方位的拟定（特别是文本研究和史地考证）、海外航线、贸易港口、海外移民、人员往来以及围绕考古发掘展开的船舶科技等方面。② 尽管相关研究中对于中国古代同南海诸政权间相互认知的问题也有所涉及，但以之作为基本的问题视角系统加以展开讨论的，确实不甚多见。

近年来在海域史研究领域，以人员、物质往来、流动为核心的信息情报交流，以及在此基础之上所产生的互相认知问题，愈来愈成为学界关注的重点。③ 如所周知，在古代东亚、东南亚范围内，中国的地位举足轻重。但长期以来古代中国作为大陆国家的色彩多为众所知，尽管近年来学界也开始逐渐认识到“海洋意识”在中国古代国家构成、社会发展中的重要地位，但对其发展、演进的脉络，特别是传统中原王朝对待海域世界、南海世界认知过程并未有充分的研究。而这一课题的核心问题可以说即是信息的获取、利用等。通过桃木至朗该文的研究可知，随着唐宋以来海外交往的扩大，使者、僧侣等人员往来的频繁化，贸易额度的不断增长以及在国家经济比重分量

① 原文第128页。

② 相关研究状况的具体概述、系统整理参见龚缨晏主编《中国“海上丝绸之路”研究百年回顾》，浙江大学出版社2011年版。

③ 近年来日本学界以此视角重新审视琉球作为“万国津梁”的地位问题，可以说代表了近年海域史研究的重要潮流。参见“8—17世紀の東アジア地域における人・物・情報の交流—海域と港市の形成、民族・地域間の相互認識を中心に—”，平成12年度～平成15年度科学研究費補助金（基盤研究（A）（1）、課題番号：12309001）研究成果報告書（上、下），研究代表者：村井章介，2004年。

的不断加大，信息量、信息渠道也随之增加。国家层面在记录南海信息之时，就会面临分辨、取舍的问题。当然，也会产生信息的错误和混乱。如《宋会要辑稿·交阯传》记载绍兴二十六年李天祚的朝贡，八月二十一日"交阯国王李天祚遣太平州刺史李国以……进贡金器一千一百三十六两……"，明显使用了较为常见的一次朝贡仅用一条记事来记载的书写形式。而同书《蕃夷七·朝贡》中的记载方式也大致相同。但是《蕃夷四·交阯》中却记载了正月十四日来贡的信息，与前面记载明显不同，似乎该年有两次朝贡。但考之越南编年体史书《大越史略》《大越史记全书》，这一年的朝贡也只有一次。所以正月十四日这个日期可能是交阯的上表文日期（也有可能是使者入境日期）。而《建炎以来系年要录》《宋史》等编纂者，则没有将交阯的朝贡视为两次，仅仅记载了八月的朝贡。① 如此来看，尽管宋代对于朝贡、贸易等，地方上有市舶司、中央有户部等机构管理；对于进贡的仪礼等方面，沿途有各类馆驿，中央更有主客司、礼部等机构负责。但对于相关信息的记载则并不准确。这在某种程度上也的确反映了当时对南海诸政权的认知状况。

亦如所周知，近年来10—12世纪欧亚大陆东部地区契丹（辽）、宋、西夏、高丽相互关系的研究，日本学界以外交关系的新视角出发，充分利用新出土墓志等石刻资料，取得了不少耳目一新的成果。② 而与此呼应，国内学界则注目于宋朝所构筑出的朝贡体系，将交阯、占城等南海国家亦纳入其中，系统阐述当时所谓朝贡体系下宋朝同南海诸政权的往来关系。③ 由此，可以说，当前朝贡研究中的整体问题意识同桃木至朗该论文关于朝贡过程中信息记载、利用等的细节处理可谓相得益彰，互为补充，共同推动了10—12世纪新型国家关系的研究。

其次，该文值得注意的即是对信息获取背后的经济、贸易基础的强调。换言之，传统南海交通史多所关注的使臣出使、文化交流等问题，其背后的重要载体即是商人贸易。最具代表者莫过法显求法东归时关于所乘商船的记载："得此梵本已，即载商人大船，上可二百余人。……得好信风，东下二日，便值大风。"④ 此后，滞停耶婆提，"停此国五月日，复随他商人大船，上亦二百许人，赍五十日粮，以四月十六日

① 原书第121页。

② 其代表成果参见〔日〕荒川慎太郎等编《契丹「遼」と10—12世紀の東部ユーラシア》，勉诚出版社2013年版。

③ 主要研究参见黄纯艳《宋代朝贡体系研究》，商务印书馆2014年版。

④ 法显撰、章巽校注：《法显传校注》，中华书局2012年版，第142页。

发。法显于船上安居。东北行，趣广州”①。由此可明确，海外商人的贸易往来作为当时文化传播载体所起到的基础性作用。对此，桃木至朗该文第一节“南海贸易概说”中特别言及贸易承担者问题，“唐末以后，在粟特商人和伊斯兰商人活动的影响下，商业·贸易·金融组织得到发展，以各类的共同出资体系，及“纲首”统领下的航海、贸易实业集团为基础，发动大规模贸易船队的体系逐步趋于稳定”②。

另一方面，作者在文中未充分展开的随着 7 世纪以后由马来半岛中部地峡带向马六甲海峡过渡，相关南海政权的兴衰问题亦即为值得重视。其实这同 11 世纪前吉打、巴邻旁等贸易中转港口地位的强化亦密切关联。③ 同时，6 世纪后扶南帝国的衰亡，以及室利佛逝/三佛齐帝国的形成这些南海政局的变动所带来的贸易格局的变化，也直接或间接地影响了中国对南海世界的认知。《岭外代答》载“三佛齐国，在南海之中，诸蕃水道之要冲也。东自阇婆诸国，西自大食、故临诸国，无不由其境而入中国者”④。如所周知，周去非并未有亲历海外经验，他的信息来源多采自“舶商或译者之口”⑤。此处关于当时三佛齐在南海诸国中交通地位的认知，无疑反映了宋代南海贸易商人的准确认识。此外亦载：“诸蕃国之富盛多宝货者，莫如大食国，其次阇婆国，其次三佛齐国，其次乃诸国耳。三佛齐者，诸国海道往来之要冲也。”⑥ “诸蕃国大抵海为界限，各因方隅而立国。国有物宜，各从都会以阜通。正南诸国，三佛齐其都会也。东南诸国，阇婆其都会也。西南诸国，浩乎不可穷近。”⑦ 某种程度上，该史料较为形象地反映出了宋代南海商人心目中海外诸国的富裕程度排行，南海诸国中，尽管三佛齐的交通地位关键，但综合实力方面，随着 12 世纪阇婆势力的崛起，其地位已逐渐凌驾于三佛齐之上。这种认识，很明显是需要常年海外贸易经验的积累以及对南海诸国的细致了解方能建立。同时，这种以海外贸易流通中心（“各从都会以阜通”）为视角的观察方法无疑也同上述南海诸国政治局势的变迁相互契合。⑧

① 《法显传校注》，第 145 页。

② 原书第 115 页。

③ 详细研究参见高荣盛《巴邻旁/占碑和吉打国际集散中心的形成——以 1—11 世纪马六甲地区的交通变迁为线索》，《元史及民族与边疆研究集刊》第 26 辑，上海古籍出版社 2013 年版。

④ 周去非著、杨武泉校注：《岭外代答校注》卷二《外国门上·三佛齐国》，中华书局 2012 年版，第 86 页。

⑤ 上书“校注前言”，第 9 页。

⑥ 同上书卷三《航海外夷》，第 126 页。

⑦ 同上书卷二《海外诸蕃国》，第 74 页。

⑧ 与此相关的研究，参见〔日〕深見純生《海峡の覇者》，《岩波講座　東南アジア史 2　東南アジア古代国家の成立と展開》，岩波書店 2001 年版。

其实，宋元时代商人海外贸易同南海诸国的朝贡是表里一体的。南宋时期由于西夏、高丽、大理和西北诸政权退出宋朝朝贡体系，境外朝贡国几乎完全来自南海诸国。[①] 对于频繁来贡的南海诸国，南宋政权也开始逐步控制，[②] 更多时期令其在沿边州军进行贸易活动。[③] 在此背景下，乾道三年十月一日，福建路市舶司言："本土纲首陈应祥等昨至占城蕃，蕃首称欲遣使、副恭赍乳香、象牙等前诣大宋进贡。今应详等船五只，除自贩物货外，各为分载乳香、象牙等，并使、副人等前来。继有纲首吴兵船人赍到占城蕃首邹亚娜开具进奉物数……"[④] 可知，此处陈应祥、吴兵作为海外贸易商人，承担占城朝贡宋朝的中介人的角色。此前"外夷朝贡，并令询问国邑、风俗、道途远近，及图画衣冠、人物两本，一进内，一送史馆，委修撰官依撰题记"[⑤]，而今控制在州军边境交割，访询海外信息之责自然由市舶司承担，故而周去非《岭外代答》即据此而成书。

在此需要附言的是，占城在宋代朝贡体系以及南海诸国朝贡中的地位问题。从外交战略看，宋朝对占城较为宠遇，以此牵制交阯的势力。[⑥] 所以，终宋一朝，占城朝贡的记载颇为频繁，上述占城通过商人积极入贡的实例亦可明证。这种局面的形成一方面同宋朝的外交战略有关，更重要的还是占城在海外交通中的地位使然。乾道三年十一月大食国向宋朝诉讼，其国船只进奉宋朝之际，于占城外洋暂避候风，当时占城国主招诱大食国进贡船进入占城国内，掠夺了其乳香、象牙等物品。很明显，占城真是利用了其有利的地理位置，掠夺了大食国的物品。对此，宋廷专门降诏占城，令归还所拘大食人回其本国。[⑦] 同时，有学者研究，目前现存中爪哇时代至满者伯夷时代（9—13世纪）当地碑文中，几无中国商人相关记录。据此推测，当时爪哇直接的交易

---

① 黄纯艳：《宋代朝贡体系研究》，商务印书馆2014年版，第458页。

②《宋会要辑稿·蕃夷七》孝宗绍兴三十二年六月十三日条："登极赦：比年以来，累有外国遣使人入贡，太上皇帝圣怀冲抑，谦弗敢受，况朕凉菲，又何以堪。自今诸国有欲朝贡者，令所在州军以礼谕遣，毋得以闻。"隆兴二年六月二十一日条："诏：朕即位以来，敦尚俭约，例罢诸方贡献，或已至宜州界首，可令本州量与犒设，善谕遣回。"刘琳、刁忠民、舒大刚、尹波等校点本，上海古籍出版社2014年版，第9967页。

③ 并参见〔日〕山崎觉士《宋代的朝贡与贸易》，《"十一十三世纪东亚史的新可能性"：首届中日青年学者宋辽西夏金元史研讨会会议论文集》，2016年。

④《宋会要辑稿·蕃夷七》乾道三年十月一日条，第9968页。

⑤《宋会要辑稿·蕃夷七》景祐四年三月二十五日条，第9951页。

⑥ 黄纯艳：《宋代朝贡体系研究》，商务印书馆2014年版，第232页。

⑦《宋会要辑稿·蕃夷七》乾道三年十一月二十八日条，十二月七日条；乾道四年二月八日条，三月九日条等，第9968页。

对象为印度，同中国的交易多以真腊、占婆商人为中介进行。① 这无疑亦进一步凸显占城在南海诸国中的重要地位。宋代以来占城在南海交通中的重要地位亦为元代所重视，进而也成为忽必烈经略海外诸国的重要战略基地。②

最后，本文对桃木至朗该论文对于《大德南海志》“舶货诸藩国附”条的理解提出不同看法。该论文以此为据论证了较为重要的观点，即“在中国知识分子的理论架构中，典籍的世界和眼前现实的世界是相连的，但后者往往屈从于前者”③。亦即，中国传统知识人面对新的海外信息，往往又会受缚于既有的知识积累，作为妥协，会将新的海外信息叠加进旧有的知识体系之中（尽管旧有的知识本身已经发生了很大变化）。对此，笔者认为，应该承认中国传统知识人对海外信息认知方面的滞后性，但是否可以简单据此以为他们会以现实外部世界的新认识屈从于既有的知识积累，实可商榷。桃木先生文中认为《大德南海志》“舶货诸藩国附”条以“A国管BCD”这种形式列举南海诸国，并不能反映它们当时全部存在，更多是知识人的理解问题。其实国内学界对该条文的研究已经较为清晰，陈连庆先生对其中所列大部分地名皆做了较为令人信服的对音勘同。④ 刘迎胜教授则以此勾勒出《大德南海志》所谓“东洋”的概念“主要是指从台湾南下航行所经诸地。其中‘小东洋’主要指菲律宾群岛和加里曼丹岛，由佛坭（今文莱）管领。而大东洋主要指加里曼丹岛以南直至今澳洲之海域”⑤。刘迎胜教授的此一研究即在其此前“东洋”“西洋”的划分不在于地理而是航线基本观点基础上而形成的。⑥ 后来汪大渊“东洋”之行所经地区亦基本与此相互契合。⑦ 由此可以认为，中国知识人对海外世界的认知其实更多应当是基于现实知识的考量，某种程度上也反映了当时对南海世界的较新的认知。

---

① 青山亨《東ジャワの統一王権——アイルランガ政権からクディリ王国へ》，《岩波講座　東南アジア史2　東南アジア古代国家の成立と展開》，岩波書店2001年版，第151—152页。

② 并参见陈得芝《从亦黑迷失身份看马可波罗——〈一百大寺看经记〉碑背景解读》，《燕京学报》新二十六期，北京大学出版社2009年版，后收入氏著《蒙元史与中华多元文化论集》，上海古籍出版社2013年版，第121页。

③ 原文第127页。

④ 陈连庆：《〈大德南海志〉所见西域南海诸国考实》，《文史》第27辑，中华书局1986年版。

⑤ 刘迎胜：《汪大渊两次出洋初考》，郑和研究会编：《郑和与海洋》，中国农业出版社1999年版，后收入氏著：《海路与陆路：中古时代东西交流研究》，北京大学出版社2011年版，第64页。

⑥ 刘迎胜：《“东洋”与“西洋”的由来》，郑和研究会编：《走向海洋的中国人：郑和下西洋590周年国际学术研讨会论文集》，海潮出版社1996年版，后收入《海路与陆路：中古时代东西交流研究》。

⑦ 刘迎胜：《汪大渊两次出洋初考》。

丝路访谈

“丝绸之路与传统文化” 学术访谈
——与中国工艺美术大师对话

主持人：于文杰教授
（南京大学）

在国际经济与文化全面发展的形势下，由我国率先倡导的“一路一带”建设成绩斐然。以中国传统文化建设推进国际社会经济与文化的健康发展，是中国学术研究应该担当的历史使命。我们知道，丝绸之路也是锦绣之路、陶瓷之路、玉石之路、宗教之路、茶叶之路和香料之路，因此发展和振兴我国传统工艺对于弘扬和复兴中华民族的文化传统具有重要的学术价值与现实意义。为此，我们组织了本期“丝绸之路与传统文化”中国工艺美术大师学术访谈，以飨读者。

一、从小镇绣娘到一代宗师
——与中国工艺美术大师顾文霞先生对话

于文杰　梁雪芳　张芷齐

于文杰教授：苏绣是我国优秀的民族传统工艺，列入第一批我国非物质文化遗产名录。您是土生土长的苏州人，可否请您谈谈苏州传统文化对您的影响？

顾文霞大师：我的老家在苏州木渎的小镇里。我小的时候日子很艰苦，母亲一个劳动妇女，没有就业的机会，刺绣是她唯一可以依仗的一门生计。我母亲的刺绣技艺是我外婆教给她的，然后她又教给了我。在“家家有绣绷，户户飞针线”的木渎小镇，刺绣就是这么一门家庭之间母教女、姐教妹的手口相传的手艺。靠着做刺绣，我的母亲每天可以换得一升半粮食，支撑我们全家的生活。艰苦的童年苦中也有乐，也有亲情的安慰。这几十年来，我除了个人努力奋斗与一点点的天赋以外，党的领导给了我很好的机遇，我能取得的成就是集体劳动的成果。在新中国，人民的生活质量提高以后，苏绣从糊口的生活技艺转换成了艺术，苏绣从日用品提升为了艺术品。旧时候的绣娘面临新的挑战，如何把这门技艺做专做精，把它深入研究发展下去，这是我妈妈和外婆那个时代的绣娘一般不会去考虑的。但我得到了专心研究的这个机会，又有这样的家庭传承，我就想把苏绣做好，这就是我所想做的事情。

于文杰教授：许多苏绣艺术大师都有自己的艺术风格和创新，请问您最重要的艺术创新和艺术风格是什么？主要表现在哪些苏绣作品之中？

顾文霞大师：我没有什么好的作品。从给人民大会堂做松林鹤寿那时开始，集体创作都是很重要的。在苏绣中，猫和花鸟虫鱼是很传统的早期题材，现在需要不断的探索和提高。我从事苏绣也有六十年了，是新中国的第一代，现在我也还要不断地学习，要上进。

我绣猫的作品比较多。因为这个我和北京画猫的专家曹克家很有来往。他是画猫的大师，我们总是请他来教我们怎么做得更好，所以这方面我们彼此都有很好的印象。还有金鱼，绣出来的效果要达到它的尾巴好像是要在水里游，开始的时候我们是一根丝线做，大概是一根线分十二根，十二分之一再做金鱼，现在看来还不行，十六分之一，或者是二十四分之一做得更好，所以这方面我们一代一代人也是要不断地探索，不断地提高。但是我现在年纪大了，眼睛不太行了。很可惜的是曹克家跟我当时交流的书信、照片，许多在“文化大革命”中都被毁掉了。留下的，我都留给苏州工艺美院了。我这里都不留什么自己的作品，都给他们了。

于文杰教授：您是新中国第一代的苏绣大师，苏绣艺术发展到现在，已经成为了一门工艺精细、艺术性很强的民族传统工艺。在当下，经济改革开放与现代科技的发展的对我国传统工艺发展带来强大的冲击，对此您有什么看法?

顾文霞大师：我们做苏绣的人，需要用一种探索的眼光来提高自己。这一点我们做得还是比较好的。比如说苏绣中常用到的分线，我们从一根丝线，变成十四根、十六根，再到三十二根，这是一种探索，能做的就做到了，不能做到的，再换一个办法来处理，所以不断地探索是我们刺绣事业的前途。1955 年我编写了一本《苏绣针法的种类与刺绣方法》，详细地介绍了苏绣的针法和绣法，由中央手工业管理局译成俄文后，作为文化交流材料转给苏联乌克兰集体农庄，这也是我国第一本将苏绣技艺以文字形式传到国外的作品。

我正式开始钻研苏绣以后，就很快明白刺绣和画画是不能分开的，要想绣出好的作品，必须了解绘画，将画和绣紧密结合起来，才能提升艺术上的格调。所以好的绣娘，一定也要有一定的绘画基础，至少要有欣赏的艺术眼光。对于现代的苏绣工作者，我觉得在继承传统的同时，思想也一定要开放。比如在某些环节上，可以借用现代技术简化来提升工艺环节的，要大胆地去利用它。譬如用电脑来进行图像处理、色彩分析、样稿修改和复制等。我们也可以协调调动书画界、摄影界、旅游界的资源和人才，共同出谋划策，合力为苏绣产业做些力所能及的贡献。

于文杰教授：中华民族文化之所以生生不息，主要依靠代代传承。是否可以请您谈一谈您在苏绣行业中的历史传承情况，人才培养的措施和队伍建设的设想？

顾文霞大师：苏绣的主要发源地是在苏州镇湖。老的苏绣研究所原来有 260 多人，是国家办的，集体所有的。但后来体制变了，队伍在慢慢地萎缩，非常可惜。现在很多外地的、深圳的老板来建立私人的企业，组织起产业来发展旅游，他们的待遇比较能吸引新一代年轻的刺绣工作者。这样的工作对苏绣工艺也是很支持的，给我们本地绣娘提供了交流的平台和条件。如果有机构邀请我，或者我也很愿意回到苏绣研究所去，我还想绣，我还可以工作。苏绣这个工艺它毕竟是一种艺术品，装饰品，不是生活必需品，把它发展起来还是需要有支持，政府的支持和私人的支持都很重要。需要有人静下心来坐在那里去研究。

中央对苏绣工艺一直都是很支持的。毛泽东、刘少奇接见过我，为了表彰像我们这样从事传统手工技艺的人。周总理把朝鲜赠送的绣品转送给了我，就是为了鼓励我，也是看重我和我身后代表的这一行业，这一门艺术。我一直十分感谢党和人民的厚爱，我只是一名绣娘，被国家领导人和人民这样看重，我很惭愧，我只有更加用心去钻研苏绣，来报答国家对我们的投入。

我教过的学生，中国的，外国的，自己也记不清。我真正的弟子有七人：余福臻、张平、高美玲、尤小英、梁雪芳、范月花，还有一个男弟子顾家翘。他们都是各有所长，对每个弟子，我都会花很长时间去关注他们的作品、风格、特长，来帮助他们制定发展的方向，规划路子，每个人都有不同的方针来指点。余福臻是我的大弟子，她也是退休年龄的人了。我年纪大了以后，许多工作也是心有余而力不足，所以许多展会、评比会这样的工作，我都交给余福臻来管。把机会多多让给下一代。

于文杰教授：作为一名中华传统工艺文化的大师，您有丰富的海外交流经历和向海外传授技艺的经验。在民族性与国际化交融的背景下，在我国当前重视新丝路发展建设的新时期，请您谈谈您的经验和看法。

顾文霞大师：我去过英国、瑞士和阿尔巴尼亚交流。去英国是去参加世界博览会，是去把我的技艺，我们苏绣的文化展示给外国人看的。我对瑞士的印象也很深。在阿尔巴尼亚，我是肩负着去交流、教授刺绣工艺的责任去的，那里的条件很艰苦，但我们的热情很高，跟阿尔巴尼亚的学生、普通劳动人民吃住在一起，我教她们苏绣，也从她们身上感受到不一样的风土人情和文化传统。她们很辛苦，但很勤劳。毕竟我们文化不同，一个班五十多个学生，到头来真正用心跟我学苏绣的就一个。当时的条件也不好，我攒下生活补贴，全部捐给了大使馆。有人笑我傻，我知道我交流的条件是国家给我的，没有国家的支持，我走不出苏州那一个小地方，更别说给全世界的人展示我们的文化和工艺。这是我觉得我能为国家做的一点小贡献。

过了好些年，苏州刺绣研究所在国家的关心下又建起来了，国家领导人对我们的帮助和关怀，我们永远都心存感激。现在苏绣在国家的支持下，慢慢又组织起了队伍和研究群体，是能代表我们中国传统文化工艺的东西，交流的机会也越来越多，天地越来越宽广。我们年轻一代从事苏绣的工作人员，更要好好把握这样的机会，首先是要提高自己，提高了自己的水平，走出去才不枉国家的栽培。

梁雪芳大师：作为您的弟子，我们很希望知道，您对苏绣艺术未来的发展前景有何期望？

顾文霞大师：我最初拿起针做刺绣，是家里外婆和妈妈传下来的一门吃饭的手艺。后来我进了苏州的文联刺绣小组，不仅是作为生计，也得到了把苏绣当一门艺术来钻研的学习的机会。后来我走出国门，更知道苏绣不单是一门工艺，也是一种文化，代表着我们中国的一项文化传统，苏绣是我们苏州重要的文化遗产。在艺术创作上，我和我的同事们进行大量的尝试，创新，将刺绣和绘画结合，从小幅绣品表现传统的花鸟虫鱼，到巨幅绣品表现画卷，这是一个不断探索前进的路程。在工艺上，我们不断研究更精、更专的手艺，研究怎么把丝劈得更细，怎么更细致地表现绣品的内容。后来，国家又交给我们研究复制明十三陵绣品的任务，我们苏绣工艺和考古、历史又联系起来了。到了现在，年轻一代的工作者把他们的理念和艺术风格加入苏绣中，苏绣的内容和技巧越来越广泛，越来越深刻，我相信，苏绣工艺的未来会越来越好，越来越美丽。

二、不忘初心：紫砂艺术家的人生坚守

——与中国工艺美术大师徐秀棠先生对话

孙　雯　于文杰

于文杰教授：您是江苏宜兴人，宜兴有着深厚的紫砂工艺历史传统与文化底蕴，

您觉得地方传统文化给您的紫砂艺术带来哪些生活营养与思想资源？

徐秀棠大师：我出生在宜兴蜀山，这里是宜兴紫砂的发祥地，明清时候就是紫砂器贸易的重镇。山下小街上制陶，山边蠡河的商人通过太湖水路，把宜兴紫砂运往全国各地。我的太爷爷、爷爷、父母都是从事紫砂行业，我从娘肚子里就开始吃上了紫砂这碗饭了。我初中毕业以后就跟任淦庭老人学习紫砂，后来又跟“泥人张”的第四代传人张景祜学彩塑，回宜兴以后又得到顾景舟老先生指导。我们宜兴出了许许多多的紫砂工艺大师，这与我们的文化传统和社会环境是分不开的。社会有两种力量，一种是正面的引导和推动，一种是负面的阻碍和影响。文化艺术不可能不受到来自社会环境的影响。宜兴人做紫砂有400多年的历史，我自己从事这一行也有60多年，我们身在这个行业中，只能是尽力在客观的大环境下去推动我们所继承的这一传统手工艺的存续和发展。

孙雯副教授：“丝绸之路”又称锦绣之路、陶瓷之路、佛教之路、茶叶之路和香料之路。以中国紫砂为例，您觉得中国陶瓷文化在世界经济与文化交流中发挥了哪些重要作用？

徐秀棠大师：一切工艺品存在和发展都有规律。它和社会需求有关，和文化传统也有关。社会平安，需求就大，就出现高潮；社会动荡，就是低潮。紫砂还有一个特点，和别的工艺美术品不全一样，那就是紫砂器有实用功能。紫砂壶、紫砂杯子、紫砂花盆，除了艺术上美学上的观赏功用，也可以是人们平时日常使用的用具。而紫砂器上附着的艺术价值，随着制作人的不同也有高低不同。所以就算是在动荡的时代，对艺术品需求不高的时代，紫砂器的生产一直没有间断过。

在紫砂器的工艺上追求提升，紫砂器就有了更高的艺术价值。一九五八年前紫砂的制作都只能用全手工，一道道工序自己亲自做下来，每一件作品上都有强烈的个人的个性。这样的紫砂器是带有文化品质的，体现了鲜明的手工特点。

紫砂做成泡壶茶壶是从明代开始的。很多人称颂说，用紫砂壶泡的茶，既不会流失茶的香气，又没有熟汤气。

每一件紫砂器作品都能体现出时代的风格。在紫砂陶业的发展过程中，平民使用的实用紫砂壶，一直是生产的主要产销量，制作者是上袁、潜洛农村中，农忙种田、农闲制坯的大批制陶者。明代紫砂器线条简洁，壶形由大变小。清代开始，加入了更多繁琐的装饰和手工艺，体现了贡品、高官权贵使用的特点。

中国传统文化有丰富的内涵。每一种艺术的存在都应该有自己的担当，承载的是一种文化，一种传统，艺术要进行创造。紫砂艺术和饮茶的传统是联系在一起的，茶艺在我们中国文化中又和人品的塑造联系在一起。宜兴名人吴冠中、徐悲鸿、顾景舟是我们的榜样。经济环境变了，不能再经济大潮中迷失方向，打破人品的道德底线。

于文杰教授： 每一位紫砂艺术家都有自己的艺术追求和个性特点，请问您的最主要的艺术创新和艺术风格是什么？体现在哪些作品中？

徐秀棠大师： 我在学艺的时候，既接触了“泥人张”传授的中国民间传统雕塑手法，又在跟集体合作的创作中接触了西方学院派的雕塑技法。我制作了许多的紫砂雕塑作品，怎么把中国的传统文化、艺术表现手法，和时代的题材理念结合在一起表达，对我来说是最重要的。我一直尝试在作品中表达一些新的东西，不能老是重复自己，给别人看到的永远是十几年、几十年间不变的东西，那就是停滞的艺术。我喜欢探索新的内容和题材，不断提升技法，但传统的东西不能丢。作品中表达的新的理念，也是我这么多年对中国传统文化、对紫砂文化的理解。

孙雯副教授： 自古以来，有经济与商务的地方就会出现各种问题。改革开放以后，我国的紫砂艺术有了新进展，同时也存在着各种各样的问题。比如冒名、代工、造假等违反伦理与法治的现象在紫砂艺术界层出不穷。您如何认识这些现象？

徐秀棠大师： 仿古造假的风气，紫砂历史上一直有所存在，以我们见到的仿制品分析：有当时人仿当时人的，也有后人仿前人的，这与书画及其他工艺品一样，其中大部分是有当时的大古董商作操手的。有人提到顾景舟先生也做过仿古董的事，我想要客观实际的作分析，他在抗战前去上海求职是为发挥技艺特长，是为谋生、养家，他是在指使之下发挥技能，但在另一角度看，这使他接触古董艺术、开阔了眼界、增长了见识。这也是他心里一直的伤痛，至死不肯说出这一个神秘过程，只是说：“这是一段不光彩历史。”

往往在见到他亲手仿制的古董时，才与徒弟们说，这是他的手艺。应该肯定顾老的仿古是时代的产物，是被动的无奈，追求向上所致，完全不同于一些利益熏心、有意坑人的骗子。

改革开放后，台湾风行紫砂，台湾的某些不法商家在丁蜀镇上，找巧手对着名人名作仿制，印章电脑镌刻，这一批仿品现在也常在市场中现身骗人。

传统工艺方面紫砂技艺的传承一贯以来有着优良的老传统，“一日为师终生为父”的例子很多，师承中不但传技术更要传道德行规，要做规范的技术训练。假如背离这个传统的精神实质，讲排场、比阔气、出风头，这会近于旧社会的“拜老头子”搞帮会，不是在于传技传艺而是扩大势力，这就完全违背了非遗传承的实质。

于文杰教授： “一带一路”建设给许多国家与地区都带来了发展机遇，紫砂艺术的发展也迎来了理想的历史时代。您觉得，我们紫砂艺术的伦理道德弘扬与中国法制建设还可以从哪些方面做到完善、发展与创新？

徐秀棠大师：工艺和艺术品的区别是实用性与欣赏性。紫砂也面临着提升艺术和扩大经济效益的岔路口。过去的老字号，打的是店号的名头，卖的是品质；现在的老字号，从品质转向了经济，成为一个经济品牌。其实提升自身的艺术品位与扩大经济是两个大概念，应该各有重点。

在“一带一路”的时代，经济环境、社会环境更多元化了。比如暹罗（今泰国）也有对紫砂壶的使用并对紫砂工艺品抛光。用“一带一路”的旗号去做展览，必须用品质说话，用文化去创造。但文化是一个大概念，它比商品有更深厚的内涵。我一直认为“一带一路”上的紫砂壶一定依附着茶文化的推广与发展。我们国家大、商品艺术品繁多，以后对行业行规的进一步建设有大必要。

我们还要重视对从业者人才的培养，不只是技艺的培养，还要培养他们的道德理念、法制观念，要加强对传统文化的理解，这才是从根本上繁荣紫砂行业的重点所在。

三、南京云锦的文化内涵与精神守望
——与中国工艺美术大师金文先生对话

徐桑奕　刘晓倩　于文杰

于文杰：南京蕴藏着深厚的历史与文化底蕴，您觉得地方传统文化给您的云锦艺术带来哪些生活营养与思想资源？

金文大师：云锦是南京的特色文化资源，这个行业有南京人特有的萝卜精神，传统行业比较保守，如“外人进房停机掩活”、“技艺传媳妇不传女儿”。南京是三大织造城市之首，苏州、杭州更早就机械化了，只有南京把云锦较完整地继承下来。可能这是南京大萝卜保守的好处。南京人是一个低调的人群。师傅教徒弟以身教为主，很少说什么。我记忆比较深刻的是“稍微”二字。“稍微”是一点点的意思，也就是说每天稍微认真一点，每天稍微努力一点，就是粒米成箩，滴水成河，积土成山。“稍微”也就是我们今天所讲的工匠精神。“干到老、学到老，还有三项没有学到。”熟能生巧，学无止境。云锦行业强调的是不断努力的精神，这也是云锦有如此高的成就的重要原因。

徐桑奕：中华民族传统文化之所以生生不息，主要依靠代代传承，是否可以请您介绍云锦的由来与历史？

金文大师：云锦一词，汉代就有，但是最初并不是指今天这样特定的锦缎，如“壮如云锦”、“美如云锦”，都是古人描述天际云彩之美的形容词，就像我们今天讲成语“前程似锦”，前程是那块布吗？不是！前程是像锦那样的美好。中国古代有三大织锦：四川的蜀锦、苏州的宋锦和南京的云锦。云锦源于元代织金锦的发展，距今约有700年历史。在清末道光年间，苏州民间丝织业成立一个民间行业组织“云锦公所”，才把云锦这一古代的形容词变成了特指这类织物的名词。1931年南京的《工商半月刊》对南京的丝织也有一个系统的归纳总结，其中有南京云锦业。“云锦”就成为南京丝绸代表性的特产，“南京云锦”也就因此定格下来。

于文杰教授：每一位云锦艺术家都有自己的艺术追求和个性特点，请问您的艺术之路是怎样走过来的？形成的艺术风格是什么？

金文大师：我是1973年元月高中毕业，当时有几个月“待分配”，我就自修了绘画，但是没人教，美术作品也很少，我就买小人书画小人书，那个时代表现英雄主义的题材比较多，传统题材的很少，而我却喜欢传统题材的作品，如《三打白骨精》《东郭先生》等。后来，工艺美术大招兵，一个是恢复传统工艺美术题材的生产，一个是恢复少数民族地区用品的生产。我有美术基础，通过考试考入南京市工艺美术总公司。进单位后，正好开展“批林批孔”运动，我被抽调到党委办公室做通讯员。一天跑十几个厂，早上出去采访，晚上回来汇报，第二天接着跑，每天要记一大本笔记。在这期间经常被父亲教训，说是不务正业。后来就吵着要下基层，这样来到了南京云锦研究所，踏上了云锦之路。

到了云锦研究所是直接下车间，不是心想的设计工作。我心中虽然不乐意，但是还是坚持了下来，这是因为从幼儿园开始就做班长，从小比较听话，对师父如同对老师、对父母一般。三年一过，我的那帮师兄弟都走了，只有我一人留了下来。我有一种强烈的责任感，就是当年的老师傅都是退休之后回请的，都是七八十岁的人了，今天说的好好的，明天就不能来上班了，可能生病了，可能摔跤了，甚至可能去世了，他们一生的技艺也就随之带走了，人亡艺绝，所以我感到一种强烈的责任感，我要把云锦给传承下来，这样就开始了偷师学艺。云锦的师傅只有十几个人，但也分很多“帮派”，各有技巧和专攻，相互也不交流，我就想尽方法去学艺，或者利用工作之便（我当时是组长，安排日常工作），比如这项工作可以张师傅做的，有意让李师傅去做，让各自展示技艺，有时有情绪，就在情绪中展现各自的技术。我白天学习，晚上就记录下来，左手画右手，右手画左手，积累了许多重要的原始资料和手工技艺，师傅们的技术得到全面的记录和整理，虽然老师傅离开了，但他们的技艺与经验得到较好的传承。

我从事云锦主要做了两方面的工作。一是系统地研究复制了从战国到明清几十件重要的丝绸文物，对历代中国织锦的工艺以及演变有了较系统的实践。第二，对传统的云锦工艺技术进行了系统的总结，并用创新的手法去制作当代的云锦，也就是传统工艺现代表达，使云锦的传承发展有了新的局面。最能代表传统工艺的是古代龙袍制作技艺，我有幸成为上个世纪龙袍制作第一人。龙袍制作需要一年的时间，南京的气候春夏秋冬四季分明，每个时间段丝绸的缩率都不一样，而每一块的纹样都要拼接对花完全吻合，这是非常难的，很可能一年工作下来纹样对不上，过去是杀头之罪，今天十几万的金线银线织进去抽不出来，连材料都赔不起，所以说古代织龙袍也是织造局的高手才能织造的。每一天的变化，下雨刮风黄梅天的潮湿和秋冬季的干燥都会影响丝绸的缩率，功夫就在每天的打纬力度，寸毫之间有乾坤。

刘晓倩：经济改革开放与现代科技的发展对南京云锦工艺的发展带来强大冲击。请问当下我国云锦存在的主要问题是什么？

金文大师：当代的云锦确实受到很大的冲击。一个问题两个面。外部主要是现在年轻人了解知道的比较少，他们的兴趣更多的在舶来品。虽然也在强调去了解更多的传统文化，但是比较而言，现在的年轻人和过去的比还是更容易被新生事物打倒，所以云锦的市场要比过去萎缩很多。另一方面，现在年轻人也不愿意从事像云锦制作这样辛苦的工作，他们觉得玩玩电脑多容易，像这样要用体力又要用脑力的劳动没有人愿意干，所以传承也有问题。虽然南京云锦是南京的地方名片，但是南京的家长鲜有将孩子送来学云锦的，所以云锦的困境也是一个时代给我们的思考，我们要用什么样的方法将云锦继续下去，因为它毕竟代表了中国丝织工艺的最高标准，也是中国丝绸文化的最高代表。

于文杰教授：您觉得在民族性与国际化的背景下，在丝路建设的新时期，云锦艺术的挑战与出路在哪里？

金文大师：云锦是中国丝绸的代表，自然也是丝路文化的代表，古代的丝绸之路不仅仅是把中国的丝绸输入到西方，更主要的是把古代的文明串联在一起，成为我们今天共知的世界。在当前新的形势下，我们重开丝绸之路，就是要把中国的传统文化和当代的时尚艺术相结合，通过思想和工艺的新的交融，促进世界文明的发展，壮大我们的经济。云锦的出路就在于要更好地与当代时尚相结合，使它以崭新的面貌展现在人们面前，也就是我们常说的传统工艺现代表达。只有更多的人去喜欢它关注它，使它有一定的市场占有率，它才能真正地传承和继承。

于文杰教授：你如何传承云锦工艺并使其紧跟时代继续发展？

金文大师：云锦的传承一定要传统工艺现代表达，现在比较新型的有如“视错艺术”，要让云锦成为年轻人的艺术，要好玩，要上进，要有一种前进的方向。比如：有一幅叫《骑士纹》的云锦，通幅只有一个骑士纹样，但相互交错给人以不可思议的排列，同时作品在观赏上比较好玩，一侧看过去平平展展，另一侧看过来凹凸有致，随着人的视线不断变换着色彩，这样的作品就可以成为现代年轻人的装饰画。本身骑士就有着勇于向前不断前进的意思，所以我们说云锦要活态传承。还有：传统云锦是不做人像的，我们承接的科举博物馆的历代帝王像项目，就突破了云锦在造像上的传统，使人耳目一新。许多人看到这样的作品就表现出十分震惊，因为太多的人知道云锦是做平面艺术的，织造的纹样机里比较粗，怎么能把人像做得栩栩如生呢？这就要用现代的语言用现代美术的表现力结合云锦工艺的特质去进行创作，使其产生新的艺术效果。再比如：我们有一幅作品叫《万里长城》，就突破了传统的平面设计方法，用立体的表现力去构图使它更有雄伟的气派，作品进入北京天安门城楼中央首长贵宾室，被报媒称为看3D云锦就是看金文的《长城》。

于文杰教授：在丝路文明建设背景下，您对云锦艺术的发展有何建议？

金文大师：要发扬光大云锦，首先要传承好云锦优秀的文化工艺，云锦工艺一丝一线，甚至一个图案都有民族的历史文化底蕴。在吸收过往优秀作品的同时，也要融入生活，贴近百姓。生产一些憨态可掬的云锦娃娃、生肖作品等。让云锦的文化内涵通过这样的载体广为传播。

在探索表现云锦的文化内涵时，也应当注意云锦的时尚化。现在年轻人结婚用红木家具的不多，更多的是用一些西欧风情白色家具，因为他们追求的是简洁时尚的生活方式，所以现代云锦设计可以融入一些西方欧式的纹样。比如罗马教廷的圣草纹、美国的鸽子纹、法国的卷草纹等等。

同时，在吸收外来文化中，也要关注本土市场的流行变化，关注新科学技术的成果。江苏最大的蚕丝丝绸企业——苏豪集团，就有一项最新科技成果，雄蚕丝，即公蚕吐的丝。传统的蚕茧缫丝，雌雄不分，现代研究发现雄蚕茧质量特别好，大大高于国家顶级标准的5A级丝。我们用它制作的云锦领带获得了联合国颁发的杰出工艺徽章。

云锦承袭自古代，但如果能够与当代生活紧密结合，不断创新，也会成为我们留给下一辈的文物。云锦曾经是南京最大的支柱产业，我们要突破“礼品”概念，在继承传统文化的基础上，突出个性，彰显其独特魅力。在放下身段的同时保持其高雅的艺术品位，不断打开云锦发展的新局面。

四、中国瓷器的历史传承与国际化

——与中国工艺美术大师李文跃先生对话

于文杰　曹柯平

于文杰教授：瓷器是我国最为经典的传统工艺之一，其历史传承与文化内涵极其深远。李大师，可否请您谈谈景德镇瓷器发生与发展的历史源流与基本特点？

李文跃大师：根据历史文献记载，景德镇瓷器的最早诞生，可以追溯到汉代。东汉的时候，瓷器的制作还比较粗陋简单，所以并没有产生很大的反响。直到唐朝之后的五代时期，景德镇出现了南方地区最早的白瓷，这才奠定了景德镇在中国文化史上的地位，因为这里的白瓷烧制得非常精致；所谓的“南青北白”格局就是从这个时候开始形成的。景德镇交通便利，水运尤其发达，这也加快了它的发展。

景德镇是以白瓷出名的，得到了“白如玉，明如镜，薄如纸，声如磬”这样的美称。白瓷发扬光大的时代是在宋朝和元朝；到了明朝和清朝的时候，珠山这个地方又开设了御厂，专门给皇家制作陶瓷制品，于是就成为全国制瓷的中心。此外，历史上流传下来的有关景德镇陶瓷业的书籍、著作等也让后来人可以感受千年瓷都的发展历程和技艺演变。主要的古籍有宋代蒋祈的《陶记》、清代朱琰的《陶说》、清代蓝浦的《景德镇陶录》、清代龚鉽的《景德镇陶歌》等等。

非常值得注意的是，在宋朝的时候，景德镇出现了“村村窑火，户户陶埏”的景象。这说明景德镇的制瓷业已经成为一种具有一定规模的产业，也成为了一种习俗。到了大约宋朝末年到元朝这个阶段，景德镇制瓷的专门化分工趋势也开始呈现了。瓷器的烧制和后期绘画等工艺开始分离，清朝的时候则出现了兼做烧、做两行的“烧囵窑户”。民间制瓷总体的趋势就是整个体系开始衍生出不同的专门行业，各行业也出现了自己的行会、帮派组织，既有独立经营，又有相互联系。那么，分工的不同又要求瓷艺的传承者必须完全掌握自己这一行的技术，并不断发扬下去。这让景德镇制瓷业总体地不断向前发展，并且也出现了许多进步、创新的工艺。这是景德镇陶瓷文化历经千余年还能继续前进的一些重要原因。

于文杰教授：李大师，每个人的生活都是丰富多彩的，选择也有许多可能性，能否请您谈谈自己是怎样走上瓷器艺术道路的？您瓷器艺术生活中的主要动力是什么？

李文跃大师：首先，深厚的家庭陶瓷艺术传承的背景对我影响很大。我的祖父、父亲、岳父、姑姑等都从事陶瓷艺术行业。对我的人生与创作有着最大的影响的是我的父亲，他的言传身教一直是我人生的榜样和奋斗的目标。

父亲早年跟随祖父学画民间青花，他醉心于工艺创作，并不热衷于职称的评比，然而他对艺术的求索精神和热情却是罕见的。父亲曾师从“珠山八友”之一汪野亭的再传弟子邹国钧，邹先生擅长在瓷面上着以粉彩山水画，父亲从中受益良多并传承给我们年轻人；第二个引领我踏上艺术之路的是时代的因素。在我 15 岁时，父亲很有先见之明地让我跟随他的朋友章文超先生学习肖像绘画。章先生是景德镇著名的瓷绘肖像人物画家，他的悉心指导令我受益匪浅。

1976 年，我被分配到了红艺瓷厂工作，在陶瓷成型车间当学徒；不到半年后，又被调入艺术瓷厂去学习粉彩山水，这些学习的宝贵经历也对我很有裨益。1981 年，在昌河飞机厂经过了一段时间的英语培训后，我考入了景德镇陶瓷职工大学，学习艺术设计。之前在瓷厂的培训和学习让我在大学的学习实践中得心应手，所以在 1984 年，我又顺利投入到工作中，转为干部编制，被分配到艺术瓷厂美术研究所，从事陶瓷美术设计工作。当时的“美研所”可谓是群英荟萃，拥有景德镇众多高级、中级职称的人才，个个身怀绝技，而且那种自由的艺术和工作氛围是十分难得的。

于文杰教授：您在瓷器艺术方面取得了许多卓越的成就。您认为，与其他艺术大师相比，您的艺术创作的主要特色与主要贡献有哪些？

李文跃大师：我对粉彩瓷情有独钟。刚进入“美研所”时，我连续画了五六年的五彩和粉彩瓷，新彩、颜色釉和青花等都可以上手，并且具有一定的水平，取得过较好的成绩。后来，由于住宅拆迁的关系，我曾和祖传高温釉大师潘文复先生比邻而居。在这段时间，潘先生及其夫人的艺术造诣令我印象深刻；他们的探索、创新工艺和作品都给了我莫大的教益。这几年也是我对陶瓷艺术领悟层次提升的几年。我明白了，粉彩、古彩技艺是传承了几百年的古老工艺，且技艺十分成熟，其图案设计和手工技艺等也别树一帜，具有强烈的艺术表现力。作为艺术的后辈，我应该做的是传承、贯通、研究和创新。有了这样的认识后，我开始多方面涉猎，并在不断的学习和实践中调整艺术领域，提升艺术水平。我的瓷画创作始于肖像画，后又专攻粉彩，再后来又开始研习墨彩，最终融合创新为粉墨彩。

粉彩瓷用淡墨起稿，珠明料绘画，技法繁多。另外，它的填色笔、绘画笔法、颜料品种等，都是不胜枚举。粉彩瓷的表现方法从多种中国传统的艺术形式中汲取营养，显得诗意盎然，是我父亲和我本人所追求和向往的艺术形式。

相对于粉彩艺术的蔚为大观、层出不穷，墨彩艺术则显得相对小众。首先，这是因为墨彩这一绘画门类的产生时间较晚，大约发轫于清雍正年间，也有着不亚于粉彩的工艺难度；其次，由于墨彩有着较高的工艺和时长要求，加之近代以来人民群众审美意识的变化，粉彩开始崛起并成为主流，使得墨彩的技艺几乎一度失传。万幸的是，艺术瓷厂的周湘甫、雷火莲等老一辈艺人，他们的努力挽救了墨彩技艺的命运。更令人感到佩服的是，老一辈艺术家们不仅挽救了这门艺术，还不断开辟从未有过的笔触和技法，让墨彩这门古老的技艺历久弥新，焕发出别样的光彩。如雷火莲先生，他的墨彩绘画独门绝活之一的“蒜汁调金”手法与众不同，绘制人物的服装纹饰也不拘一格，营造出一种华贵雍容、典雅厚实的艺术风格，令人击节赞赏，印象深刻。

我本人有幸，师从雷火莲先生学习墨彩绘制的技艺。在雷老的和蔼待人和谆谆教导之下，我渐渐掌握了墨彩绘画的奥秘。几年的学习中，我积攒了十多万字的笔记；后来，我又把这些笔记加以整理，以飨更多的读者和瓷画爱好者。这也有助于陶瓷文化多样性的发展。

从事陶瓷绘画行业这些年，在我的各位老师的教导和我个人的不懈努力下，我取得了一定的成绩。2001 年的时候，我被江西省人民政府授予“江西省工艺美术大师”的称号，是此次获得该称号中最年轻的一位。我当时申报的作品主要有三件，分别是《清代颐和园千件大龙缸》《十八罗汉瓶》和《初晴访友瓷板画》。

“省大师”的殊荣让我获得了更多的关注，也给了我更大的动力去更努力地创作出新的作品。接下来，我分别和同事一道，赴新加坡和香港等地举办作品展，受到了当地收藏家和陶瓷爱好者的关注和好评。这一时期，我主要的作品有《文姬归汉》《昭君出塞》《三人行必有我师》和《西域风情》等系列作品。

2004 年，是景德镇置镇千年之纪年。在这个特殊的时刻，我所酝酿的作品，是以我国历史上的“文圣”——孔子为题材的。因为正如《孔子圣迹图》的跋文中所说的那样，流芳百世的文化精品不仅需要高超的技艺，其主题和内涵也应代表民族的历史和精神，所以孔子的形象和故事是中华民族历史文化的绝佳载体。因此，我搜集了诸多有关孔子的历史资料，并实地去山东曲阜采风、写生，并决定使用龙缸作为作品的载体。经过我的设计、推敲、修改之后，这件简称《曲阜三孔两千件大龙缸》的作品于 2006 年在江西省博物馆面世。它一下就吸引了众人的关注，引来了如潮的好评。它也成为我申报“中国工艺美术大师”的作品之一。在 2006 年底，我以 47 岁的年纪，成为最年轻的“中国工艺美术大师”。

《清代颐和园千件大龙缸》《曲阜三孔两千件大龙缸》以及《清代景德镇御窑盛景图万件笔筒》，这“三大件”作品是我的三件代表作。从体量上看，它们都是“大部头”；从内容上看，则寻找到和表现出了新的文化视角和内涵。我很高兴它们得到了社会的关注和认可。

曹柯平老师：随着当代社会与经济的发展，瓷器工艺也面临许多挑战，请问您如何评价当前景德镇瓷器艺术的现状？

李文跃大师：我认为，当前瓷器行业首先是一个发展较快的历史时期。现在市面上出现比较多的是青花和彩瓷等。另外，现今的制瓷技术和工艺也出现了很多的变革，以往能有个“千件”的作品那是相当稀罕的；而现在呢，“万件”级别的作品也显得很平常了。

其次是绘瓷的题材选择和表现手法上也出现了很多变化和突破。以前的创作题材基本是从古代传统文化中所选取，虽然也很有美感、很有意义，但是渠道难免有所局限；现在则出现了很多新的元素。我们会从更多的领域选择瓷画题材，这是一种与时俱进的好现象。另外，随着材料和技术的进步，我们在画作的画法、表现手段等等方面也开始另辟蹊径，试图赋予作品更多的时代感。据我所知，现在景德镇的高技术陶瓷企业有将近40家，每年政府也有很多资金来支持这样的科技创新；我们的科研部门、高校、基金会等部门也在不断合作，共同推动陶瓷工艺的进步。

第三是陶瓷文化的市场化趋势愈加明显了。陶瓷业无疑是景德镇的一个最重要的产业了，现在政府也在努力把陶瓷业的运作模式、发展规划、产品内涵等要素进行综合的评估和规划，就是希望把景德镇陶瓷的成品质量和历史名声很好地结合起来。现在很多陶瓷艺术家都成立了自己的工作室、艺术馆等等，我觉得这是一个很好的、很典型的“以点带面”的发展模式，非常有利于这个产业未来的进步。

于文杰教授：李文跃大师，您对于中国景德镇的瓷器工艺的现状与未来都是充满希望的。我们想知道，您未来的发展和创新计划是什么？

李文跃大师：目前看来，我今后的发展规划主要是这样的：第一，作品要精，要多创作出能体现出我们国家的历史文化内涵和民族精神、时代特征的好作品。这是因为，我们的瓷器文化是中国的文化名片之一，是要走向世界的，所以在选材上一定会更加审慎；同时，我也打算能够尝试一些前人较少选取的方向。就像刚才说到的，城市空间环境陶瓷对我们不断地有新的要求，那么根据这些不同的需求，进行一些新的尝试，我想也是一件很有趣的事情。

第二是要接着进行瓷画方面的理论研究，特别是有关近现代景德镇陶瓷史的研究。景德镇有数以几十万计的人在从事陶瓷业，但却少有人著书立说，这就给手工艺技艺的传承造成了一定的局限。制瓷和瓷画，既是技术上的，又是美学上的，也是历史学上的。景德镇拥有漫长而灿烂的陶瓷发展史，而我的行业也在时代的变迁中不断适应现实，并找到出路。所以，我觉得这是一部历史，既是纵向的，也是横向的。所以我希望能把景德镇近现代陶瓷发展与我所了解、看过的、看到的，如实系统地梳理撰写出来，给中国陶瓷的发展，给景德镇，给我们的陶瓷行业做一点自己的贡献。

最后就是要加强传承“工匠精神”的职业高校陶瓷人才培养，这也是我们国家非遗制瓷技艺传承人的历史责任与担当，因为景德镇制瓷和瓷绘的未来终究是靠他们去撑起的。还有就是希望选拔一批优秀学生继续推广“现代学徒制大师、名师一对二”的师徒式人才培养模式，与国家非遗制瓷技艺进校园现代学徒制传承人一对二教学。我认为这样是一种培养人才的行之有效的重要途径。目前我的学生中最有成就的两位已被评为“省大师”，我期待看到有更多优秀的学生涌现，我们共同创造丝路文明背景下中国传统工艺美好的未来。

《丝路文化研究》集刊投稿指南

由南京大学中华文化研究院和中国天楹文化研究院联合主办的《丝路文化研究》半年集刊欢迎学界同仁投稿，字数以1.5—5万字为宜。主要围绕以下七大选题方向，开展丝路文化研究。七大选题方向是本刊的重点研究方向，与本刊的栏目板块无关。

1.［特稿］从宏观上论述“一带一路”文明互鉴的历史与现状。

2.［丝绸之路经济带历史文化研究］探讨与陆上丝绸之路相关联的东亚文化圈、印度文化圈、中亚文化圈、地中海文化圈、阿拉伯文化圈的历史文化交流与交融。

3.［海上丝绸之路研究］探讨与海上丝路沿线海洋国家和地区相关联的历史文化交流与碰撞。

4.［丝路沿线国研究］重点关注丝路沿线国家和地区的历史文化与当代发展。

5.［人间佛教研究］重点关注以人间佛教为重点的丝绸之路宗教文化研究。

6.［区域宗教文化研究］以区域宗教为重点，考察丝绸之路与宗教文化的关联。

7.［“一带一路”文明互鉴访谈录］围绕“一带一路”文明互鉴和文化交流开展的学术对话。

凡投稿论文，正文前应有中文摘要和关键词，摘要字数控制在500字以内。正文后是英文摘要。中文摘要前署名，（ ）内注明作者单位。正文各级标题，一级标题用“一、二、三、……”，二级标题用“（一）、（二）、（三）、……”，三级标题用“1.2.3. ……”，四级标题用“（1）（2）（3）……”。

凡投稿作者，必须遵守商务印书馆《丝路文化研究》编辑排版细则。以第二辑为范例。

稿件接收方式：只接收 word 稿件。

通信地址：南京市栖霞区仙林大道 163 号南京大学仙林校区中华文化研究院（星云楼）409 室

联系人：邵佳德

E-mail：silkroadnju@163. com